# CREANDO INNOVADORES

## LA FORMACIÓN DE LOS JÓVENES QUE CAMBIARÁN EL MUNDO

TONY WAGNER

**KOLIMA BOOKS**

Título original: *Creating Innovators. The making of young people who will change the world*
Primera edición en castellano: Noviembre 2014
Segunda edición en castellano: Enero 2023

© 2014  Editorial Kolima, Madrid
***www.editorialkolima.com***

Autor: Tony Wagner
Traductora: Marta Ramos
Diseño de cubierta: Simon & Schuster, Inc.
Dirección editorial: Marta Prieto Asirón
Maquetación: Carolina Hernández Alarcón

ISBN: 978-84-942358-9-4
Depósito legal: M-29298-2014
*Impreso en España*

*«Para PJ, mi musa y mi compañera de vida y de este libro. Y para mis tres maravillosos hijos, Dan, Sarah y Eliza, todos ellos innovadores de una manera u otra».*

# ÍNDICE


Explicación sobre cómo utilizar este libro . . . . . . . . . . . . . . . . . . 7

Introducción . . . . . . . . . . . . . . . . . . . . . . . . . . . . . . . . . . . . . . . . . . .11

Capítulo 1. Una introducción a la innovación . . . . . . . . . . . . . . . 21

Capítulo 2. Retrato de juventud de un innovador . . . . . . . . . . . 71

Capítulo 3. Innovadores STEM . . . . . . . . . . . . . . . . . . . . . . . . . 116

Capítulo 4. Innovadores sociales . . . . . . . . . . . . . . . . . . . . . . . . 179

Capítulo 5. Educación y aprendizaje innovadores . . . . . . . . . . 240

Capítulo 6. El futuro de la innovación . . . . . . . . . . . . . . . . . . . . 339

Epílogo. Carta a un joven innovador . . . . . . . . . . . . . . . . . . . . . 403

Palabras finales de Robert A. Compton . . . . . . . . . . . . . . . . . . 411

Notas . . . . . . . . . . . . . . . . . . . . . . . . . . . . . . . . . . . . . . . . . . . . . . . 417

# EXPLICACIÓN SOBRE CÓMO UTILIZAR ESTE LIBRO

## De Gutenberg a Zuckerberg: fusionando la tecnología del siglo XV con la del siglo XXI

En abril de 2011, en una cena en Singapur y después de dar una conferencia al sindicato de profesores de Singapur, Tony comenzó as hablarme de su nuevo libro *Creando innovadores*. La laboriosa investigación que estaba llevando a cabo y los resultados obtenidos, me hicieron entender lo crucial que era este tema para las futuras generaciones.

También me llamó la atención lo irónico que supondría publicar un libro sobre innovación solo con la técnica de la imprenta de Gutenberg, invención que tiene más de quinientos años. Después de debatirlo, Tony y yo decidimos incorporar el uso de los *smartphones* y de los códigos QR *(quick response)* para crear un libro impreso pero revolucionario, que fuese dinámico gracias a la conexión con vídeos, audios, páginas web y otros recursos *online*. Además, decidimos que deberíamos producir nosotros mismos estos recursos complementarios. Por eso este libro contiene más de sesenta enlaces a páginas web de acceso instantáneo a través de los *smartphones*.

## Sobre el libro

Nuestro objetivo era que este libro fuese tan innovador como su tema, para lo cual debía combinar la mejor tecnología del siglo XV, la imprenta, con la mejor tecnología del siglo XXI, los *smartphones* y los códigos QR. De ahí la frase elegida como título de esta sección: *Desde Gutenberg hasta Zuckerberg*.

Como cualquier otro libro impreso, este puede leerse de principio a fin. Sin embargo, este libro permite al lector acceder de manera instantánea a contenidos adicionales a la historia, a través de su teléfono inteligente.

Hemos elegido la tecnología de escáner QR como la aplicación del móvil que le sirva para conectarse a los contenidos extras. Los códigos QR son una matriz de barras que, con un lector de las mismas, permiten el acceso por Internet a materiales de la red. Los códigos aparecen a lo largo del libro para poder acceder al contenido extra, principalmente vídeos.

Los enlaces a los que los códigos le llevarán le permitirán conocer a los individuos de los que el libro habla, además de transportarle hasta Tanzania, Guatemala y alrededor de los Estados Unidos. Los códigos también le permitirán conocer por dentro las instituciones educativas más innovadoras del mundo, entre otras: La *High Tech High, Stanford*, el MIT y el *Olin College*. Cada uno de estos códigos pretende ayudarle a profundizar en su experiencia lectora.

Dicho contenido audiovisual está, no obstante, en inglés. Esperamos que ello no sea óbice para que usted pueda aprovecharlo y disfrutarlo.

## Sobre los códigos QR y la red social

Colaborar con Tony en este libro ha sido una experiencia inolvidable. Me ha llevado por todo el mundo y me ha permitido conocer a gente absolutamente pionera en su forma de criar, educar y tutelar a esta nueva generación de norteamericanos. Estoy convencido de que la investigación llevada a cabo por Tony les resultará tan fascinante como a mí. Y espero que los contenidos extras del libro ubicados en los distintos enlaces les resulten valiosos.

Bob Compton
Washington, D.C., octubre de 2011

# INTRODUCCIÓN

Algunos acontecimientos recientes, nuevas preguntas que me surgen y ciertos descubrimientos que he hecho, me han llevado a escribir este libro.

En mi último libro, *La brecha del rendimiento global*[1], publicado en 2008, describía las nuevas capacidades que los estudiantes del siglo XXI necesitan adquirir para superar con éxito la universidad y sus carreras profesionales y, en definitiva, su desarrollo personal; y la creciente brecha que hay entre estas capacidades y lo que se enseña en nuestros colegios. A juzgar por la gran cantidad de críticas positivas que he obtenido por el libro, llegadas desde audiencias diversas, y por las múltiples peticiones de conferencias recibidas posteriormente de todas partes del mundo, puedo suponer que acerté en algunas de mis ideas. Pero hoy veo que las nuevas capacidades que describía, a las que denominé las «Siete habilidades de supervivencia», si bien necesarias, no son suficientes.

El mundo ha cambiado radicalmente desde el año 2008. Las economías de occidente están resquebrajadas. En Estados Unidos, la tasa de desempleo y el subempleo suman el 15 % de la población activa y esta cifra es aún mayor en al-

---

1 En inglés, *The Global Achievement Gap: Why Even Our Best Schools Don't Teach the New Survival Skills Our Children Need-And What We Can Do About It*, (Tony Wagner, 2010).

gunos países europeos. Muchos economistas apuntan como solución que los consumidores recuperen su pauta de consumo y que ello traiga, en consecuencia, la creación de nuevos empleos. Pero la mayoría de consumidores ya no pueden pedir prestado tan fácilmente como antaño. Además, como muchos de ellos temen por la estabilidad de sus puestos de trabajo, la tasa de ahorro, hoy en día, es mucho mayor que hace años. Por lo tanto, no está claro cuándo (o ni siquiera si), la vuelta a la economía tradicional de consumo permitirá registrar bajas tasas de desempleo. Mientras tanto los economistas y las autoridades públicas se debaten entre reducir los niveles de deuda o llevar a cabo medidas de estímulo económico, lo que provocaría, en el corto plazo, un incremento aún mayor de la deuda pública.

Sin embargo, la mayoría de líderes están de acuerdo en algo. La salud de las economías, a largo plazo, y la recuperación total de las mismas, pasa por impulsar la innovación. Nuevas ideas o ideas mejoradas, nuevos productos y servicios crean riqueza y, en consecuencia, nuevos puestos de trabajo. Los líderes empresariales, en particular, afirman que se necesita mucha más gente joven que pueda innovar en los campos de la ciencia, la tecnología y la ingeniería. Para muchos, la llamada «Educación STEM»[2] es cada vez más importante para el futuro del país. Republicanos, demócratas e independientes están de acuerdo en que, para que la gente joven esté mejor preparada, acceda a mejores sueldos y a puestos

---

2    Acrónimo de Ciencia, Tecnología, Ingeniería y Matemáticas, en inglés: *Science, Technology, Engineering and Mathematics.*

de trabajo altamente cualificados, debería obtener sus títulos de graduado escolar en «colegios centrados en este tipo de educación» y continuar con dos o cuatro años de estudios superiores, preferentemente en algunos de los campos relacionados con la «Educación STEM». Thomas Friedman y Michael Mandelbaum llevan esta idea más allá en su libro, *That Used To Be Us* (*Esos éramos nosotros)*, asegurando que solo los puestos de trabajo para innovadores y emprendedores serán inmunes a la deslocalización y a la automatización de esta nueva economía del conocimiento global.

Esta corriente de pensamiento ha ido ganando tantos seguidores como detractores. Detractores por el elevado coste que supone este tipo de educación superior y por la duda de si, realmente, los estudiantes están aprendiendo algo en sus clases. En el año 2010, la deuda contraída por los estudiantes universitarios, (estimada en 1 billón de dólares), superó, por primera vez, la deuda de las tarjetas de crédito[3]. Y, a principios de 2011, un nuevo estudio demostró que, después de dos años de universidad, casi la mitad de los estudiantes no habían adquirido más capacidades que al principio de sus estudios y que un tercio de los mismos no había adquirido ninguna capacidad adicional al completar los cuatro años[4]. Las estadísticas demuestran que los universitarios, al graduarse, obtienen mayores salarios que los no universitarios. Pero, ¿se debe esto a que están mucho mejor preparados, o a

---

3    Tamar Lewin, *Burden of College Loan on Graduates Grows* New York Times, 11 de abril de 2001, consultado el 23 de septiembre de 2011 en http://www.nytimes.com/2011/04/12/education/12college.html

4    Richard Aurum y Josipa Roksa, *Academically Adrift: Limited Learning and College Campuses* (Chicago: University of Chicago Press, 2011).

que el título sirve para discriminar fácilmente entre la montaña de currículos que llegan a las empresas?

Dado el consenso que existe sobre la importancia de la innovación en la economía actual, he decidido analizar la cuestión de cómo educar a la gente joven para que sea innovadora. ¿Cuáles son las capacidades más necesarias para la innovación y cómo se enseñan mejor? Mi interés se ha centrado en lo que significa la «Educación STEM».

Dar respuesta a la pregunta de cómo los profesores pueden desarrollar en los estudiantes las capacidades esenciales para el futuro de nuestro país, me parece más urgente aún tras los últimos debates públicos que estoy presenciando en los Estados Unidos, y en otros sitios, sobre la reforma de la educación. Estoy totalmente convencido, al igual que otros muchos, de que la mejor forma de medir la eficiencia de los profesores son los resultados de sus alumnos en los exámenes oficiales estandarizados. No soy muy fan de la titularidad del profesorado *per se* y sí lo soy de los resultados obtenidos por los estudiantes. Sin embargo, la mayoría de las autoridades públicas y muchos directores de colegio, no tienen idea de cómo formar a su personal educativo para conseguir que sus alumnos piensen de manera crítica y creativa, se comuniquen de forma eficaz y trabajen bien en equipo, en lugar de solo aprender a obtener un buen resultado en unos exámenes. También desconocen qué tipo de educación es la que mejor motiva a esta generación de jóvenes a aprender. Las autoridades educativas siguen utilizando los exámenes estandarizados para medir el progreso educativo, para esos no miden ninguna de las capacidades que más importan hoy en día. Necesitamos otros perfiles de buenos educadores y mejores formas de evidenciar sus resultados, para contribuir así al debate educativo.

Desde la publicación de mi libro *La brecha del rendimiento global*, gran cantidad de padres preocupados me han inundado con sus *emails*. Reconocen que, en los colegios de sus hijos, no se enseñan las capacidades que éstos van a necesitar para el futuro y los padres quieren saber qué hacer. Tengo mi propia experiencia, como padre de tres hijos maravillosos que ya han crecido y que tienen sus propios hijos, pero eso no es suficiente para dar consejos a los demás. ¿Cómo alimentan y desarrollan los padres en sus hijos algunas de esas capacidades y atributos? Empecé a cuestionármelo.

En los últimos años he tenido la oportunidad de trabajar con grandes empresas innovadoras como Apple, Cisco Systems o Scholastic, al igual que con altos mandos del ejército americano. He quedado maravillado por cómo estos líderes ven el mundo y se enfrentan al cambio continuo. Empecé a interesarme por lo que hacían los mejores empleadores, aquellos que contribuían a que los jóvenes fuesen innovadores. También recientemente, me he entrevistado con líderes educativos y he visitado algunos colegios en Finlandia, país cuyo sistema educativo es considerado el mejor del mundo y, además, reconocido por contribuir a generar una de las economías más innovadoras del mundo. En definitiva, quise explorar qué lecciones podríamos aprender del exitoso fenómeno finlandés.

Para terminar, sigo intrigado por la llamada «generación de la red». Lo que Marc Prensky llama los «nacidos digitales» o «generación digital». Porque, aunque entrevisté a bastantes veinteañeros en mi último libro, creo haber entendido solo un poco de su generación. Desde entonces, el debate sobre la ética del trabajo en esta generación, o la falta de ella, no ha hecho más que crecer. Así que decidí comprender algo más de cómo estos jóvenes se motivaban de manera diferente y a qué tipo de enseñanza y de liderazgo respondían positivamente.

De todas estas cuestiones e influencias diversas surge la idea de escribir este libro. Comencé por retroceder y convertirme yo mismo en estudiante de la innovación, algo de lo que sabía bien poco hasta hace unos años. He intentado entender cuáles son las capacidades que poseen los individuos innovadores de éxito y por qué son tan importantes para el futuro próximo. Me he entrevistado con jóvenes veinteañeros muy innovadores y he analizado sus «ecosistemas», es decir a sus padres, profesores y a aquellos mentores que más les influyeron en su desarrollo personal. Quería detectar pautas de comportamiento común en los padres que contribuyeron a engendrar individuos innovadores. Y, los profesores que más influyeron en estos jóvenes innovadores, tal y como ellos reconocen, ¿tenían métodos similares de enseñanza? Además, ¿existen ciertas universidades o programas de estudios superiores en los que se estén enseñando con éxito las capacidades que son necesarias para la innovación? Y, si los hay, ¿en qué son diferentes del resto de instituciones educativas? También quise averiguar lo que los mentores o los jefes de estos jóvenes innovadores en sus empresas tenían que decir acerca de cómo fomentar en ellos estas capacidades.

Me he entrevistado con una gran cantidad de gente joven innovadora: ingenieros en ciernes, científicos, artistas, músicos y otros individuos que han empezado sus propias empresas o que han trabajado dentro de las compañías más innovadoras del mundo; he entrevistado a innovadores sociales y a emprendedores que buscan nuevas y mejores fórmulas para resolver los problemas de nuestra sociedad. Posteriormente me reuní con sus padres, sus profesores y sus mentores. He asistido a clases y he llevado a cabo entrevistas en distintas universidades y en otras instituciones de educación superior de reconocido prestigio internacional en formación de individuos innovadores. Finalmente, he conversado con líderes de empresas y del ejército que se enfrentan al reto de desarrollar capacidades de innovación en sus organizaciones. En suma, he realizado más de 150 entrevistas para este libro.

Ha sido un proyecto absolutamente fascinante pero también difícil por su alcance y complejidad. Por esta razón decidí limitar el número de individuos innovadores que describiría en el libro a jóvenes de entre 21 y 32 años que estuviesen en alguna de las categorías siguientes: individuos que trabajasen en campos muy innovadores de las ramas STEM e individuos que tuviesen que ver con la innovación y el emprendimiento social. Los primeros son críticos para nuestro futuro desarrollo económico; los últimos lo son para nuestro bienestar cívico y social. También decidí combinar a los innovadores con los emprendedores a pesar de que soy consciente de que no todo innovador es emprendedor y viceversa. Sin embargo, he descubierto que la mayoría de jóvenes entrevistados aspiraban a ser ambas cosas y que los jóvenes innovadores y emprendedores, independientemente de su área de interés, comparten muchas cosas en común.

Describir cómo encontré a cada uno de los entrevistados en este libro sería como redactar otro libro. La investigación aquí completada ha sido, en muchos casos, como navegar por la web de enlace a enlace. Varios de mis alumnos ayudantes de investigación me fueron proponiendo algunos nombres de jóvenes que habían conocido o sobre los que habían leído; inversores y especialistas en capital riesgo me presentaron a otros. Algunos individuos, como el general Martin Dempsey, me encontraron a mí. Una fuente me llevaba a otra y esa a la siguiente. No he pretendido tener una muestra científicamente significativa. Sin embargo, basándome en todo lo analizado y en lo estudiado en estos últimos tres años, estoy convencido de que los individuos innovadores que les presento en profundidad sí son una muestra representativa.

Estoy enormemente agradecido a los innovadores que aquí describo y a los que, por problemas de espacio, he tenido que dejar fuera; a sus padres, profesores y mentores. Todo el mundo me regaló muchas horas de su tiempo en varias entrevistas y en largas comunicaciones posteriores por correo electrónico, además de permitirme entrar en sus vidas y en su historia familiar.

Gracias a la perseverancia y al duro trabajo que ha realizado Bob Compton, no solo conocerán a los individuos de los que se habla en estas páginas, sino que también podrán verles y escucharles. Bob, que asimismo ha desarrollado una innovadora carrera profesional en el campo tecnológico, como emprendedor y como *business angel*, actualmente produce y dirige una serie de vídeos extraordinarios sobre la educación. El primero que ha hecho, *2 millones de minutos*, fue visto por todos los candidatos presidenciales a las elecciones norteamericanas del año 2008 y vendió más de veinte mil copias. Nos conocimos en West Point hace varios años, en el Congreso sobre Inversión en América, y recientemente hemos colaborado en la producción de la película sobre el sistema educativo finlandés, *El fenómeno finlandés: dentro del sistema educativo más sorprendente del mundo*[5]. Cuando comencé a hablarle a Bob de este libro, me empujó a hacerlo en un formato verdaderamente innovador, en lugar de solo hablar de innovación. De forma que, a lo largo de las páginas siguientes, usted encontrará una serie de códigos QR que, si los escanea con la cámara de su *smartphone* y con la aplicación adecuada, le llevarán a distintas páginas web en donde podrá ver los vídeos relacionados con la vida de los innovadores descritos y con las instituciones educativas de las que aquí se habla.

Ya sea usted padre, profesor (de primaria o universitario), mentor, empleador o autoridad pública, creo que

---

5    Puedes saber más de Bob Compton, ver tráiler y pedir copia de sus vídeos en la web: www.2mminutes.com

encontrará que la descripción y los vídeos de estos jóvenes innovadores, así como de los ecosistemas que les ayudaron a desarrollar sus capacidades, tienen mucho que enseñarnos. Sé que los individuos entrevistados en este proyecto me han inspirado y continúan haciéndolo. Así que le invito a leer, ver, escuchar y aprender para luego reflexionar, compartir y discutir con amigos y colegas. Porque si queremos construir un futuro económico sólido y una forma de vida sostenible para nuestros hijos y nietos, todos tenemos y podemos hacer mucho juntos.

**Wagner sobre por qué escribió este libro**

# CAPÍTULO 1.
# UNA INTRODUCCIÓN
# A LA INNOVACIÓN

## ¿Por qué la innovación es esencial para nuestro futuro?

Como país, Estados Unidos se enfrenta a múltiples desafíos económicos y sociales entrelazados. Un creciente número de puestos de trabajo poco cualificados, e incluso de puestos más cualificados y mejor remunerados, se está trasladando a otros países que tienen una mano de obra cada vez mejor formada y mucho más barata. Desde la Gran Recesión del año 2008, la suma de la tasa de desempleo y subempleo en los Estados Unidos se ha mantenido resistentemente elevada, por encima del 15 % mientras escribo estas líneas, y muchos individuos han desistido de la búsqueda de empleo. Según los datos de la Oficina del Censo de los Estados Unidos, en el año 2010, el porcentaje de adultos norteamericanos que actualmente trabaja ha caído hasta el 58,2 %, su nivel más bajo desde que las mujeres se incorporaron en masa al mercado laboral[1]. Los jóvenes han sido los más afectados por esta recesión. En el año 2010, el nivel de empleo

---

1   David Wessel, *What's Wrong With America's Job Engine?*, Wall Street Journal,27 de julio de 2011, consultado el 12 de septiembre de 2011 en http://online.wsj.com/article/SB1000142405311190477230457646882058 2615858.html?mod=dejemITP_h

en los jóvenes adultos de entre 16 y 29 años era del 55,3 %, frente al 67,3 % del año 2000. Es la cifra más baja desde la Segunda Guerra Mundial.

Nuestro reto social va en paralelo al económico. Debido a que muchos puestos de trabajo se están trasladando al exterior o automatizando, las personas que antiguamente ganaban 30$ la hora como dependientes, ahora se conforman con conseguir un trabajo a 7$ la hora limpiando los suelos de los grandes almacenes WalMart. Según los estudios más recientes, la media de renta en términos reales de los hogares se ha reducido casi un 11 % en la última década[2]. Con una clase media en desaparición, las desigualdades de renta continúan creciendo en los Estados Unidos. Más del 37 % de las familias jóvenes (por debajo de los treinta años), viven en la pobreza (el nivel más alto de la Historia), y son, desproporcionadamente, afroamericanos, hispanos y nativos americanos. El número total de norteamericanos viviendo en la pobreza, tanto mayores como jóvenes, alcanza ya a más del 15 % del total de la población, la cifra más alta registrada en los cincuenta y dos años de publicación de las estimaciones sobre pobreza.

No es muy probable que otra guerra mundial salve a nuestra economía y ponga a la gente a trabajar, como ocurrió en 1940. Tampoco un mayor gasto de los consumidores nos va a salvar, como sucedió en las últimas recesiones. El crédito fácil, que ha alimentado la euforia de gasto de los con-

---

2    Robert Pear, *Recession Officially Over, U.S. Incomes Kept Falling*, New York Times,9 de octubre de 2011, consultado el 12 de octubre de 2011 en http://www.nytimes.com/2011/10/10/us/recession-officially-over-us-incomes-kept-falling.html?_r=1

sumidores norteamericanos, se ha agotado y aquellos que tienen trabajo tienen miedo de perderlo y, por lo tanto, ahorran en lugar de gastar. La reducción del déficit es esencial, pero por sí misma no es probable que reactive la economía. La salida al problema no pueden ser el ahorro o el gasto. Necesitamos soluciones diferentes.

Durante los últimos cien años, la localización de los puestos de trabajo y la creación de riqueza han pasado de la agricultura a la industria y de ahí a los servicios, habiendo todo ello jugado un papel esencial en todo este proceso histórico de desarrollo la innovación. Hoy en día, muchas voces alertan de la excesiva dependencia del gasto de los consumidores como motor de crecimiento económico y de creación de puestos de trabajo, con un peso del 70 % del total de nuestra economía. Hasta la Gran Recesión, nuestra economía, dirigida por el consumo, funcionaba gracias a los individuos que gastaban dinero que no tenían en cosas que quizás no necesitaban, mientras que con ello se amenazaba al planeta. Hoy en día, parece que este tipo de economía no es sostenible, ni económica ni medioambientalmente. Lo que urge es un nuevo motor de crecimiento económico para el siglo XXI. La solución a nuestros retos sociales y económicos es la misma: crear una economía viable y sostenible que genere buenos puestos de trabajo sin contaminar más el planeta. Y hay un consenso generalizado sobre cuál debe ser la base de esa nueva economía. En una palabra: Innovación.

Estados Unidos debe convertirse en el país que produzca un mayor número de ideas para resolver un mayor número de problemas distintos. Debemos convertirnos en el país que lidere el desarrollo de nuevas tecnologías para un planeta sostenible y para una sanidad asequible. Tenemos que ser el país que cree nuevos y mejores productos, procesos y servicios; aquellos que otros países van a necesitar. No podemos seguir generando riqueza en base a producir y autoconsumir más que el resto del mundo. Debemos ganar la batalla de la innovación a nuestros competidores.

Pero este libro no es un libro de economía. Este libro trata de exponer cómo podemos inculcar y desarrollar las capacidades de muchos más jóvenes para que sean creativos y emprendedores. Este libro se adentra en el reto de educar como padres, profesores y mentores de gente joven para que se conviertan en los innovadores que nuestro país y el planeta necesitan para prosperar en el siglo XXI.

En el libro *Esos éramos nosotros*, Thomas Friedman y Michael Mandelbaum resumen los desafíos de hoy:

«Mirando al futuro, estamos convencidos de que el mundo estará cada vez más dividido entre países que tengan, alienten y ayuden a la imaginación y a potenciar los atributos de su pueblo, y aquellos que tengan poca imaginación, la supriman o simplemente no puedan contribuir a desarrollar en sus gentes la capacidad de crear, la habilidad para generar nuevas ideas, la posibilidad de poner en marcha nuevas industrias y de potenciar los atributos de su gente. Estados Unidos ha sido el país líder en alentar la imaginación y ahora tiene que convertirse en un país que busque la híper-imaginación. Esta será la única manera con la que poder contar con empresas que sean cada vez más productivas y con un mayor número de trabajadores con salarios más dignos».

## Friedman sobre el imperativo de la innovación

Al tratar de explicar el liderazgo histórico de los Estados Unidos en el área de la innovación, los economistas rápidamente dan una lista de factores como son: las duras leyes de protección de las patentes y de los derechos de propiedad, la disponibilidad del capital riesgo, las infraestructuras modernas, el gasto público en investigación y desarrollo, y una política de inmigración que, tradicionalmente, ha alentado a individuos de gran potencial a venir a estudiar y a vivir a los Estados Unidos. Las universidades más prestigiosas del país se mencionan pero, como veremos, muchas de las prácticas sobre el sistema de incentivos del personal de las instituciones investigadoras son, en realidad, parte del problema cuando se trata de inculcar y desarrollar capacidades en los jóvenes para ser innovadores. Y poco, o casi nada, se ha dicho sobre la forma de educar de los padres de futuros innovadores.

En realidad, solo una pequeña parte de nuestra población es realmente innovadora y, hasta el momento, eso era suficiente para mantener nuestra ventaja competitiva. Pero el liderazgo en innovación y, en consecuencia, nuestro vigor económico, se está erosionando rápidamente. Otros países nos están alcanzando, y a gran velocidad. En el año 2009, el

51 % de las patentes norteamericanas se concedió a empresas no norteamericanas. Un estudio reciente de la Fundación para la Información Tecnológica y la Innovación concluía que «Estados Unidos ha realizado el menor progreso de los 40 países/regiones (estudiados) en la mejora de su competitividad internacional y en su capacidad de innovar, en la última década». En el *ranking* anual de la revista *Bloomberg Businessweek* del año 2010 sobre las empresas más innovadoras, «quince de las 50 mayores son asiáticas, mientras que en el 2006, solo lo eran cinco. De hecho, por primera vez desde que se hace este *ranking* en 2005, la mayoría de las 25 más innovadoras están fuera de los Estados Unidos»[3]. China, actualmente, exige que todas las universidades del país enseñen clases de emprendimiento y, en la reforma de la educación que están llevado a cabo (desde Infantil hasta los 12 años) se están alejando de los exámenes estandarizados y centrando en fomentar la enseñanza de la creatividad. Así que, si queremos seguir siendo competitivos en este mundo global, necesitamos producir más innovadores y emprendedores de los actuales. Y necesitamos desarrollar la creatividad y la capacidad emprendedora de todos nuestros estudiantes.

En los últimos años observamos que los múltiples discursos, artículos, y estudios sobre la importancia de la innovación para nuestro futuro, para el futuro de los países alrededor del mundo y para el futuro de nuestro planeta, han

---

3    *The 50 Most Innovative Companies*, Bloomberg Businessweek, 10 de abril de 2010, consultado el 24 de mayo del 2011 en http://businessweek.com/magazine/content/10_17/b4175034779697.htm

crecido exponencialmente. Y todos provienen de personas e instituciones de diverso carácter político. He aquí algunos ejemplos:

- Según el informe de la *Conference Board* del año 2008, «los empleadores norteamericanos señalaron que la creatividad/innovación es una de las cinco capacidades que tendrán cada vez más importancia en los próximos cinco años, y el estímulo a la innovación/creatividad y el fomento del espíritu emprendedor estarán entre los diez mayores retos de los directores ejecutivos de los Estados Unidos».[4]

- Según la encuesta global de McKinsey&Co del año 2010, el 84 % de los directivos dijeron que la innovación es muy o extremadamente importante para la estrategia de crecimiento de sus empresas[5].

- El informe del año 2010 titulado *Rising Above the Gathering Storm, Revisited: Rapidly Approaching Category 5*, preparado para los presidentes de la Academia Nacional de Ciencias, la Academia Nacional de Ingeniería y el Instituto de Medicina, afirma que «la posición competitiva actual de Estados Unidos en el mundo se enfrenta a retos aún mayores, agravados por la crisis

---

4    *Ready to Innovate*, New York: *Conference Board*, 2008.

5    *McKinsey & Company Innovation & Commercialization*, 2010, consultado el 7 de mayo de 2010 en http://www.mckinsey.com/insights/innovation/innovation_and_commercialization_2010_mckinsey_global_survey_results

económica de los últimos años, y por el avance rápido y constante de la educación, el conocimiento, la innovación, la inversión y la infraestructura industrial». El informe hace una llamada a la necesidad de un «urgente diálogo nacional que garantice la competitividad, la capacidad de innovación, el dinamismo económico y la creación de nuevos empleos en las primeras décadas de este siglo XXI».[6]

- En abril del año 2011, el capitán Porter y el coronel Mark Mykleby, que trabajaban como asistentes estratégicos del almirante Mike Mullen, Jefe de Estado Mayor Conjunto del momento, publicaron un artículo sobre el futuro de la seguridad en Estados Unidos que tuvo gran repercusión. Ellos abogaban por pasar de una política de contención a una de «sostenimiento». Para mejorar la seguridad nacional la prioridad debería ser «el capital humano, un sistema educativo sostenible y servicios sociales y sanitarios garantizados para contribuir al desarrollo y crecimiento de los jóvenes en los Estados Unidos... Estamos perdiendo nuestro papel tradicional dominante en la innovación en tecnología punta y en ciencias».

- En el discurso del Estado de la Unión del año 2011, el presidente Obama fue muy claro sobre las prioridades más urgentes del país: «Este es el momento Sputnik de

---

6    Miembros del comité del año 2005, *Rising Above the Gathering Storm*, Revisited.

nuestra generación... Invertiremos en investigación biomédica, en información tecnológica y, en especial, en tecnología de energías limpias; una inversión que fortalecerá nuestra seguridad, protegerá nuestro planeta y creará innumerables puestos de trabajo para nuestra gente... En América, la innovación no solo cambia vidas. Es nuestra forma de vida. Debemos innovar, educar y construir más que el resto del mundo».[7]

Quizás la encuesta más importante relacionada con la innovación la elaboró General Electric en el año 2011, entrevistando a mil altos ejecutivos de empresas de doce países. Encontró que «el 95 % de los encuestados cree que la innovación es el pilar de una economía más competitiva y el 88 % cree que la innovación es la mejor forma de crear puestos de trabajo en un país». Pero los hallazgos más sorprendentes fueron sobre los tipos de innovación que serían más importantes y las diferencias entre las innovaciones pasadas y las que llegarían en un futuro. Hasta un 69 % de los encuestados estaba de acuerdo en que «la innovación de hoy en día está impulsada por la creatividad de los individuos más que por la investigación científica de alto nivel». Y el 77 % estuvo de acuerdo en que «las grandes innovaciones del siglo XXI serán aquellas que ayuden a hacer frente a las necesidades humanas más que a generar un mayor beneficio monetario...» El 90 % de los encuestados afirma que la innovación es el

---

7　Consultado el 13 de mayo de 2011 en http://abcnews.go.com/Politics/State_of_the_Union/state-of-the-union-2011-full-transcript/story?id=12759395

pilar para lograr economías más verdes, el 85 % confía en que la innovación mejorará la calidad del medioambiente, y el 58 % manifestó que el número de personas creativas dentro de un equipo de trabajo es el factor principal que permite a las empresas innovar».[8]

Uno de los portavoces más reconocidos sobre la innovación es el renombrado inventor Dean Kamen. «La innovación es la única cosa que puede salvar a nuestro país —me dijo—. Las materias primas procedentes de otros lugares son más baratas. Hoy en día necesitamos generar propiedad intelectual para obtener riqueza. Una píldora que cure el cáncer valdría un millón de dólares la onza. El verdadero valor está en la generación de ideas que sean expandibles, que no consuman recursos y que no sean un juego de suma cero. Usted encuentra una cura para el cáncer, yo encuentro una forma de generar energía sin contaminar. Cada uno de nosotros comenzó con una idea valiosa, ahora cada uno de nosotros se beneficia de la riqueza de las dos ideas».

**Kamen sobre qué guía al espíritu humano**

---

8    *GE Global Innovation Baremeter*, 2011, consultado el 10 de mayo de 2011 en http://files.gereports.com/wp-content/uploads/2011/01/GIB-results.pdf Cursivas en el original.

En medio de una demanda creciente de individuos cada vez más innovadores, los distintos estudios nos muestran que la creatividad de nuestros niños está en declive. La portada de julio del año 2010 de la revista *Newsweek* se titulaba *La crisis de la creatividad* y el artículo citaba la investigación que avala que las capacidades creativas entre los niños se han ido deteriorando desde el año 1990. Según los autores Po Bronson y Ashley Merryman:

«Es demasiado pronto para establecer con certeza por qué las puntuaciones en creatividad en los Estados Unidos están cayendo. Una posible causa es el número de horas que los niños de hoy en día pasan delante del televisor y jugando a los videojuegos en lugar de hacer actividades más creativas. Otra es la falta de fomento a la creatividad que hay en los colegios. De hecho, se deja al azar quién se convierte en una persona más creativa: no hay un consenso generalizado para fomentar la creatividad en todos los niños[9]».

Los autores concluyen con una seria advertencia: «Mientras nuestros resultados en creatividad disminuyen sin control, la estrategia nacional sobre la creatividad se reduce a rezar para que una musa griega se nos aparezca en nuestras casas. Los problemas a los que nos enfrentamos

---

9   De *The Creativity Crisis*, consultado el 1 de mayo de 2011 en http://www.newsweek.com/2010/07/10/the-creativity-crisis.html

hoy en día, y en el futuro, exigen que hagamos algo más que simplemente esperar a que aparezca la inspiración».[10]

Padres, profesores, mentores y empleadores, todos tenemos un trabajo urgente que hacer.

## ¿Qué es la innovación?

La innovación es un tema candente hoy en día, y muchos libros han hablado sobre ella y continúan haciéndolo. El libro de John Kao, del año 2007, *Innovation Nation: How America is Losing Its Innovation Edge, Why It Matters, and What We Can Do to Get it Back (Cómo está perdiendo América su ventaja competitiva, por qué importa y qué podemos hacer para recuperarla)*, es ampliamente citado, al igual que otros dos libros más recientes: *Little Bets: How Breakthrough Ideas Emerge from Small Discoveries (Pequeñas apuestas: Cómo ideas disruptivas surgen de pequeños descubrimientos)* de Peter Sims y *Where Good Ideas Come From: The Natural History of Innovation (De dónde vienen las buenas ideas: Historia natural de la innovación)* de Steven Johnson. Estos y otros autores ofrecen distintas definiciones de la innovación que han ido conformando mi pensamiento. Sin embargo, para llegar a dar una definición de innovación en este libro, pensé que era más interesante averiguar qué responderían, tanto los altos ejecutivos de empresas privadas, como los de las empresas sin ánimo de lucro, a la pregunta: ¿qué es la innovación?

---

10    Ibid.

En una entrevista del *Wall Street Journal*, a Sir Andrew Likier-man, decano de la *London Business School*, que acababa de inaugurar el Instituto de Innovación y Emprendimiento, le preguntaron sobre su definición de innovación y respondió: «Yo la defino de manera concreta ya que es un término especializado. Se trata de un proceso por el cual... cosas nuevas aparecen. Entiendo la innovación como una forma de acercarse a las cosas. Sin embargo, (el Instituto) utiliza la definición estándar que dice que la innovación son nuevas formas creativas de generar valor a través de nuevos productos y servicios, nuevos modelos de negocio o nuevos procesos».[11]

Rick Miller, presidente del *Olin College of Engineering*, nos da esta versión: «La innovación puede definirse como el proceso de tener ideas y pensamientos originales que tienen valor para, posteriormente, implementarlas de forma que sean aceptadas y utilizadas por un gran número de personas. Según esta definición, una innovación importante es aquella que es tan útil que, poco después de que se conoce, casi nadie puede recordar cómo era la vida antes de que la innovación existiera».[12]

Ellen Browman, que acaba de jubilarse como directora general de relaciones de Procter&Gamble, me dijo en una entrevista reciente que su definición de innovación era muy

---

11    Melissa Korn, *Dean in London Champions Innovation,* Wall Street Journal, 4 de mayo de 2011, consultado el 5 de mayo de 2011 en http://online.wsj.com/article/SB10001424052748704740604576301181974037002.html

12    Richard K. Miller, *How Do You Recognize and Cultivate Potential Innovators?* (Artículo preparado y presentado en el *Olin College* el 9 de mayo de 2011).

simple: «Resolver problemas de manera creativa. Resolver un problema sin elementos creativos no es innovador. Y la creatividad que no pueda ser aplicada a los problemas reales del mundo no debería ser considerada una innovación tampoco. La innovación es la sangre que corre por las venas de P&G, pero no la innovación sola *per se*. Se trata de tomar necesidades reales y construir un puente para cada solución».

Brad Anderson, antiguo director ejecutivo de Best Buy Corporation, está de acuerdo con Browman: «No hay nadie que no necesite resolver problemas creativamente», me dijo.

Tuve la oportunidad de ir a visitar el campus de Apple y de hablar con Joel Podolny, vicepresidente de recursos humanos de Apple y decano de la *Apple University*. Joel obtuvo su doctorado en sociología por la universidad de Harvard y ha sido profesor tanto en la escuela de negocios de Harvard como en la de Stanford. Antes de incorporarse a Apple en el año 2008, Joel fue decano de la *Yale School of Management*. Joel también me habló sobre la importancia de crear valor: «Puedes ser una empresa rentable ya sea porque eres muy buena creando valor o porque eres realmente buena cogiendo el valor que otros crean», explicaba Joel. «Tener éxito a través de la creación requiere, muchas veces, de la innovación, que consiste en averiguar cómo juntar las piezas y añadir valor a cosas que antes no estaban allí».

Joe Caruso, un ejecutivo retirado que ahora hace de *coach* para jóvenes emprendedores, me dijo que «la innovación no tiene por qué ser crear el nuevo iPad. Puede ser la forma en que tratas a los clientes».

Anne Marie Neal, directora de Talento y vicepresidenta del *Cisco Center for Collaborative Leadership*, me dijo que los líderes en Cisco System alentaban la innovación en dos planos: «En el núcleo del negocio, se trata de ser mejor, más listo y más rápido con nuestros productos básicos y con los servicios que ofrecemos. Y la innovación avanzada, por otro lado, implica nuevos modelos de negocio y nuevas estrategias de salida al mercado».

**Neal sobre la innovación disruptiva**

Las opiniones de Anne Marie están en línea con lo que varias personas dijeron en las entrevistas. Hay, esencialmente, dos tipos de innovación tanto en el ámbito del lucro como en el de no lucro: la incremental y la disruptiva. La *innovación incremental* es la mejora importante de productos, procesos o servicios ya existentes. La *innovación disruptiva* o *transformadora*, por otro lado, es la que crea un nuevo producto o servicio que altera los mercados existentes y desplaza a otras tecnologías hasta entonces dominantes.

El trabajo de Clayton M. Christensen, *The Innovator Dilemma (El dilema del innovador)*, describe la evolución de un gran número de invenciones disruptivas. Desde los pequeños transistores de radio de Sony que irrumpieron en el mercado de las radios de tubo, que hasta entonces dominaba Motorola, hasta el mercado de los micro ordenadores dominado por DEC y que fue canibalizado por los PCs de IBM. En los últimos años, la empresa Apple ha introducido al menos tres nuevos productos que han transformado radicalmente el mercado de cada una de sus categorías: el iPod, el iPhone y el nuevo iPad. Las propias tiendas de Apple han renovado el comercio minorista de productos de alta tecnología. La constante habilidad de la empresa de «perturbar» el mercado explica por qué tiene reputación de ser la empresa más innovadora del mundo.

La innovación se produce en todos y cada uno de los aspectos del ser humano. Martin Luter King es un claro ejemplo de un innovador social «perturbador» que adaptó con éxito la estrategia de la no violencia y resistencia pasiva de Mahatma Gandhi al movimiento a favor de los derechos civiles estadounidenses; y por ello se le concedió el premio Nobel de la Paz en el año 1964. Más recientemente, Muhammad Yunus y el Grameen Bank recibieron el Nobel de la Paz en el 2006 por su trabajo para aliviar la pobreza a través de los microcréditos. Muchos de los ganadores de los Nobel de la Paz han sido grandes innovadores sociales que han logrado cambiar el curso de la Historia.

La llamada «innovación social y el «emprendimiento social» son dos áreas de enorme actualidad e interés, especialmente entre los veinteañeros. La idea del programa *TFA*[13]

---

13    *Teach For America* (Enseñando a América).

es una revolucionaria fórmula para atraer a jóvenes con talento hacia la enseñanza en escuelas de zonas con elevado nivel de pobreza. La idea partió de la tesis de fin de grado de la alumna Wendy Kopp de la universidad de Princeton en el año 1989. En el año 2010, cuarenta y seis mil jóvenes solicitaron formar parte del TFA, de los cuales el 12 % eran estudiantes de las mejores universidades norteamericanas, las de la llamada «Ivy League». El número de solicitantes ese año fue un 32 % superior al del año anterior[14]. Y los alumnos del programa TFA han llegado, ellos mismos, a realizar grandes innovaciones sociales. Por ejemplo, en el año 1994, Dave Levin y Mike Feinberg, al terminar el programa TFA, fundaron el programa KIPP[15], que actualmente sigue siendo la mayor cadena de colegios «charter» en los Estados Unidos[16]. El programa KIPP ha recibido reconocimiento internacional por su exitosa labor educativa de minorías de estudiantes con dificultades, que de otra forma habrían quedado fuera del sistema.

Dejando de momento el problema de la educación de lado, claramente necesitamos innovación incremental e innovación disruptiva para seguir adelante. La utilización del carbón como combustible es un ejemplo de que necesitamos mejorar algunos productos de uso cotidiano, como el aisla-

---

14    Datos de *Teach for America*, consultado el 13 de mayo de 2011 en http://www.teachforamerica.org/newsroom/documents/2010-11_Press_Kit_Updated_04.29.11.pdf

15    *Knowledge Is Power Program (Programa El conocimiento es poder)*.

16    Un colegio charter es un colegio financiado con fondos públicos pero con cierta flexibilidad en su estructura y organización–N.d.T.

miento de edificios y ventanas para lograr reducir significativamente el consumo de energía.

Es más, para Rick Hassman, director de aplicaciones corporativas de la empresa Pella, la mejora continua de las cosas es una pasión. «Una innovación surge –me dijo– cuando se detecta el problema correcto a resolver o la pregunta acertada a realizar y después se encuentra la mejor forma de resolverlo. No se puede solo encontrar soluciones a los problemas de hoy, ya que nada permanece igual».

Sin embargo, por muy importantes que sean las mejoras que se logren en algunos productos, servicios y procesos, no serán suficientes para reducir la alta dependencia del combustible de carbón. Mejorar las ventanas de una vivienda, sin lugar a dudas contribuye a mejorar la vida de la gente, pero también necesitamos nuevas fuentes energéticas limpias como la eólica o la solar. Puede que los coches eléctricos acaben siendo una innovación necesaria y disruptiva. Los modelos de coche compartidos en propiedad, como Zipcar o los programas de viajes compartidos, como GoLoco, son claros ejemplos de otras formas de innovación social y económica que contribuyen a reducir la dependencia de los carburantes. (Conocerán a Robin Chase, fundador de estas dos compañías, a su marido y a su hija, en el capítulo 6 de este libro). La empresa Capital Bikeshare, que ofrece la posibilidad de utilizar la bicicleta en más de cien puestos de alquiler por toda la capital de la nación, es otro ejemplo reciente de una innovación de carácter social.

La innovación, por lo tanto, puede provenir de muchas fuentes. En mis entrevistas con numerosos innovadores veinteañeros me he quedado sorprendido con la variedad de innovaciones y con lo imaginativas que son. Su dominio y creatividad en el uso de los nuevos canales de comunicación, desde Facebook a Youtube o Twitter, suponen una nueva manera de pensar acerca de la innovación, e incluso son el origen de revoluciones como la Primavera Árabe.

En mi último libro, *La brecha del rendimiento global*, describí las nuevas capacidades que los estudiantes necesitaban para sus carreras, para un aprendizaje continuo y para su vida en general, en un mundo que es cada vez más homogéneo. Las que denominé las «Siete habilidades de supervivencia», son:

1. Pensamiento crítico y resolución de problemas
2. Colaboración a través de las redes y liderazgo por influencia
3. Agilidad y adaptabilidad
4. Iniciativa y espíritu emprendedor
5. Acceso y análisis de la información
6. Comunicación oral y escrita efectiva
7. Curiosidad e imaginación

Desde la publicación del libro he escuchado de líderes de empresas con ánimo de lucro, sin ánimo de lucro y de militares, que éstas eran, sin lugar a dudas, las capacidades esenciales en cada uno de sus mundos. Pero al estudiar qué es lo que se requiere para ser innovador, he comprobado que esta lista de capacidades es necesaria pero no suficiente. La curiosidad y la imaginación son, sin duda, fuente de innovación. Uno no puede imaginarse que ocurra una innovación sin que se den estas capacidades, ni las otras que hemos mencionado. Sin embargo, esta lista no menciona algunas de las cualidades de los innovadores que hoy considero esenciales, como son: la perseverancia, el deseo de experimentar, la asunción de riesgos, la capacidad de tolerar el fracaso y el «pensamiento desde el diseño» *(design thinking)*, junto con el pensamiento crítico. Así que permítanme que les introduzca en las nuevas ideas relativas a las capacidades de todo innovador.

Fundada en el año 1991 por David Kelly, la compañía IDEO es una empresa de diseño global «que se centra en el ser humano y en el diseño como forma de ayudar a otras empresas públicas y privadas a innovar y crecer»[17]. Ha sido reconocida como una de las empresas más innovadoras del mundo tanto por la *Fast Company* como por el semanario *Business Week*. Quizás, igualmente importante sea el que el liderazgo de IDEO ha contribuido a comprender significativamente mejor el proceso de la innovación y las cualidades y capacidades de los individuos muy innovadores. David Kelly, profesor en la universidad de Stanford, ha montado el *Hasso Plattner Institute of Design*, un instituto de diseño conocido como el *d.school*, en donde grupos de estudiantes y profesores aplican el «pensamiento desde el diseño» de IDEO a distintos problemas sociales. (Conoceremos más el *d.school* en el capítulo 5 de este libro). Tom Kelly, hermano de David y director de IDEO, ha escrito dos libros muy influyentes: *El*

---

17    Página web de IDEO, consultada el 11 de mayo de 2011 en http://www.ideo.com/about/

*arte de la innovación* y *Las diez caras de la innovación.* Y Tim Brown, presidente y director general ejecutivo de IDEO, ha escrito recientemente el libro *Change by Design (Cambia a través del diseño).* El concepto de *design thinking* de IDEO es ampliamente considerado como una forma de ver el mundo esencial para cualquier proceso de innovación.

**Kelly sobre la innovación y la empatía en IDEO**

En un artículo de la *Harvard Business Review*, Tim Brown describe cinco características de quien él llama *design thinker.* La primera es la *empatía,* que es la habilidad de imaginarse el mundo desde múltiples perspectivas y tener una actitud que anteponga a los individuos primero. El *pensamiento integrador* que significa ser capaz de ver todos los aspectos de un problema y posibles soluciones rompedoras al mismo. El *optimismo* es también esencial para Brown, porque en el pensamiento desde el *design thinking* se comienza por asumir que no importa lo difícil que sea un problema, que alguna solución se encontrará. Pero las soluciones solo se pueden alcanzar mediante lo que Brown llama el *experimentalismo,* un proceso de prueba y error que explora los problemas y las posibles soluciones desde una manera nueva y creativa. Finalmente, Brown escribe que los *design thinkers* son, ante todo, *colaboradores*: «La creciente complejidad de los productos y servicios y de las experiencias, ha reemplazado el mito del genio creativo y solitario por la realidad de un colaborador entusiasta e interdisciplinar. Los mejores *design thinkers* no se limitan a trabajar junto a otras disciplinas; muchos tienen una gran experiencia en varias de ellas. En IDEO contratamos gente que son ingenieros y analistas de mercados, antropólogos y diseñadores industriales, y arquitectos y psicólogos»[18].

En otro artículo reciente de la *Harvard Business Review* titulado *El ADN del innovador* (y en un libro del mismo título), Jeffrey H.Dyer, Hal B. Gregersen y Clayton M. Christensen analizan los resultados de un estudio llevado a cabo durante seis años «para descubrir los orígenes de las estrategias creativas de empresas innovadoras, casi siempre disruptivas... Nuestro objetivo era analizar a los empresarios innovadores con microscopio para examinar cómo y cuándo llegaron a las ideas sobre las que han construido sus negocios. En especial, queríamos analizar por qué eran distintos de otros directivos y emprendedores. Alguien que adquiere una franquicia de McDonald's puede que sea un emprendedor, pero construir un Amazon.com requiere otras capacidades totalmente distintas»[19]. Los autores consideraron los hábitos de veinticinco empresarios innovadores y llevaron a

---

18 Tim Brown, *Design Thinking* (Harvard Business Review, número 3, junio de 2008).

19 Jeffrey H. Dyer, Hal B. Gregersen y Clayton M. Christensen, *The Innovator's DNA* (*Harvard Business Review*, número 62, diciembre de 2009).

cabo una encuesta a más de tres mil ejecutivos y a quinientos individuos que han creado sus empresas innovadoras, o que han inventado nuevos productos.

Dyer, Gregersen y Christensen descubrieron que hay cinco habilidades que separan a los individuos innovadores de los no innovadores: *asociarse, cuestionarse, observar, experimentar y hacer contactos por el mundo*. Y dividieron estas habilidades en dos categorías: *hacer y pensar*.

## Hacer

*Cuestionarse* las cosas permite a los innovadores romper con lo establecido y considerar nuevas posibilidades. Mediante la *observación*, los innovadores detectan pequeños detalles de comportamiento en las actuaciones de consumidores, proveedores y en otras empresas, que les sugieren nuevas formas de hacer las cosas. *Experimentando* prueban, inexorablemente, nuevas experiencias y exploran el mundo. Y *haciendo contactos* con personas de distinta procedencia, ganan puntos de vista, radicalmente distintos.

## Pensar

Los cuatro patrones de actuación conjunta ayudan a los innovadores a *asociarse* para cultivar nuevas ideas[20].

Para conocer sobre el terreno las habilidades y la disposición de un innovador, he entrevistado a Judy Gilbert,

---

20    Ibid.

directora de Talento en Google. Apple y Google son número uno y dos en la lista de empresas más innovadoras del mundo[21]. También son las dos principales empresas en las que la mayoría de los recién graduados universitarios quieren trabajar, lo que constituye una evidencia adicional de la pasión de esta generación por la innovación. El trabajo de Judy consiste en hacer crecer a la gente que empieza a trabajar en Google y en ayudar a la compañía a pensar en las habilidades y capacidades que se necesitarán en el futuro.

Le pedí a Judy que me describiese las capacidades más importantes que Google busca en sus procesos de contratación de personal. «Por supuesto que buscamos gente inteligente —me dijo—. Pero la curiosidad intelectual es más importante. La persona debe ser buena para lo que se la contrata, por ejemplo escribir códigos o finanzas, pero también esperamos que cada uno de ellos sea un líder. Alguien que tomará el control de una situación en lugar de dejarse guiar por otros. La gente que tiene éxito dentro de Google también tiene una inclinación hacia la acción; si ve algo estropeado, lo arregla. Es lo suficientemente inteligente como para detectar los problemas, pero no se queja de ellos ni espera a que otros los resuelvan. Se preguntan a sí mismos: ¿Cómo puedo hacer las cosas mejor? Y la colaboración es tan esencial en todo lo que hacemos que apreciamos la habilidad de reconocer y aprender que, los demás alrededor nuestro, son expertos en cosas muy diferentes».

---

21    *50 Most Innovative Companies*, Bloomberg Businessweek.

## ¿Se puede aprender la capacidad de innovar?

Estoy impresionado por la interrelación y el solapamiento entre la lista de capacidades identificadas en los dos artículos anteriormente citados y lo que Google busca en sus empleados. El «ADN de los innovadores» podría considerarse como un conjunto de capacidades esenciales para el pensamiento desde el *design thinking*. Uno no puede tener empatía si antes no ha practicado las habilidades de escuchar y observar. Y el pensamiento integral comienza con la habilidad de hacer buenas preguntas y realizar asociaciones. También hay una afinidad entre la colaboración y hacer contactos con otras personas. Y lo que las tres listas tienen en común es la importancia de experimentar. Una actividad que, desde el inicio, requiere optimismo y la creencia de que, a través de la prueba y el error, se puede descubrir un mayor entendimiento de las cosas y obtener nuevos puntos de vista.

Juntando los resultados de todas estas investigaciones, parece que las cualidades esenciales de un innovador de éxito son las siguientes:

- *La curiosidad,* que es la habilidad de hacer buenas preguntas y el deseo de entender con profundidad las cosas.
- *La colaboración,* que comienza por escuchar y aprender de otros que tienen perspectivas y grados de experiencia muy distintos a los propios.
- *El pensamiento asociativo e integrador.*
- Una inclinación hacia la *acción* y la *experimentación.*

Pero como padre y educador, lo que me parece más relevante de esta lista es que *ison un conjunto de capacidades y formas de pensar que se pueden inculcar, enseñar y tutelar!* Muchos de nosotros tendemos a pensar que unos nacen siendo creativos o innovadores y otros no. Pero todos los expertos que he citado comparten la creencia de que la mayoría de la gente puede llegar a ser más creativa e innovadora si se les proporciona un entorno y se les dan las oportunidades adecuadas. De hecho, el trabajo de Judy Gilbert consiste en continuar desarrollando las capacidades de los empleados de Google para que sean cada vez más innovadores.

Tim Brown escribe: «Contrariamente a la opinión popular, no se necesita llevar zapatos raros o un cuello alto negro para ser un *design thinker*. Ni los *design thinkers* salen solo de las escuelas de diseño, aunque muchos de ellos tengan algún tipo de formación en diseño. Mi experiencia es que mucha gente, distinta de los profesionales del diseño, tiene una aptitud natural hacia el pensamiento de *design thinking*, la cual puede brotar con un entrenamiento adecuado»[22].

Dyer, Gregersen y Christensen están de acuerdo. En la conclusión de su artículo sostienen que «el espíritu emprendedor en innovación no es una predisposición genética sino que es un esfuerzo proactivo. El eslogan de la compañía Apple, *Think Different (Piensa diferente)* es inspirador pero incompleto. Encontramos que los innovadores deben actuar constantemente de manera diferente para poder pensar de forma diferente. Comprendiendo, reforzando y modelando el

---

22   Brown, *Design Thinking*, página 4.

ADN del innovador, las empresas pueden encontrar formas de desarrollar con mayor éxito la chispa creativa que todos tenemos»[23].

Así que el término ADN no es la palabra correcta después de todo. Básicamente, no es con lo que naces lo que te hacer ser innovador, aunque es evidente que hay algunas personas que nacen con dones extraordinarios. Los autores están de acuerdo en que lo que has aprendido a hacer es más importante. Es verdad que la naturaleza cuenta, pero también lo que se nos inculca y alienta en nuestro entorno y en nuestra educación.

Pero aquí está el problema: en muchas ocasiones, en nuestra sociedad, es muy difícil «actuar de manera diferente para poder pensar diferente». Para lograr hacerlo hay que cambiar de forma radical nuestro comportamiento adulto. Cuando Dyer y Gregersen fueron entrevistados en un blog sobre su investigación, Hal Gregersen habló de la pérdida de la capacidad creativa: «Si te fijas en los niños de cuatro años, están constantemente haciéndose preguntas y cuestionándose cómo funcionan las cosas. Pero cuando llegan a los seis años y medio dejan de preguntar porque se dan cuenta de que sus profesores valoran más las respuestas correctas que las preguntas inquisidoras. Los alumnos de secundaria apenas muestran curiosidad alguna. Y cuando han crecido del todo y entran a formar parte de las empresas, su curiosidad ha desaparecido del todo. El 80 % de los ejecutivos dedican menos del 20 % de su tiempo a pensar en nuevas ideas. A no

---

23    Dyer, Gregersen and Christensen, *Innovatior's DNA*, página 67.

ser que, por supuesto, trabajes en una empresa tipo Apple o Google»[24].

Gergersen no está solo en sus opiniones. El nuevo libro de Sir Ken Robinson, *El Elemento*, y sus intervenciones en las conferencias TED, describen las numerosas formas en la que la creatividad es desincentivada, «educada fuera de nosotros», como él suele decir. El Dr. Robert Sternberg, psicólogo especialista en creatividad, está de acuerdo. Él escribe: «La creatividad es un hábito. El problema es que en los colegios, muchas veces, lo tratan como un mal hábito... Y como cualquier hábito, la creatividad se puede incentivar o desincentivar»[25].

## ¿Por qué es distinta la «generación de la innovación»?

Un gran número de libros y estudios se centran en lo que se ha llamado la «generación del milenio», en torno a la cual se ha generado una gran controversia. Algunos autores afirman que es la generación más tonta de todos los tiempos, mientras que otros dicen que es la más innovadora. Revisé algunos de estos libros cuando escribí *La brecha del rendimiento*

---

24    Bronwyn Sternberg, *Creativity Is a Habit*, Educational Week Commentary, 22 de febrero de 2006, consultado el 11 de mayo de 2011 en http://www.edweek.org/ew/articles/2006/02/22/24sternberg.h25.html?r=192032759

25    Robert Sternberg, *How Do Innovators Think*, Harvard Business Review blog del 28 de septiembre de 2009, consultado el 11 de mayo de 2011 en http://blogs.hbr.org/hbr/hbreditors/2009/09/how_do_innovators_think.html

*global*. Y en lugar de hacerlo aquí de nuevo, voy a resumir brevemente las formas en que creo que esta generación está creciendo de manera diferente. Luego dirigiré la discusión hacia cómo algunos líderes de empresas y militares que he entrevistado ven un desafío interesante en tutelar y organizar a esta generación.

Cualquiera que haya pasado algún tiempo en una clase de alumnos de primaria sabe que los alumnos comienzan la escuela con una gran imaginación, curiosidad y creatividad; hasta que descubren que es más importante saber la respuesta correcta que hacer alguna pregunta interesante, como comenta Gregersen. Sin embargo, lo que es radicalmente distinto de la juventud de hoy en día es que, la mayoría de ellos, también ha asistido al «colegio en Internet». Ellos son la primera generación a la que el autor Marc Prensky llama «los nacidos digitales». Como media, los jóvenes entre ocho y dieciocho años se pasan ahora más tiempo delante de sus dispositivos electrónicos que dentro de las aulas[26]. Y a la mayoría de los jóvenes de hoy en día les resulta mucho más interesante Internet como profesor que el que tienen delante en el aula durante todo el día.

Se producen desafíos muy importantes derivados del uso de las nuevas tecnologías y creo que la posibilidad de un mal uso o la excesiva dependencia de las mismas es real y debe ser tenida en cuenta por los adultos. De hecho, algunos de los padres de los individuos más innovadores con los que

---

26   *Generation M2: Media in The Lives of 8- to 18-Years-Old. Kaiser Family Foundation*, 2010, consultado el 20 de mayo de 2011 en http://www.kff.org/entmedia(8010.cfm

me entrevisté para el libro, controlaban cuidadosamente y limitaban el número de horas que empleaban sus hijos delante de la pantalla. Sin embargo, el resultado de esta nueva forma de aprender es que muchos de nuestros jóvenes, los que yo llamo la «generación de la innovación», tienen un extraordinario talento e interés por la innovación y el emprendimiento. Como nunca lo ha tenido otra generación en toda la Historia.

En Internet, al contrario que en sus clases diarias, la gente joven actúa con curiosidad. En algunas entrevistas realizadas para mi anterior libro, mucha gente joven me dijo que «buscaba cosas en Google para divertirse» y que les gustaba seguir los enlaces para ver a dónde les llevaban. Y mientras algunos se preocupan por el carácter adictivo de Facebook, Twitter y YouTube, otros han conseguido aprender a crear, conectarse y colaborar en Internet; mucho más de lo que lo hubieran podido o les hubieran permitido hacer en el colegio. Subir fotos y vídeos, la música o los blogs de Internet es instintivo para esta generación. También, gracias a la televisión y a Internet, han estado expuestos a acontecimientos del mundo mucho antes y con mayor viveza que ninguna otra generación en la Historia.

Muy preocupados y conscientes de la gran cantidad de problemas sociales que hay, con un alto dominio de las nuevas tecnologías que les llevan a aprender, expresarse y hacer contactos, muchos jóvenes de la «generación de la innovación» están ansiosos por dejar su huella en este mundo. ¿Son todos ellos demasiado ambiciosos e ingenuos? Quizás. ¿Impacientes? Seguramente. Pero son nuestro futuro y creo que debemos aprender a trabajar con esta gente joven extraordinaria: aprendamos cómo ser padres, profesores y tutores y aprendamos de ellos también.

Muchos de los jóvenes de esta generación están muy preocupados por el futuro del planeta, buscan estilos de vida más saludables y quieren dejar huella en el mundo, más que hacer dinero. Pero nadan contra la corriente de la tradición. Numerosos padres todavía abrigan la esperanza de que sus hijos sigan carreras profesionales de prestigio y acaben mejor situados económicamente que ellos mismos. Demasiados profesores y empleadores todavía recompensan, hoy en día, los comportamientos de la «vieja escuela» de respeto a la autoridad y lucha por el «éxito», tal y como éstos están definidos. Y continúan utilizando «palos y zanahorias» para motivar. El resultado es que bastantes de los jóvenes de la «generación de la innovación» son totalmente escépticos ante la autoridad de los adultos y de las instituciones que sus mayores han presidido. El colegio es un juego que la «generación de la innovación» sabe que debe jugar para obtener un título escolar necesario, pero lo juega con el menor esfuerzo posible. La mayoría de ellos no quiere ascender en una carrera profesional dentro de una empresa y que les obliguen a esperar veinte años a hacer o a que les ocurra algo verdaderamente interesante. No tienen paciencia ni para el papeleo ni para los días de mucho trabajo. Tienen otros sueños y ambiciones que les requieren tiempo, espacio y dedicación a ellos mismos.

El problema es que, muchos de nosotros, alrededor de los cuarenta, cincuenta o sesenta, que trabajamos en instituciones establecidas, no reservamos tiempo ni espacio para los sueños y ambiciones de las generaciones más jóvenes. Los líderes de los colegios y de las empresas convencionales no saben qué hacer con esta «generación de la innovación». Esta gente joven tiene sueños y aspiraciones distintas a las que tenían sus mayores.

Bob Compton, mi colaborador en los vídeos de este libro, es un inversor de capital riesgo en alta tecnología y un graduado de la *Harvard Business School*. Él describió así sus experiencias con veinteañeros de hoy en día:

«Gestionar y motivar a este grupo de jóvenes trabajadores es abrumadoramente frustrante. Todas las técnicas y herramientas que aprendí en la escuela de negocios de Harvard y toda mi formación y experiencia desde entonces son, en el mejor de los casos, totalmente ineficientes. Y lo que es peor, los incentivos tradicionales, tales como las *stock options*, las comisiones o los bonos variables, son muchas veces contraproducentes con esta generación. Se ofenden al ser dirigidos. Como me señaló uno de mis jóvenes empleados cuando le ofrecí acciones y un bono variable como incentivo para acelerar el desarrollo de un producto: '¡No funciono solo con dinero, Bob!' '¿Qué no funcionas con dinero? Entonces, ¿con qué funcionas?' Todavía me desconcierta».

Brad Branson, quien se apoyó en las habilidades y pasiones de los veinteañeros para hacer crecer su empresa, Best

Buy, me dijo que estaba en desacuerdo con aquellos que decían que esta generación no estaba motivada. Él, como Bob Campton, se han dado cuenta de que están motivados pero de una manera *diferente*. «¿Y sin ética para el trabajo? Eso es una locura —exclamó—. El problema es la falta de liderazgo. Seguramente esta generación está consentida en muchos aspectos. Pero buscan cosas que les interesan y les comprometan. Muchos están híper comprometidos, pero para que se comprometan, se han puesto el listón muy alto. Si consigues que se comprometan, los resultados son extraordinarios, pero si lo que quieres es que hagan cosas del tipo de la cadena de trabajo de Henry Ford, en las que trabajan con sus cuerpos pero no con sus mentes, no conseguirás su compromiso».

Anne Marie Neal también ve a esta generación motivada de manera diferente: «En primer lugar, son mucho más flexibles. Tienden a salir a hacer preguntas en lugar de tener que tener las respuestas. Su valía individual no se basa en lo que conocen sino en a quiénes conocen y qué conexiones tienen para poder encontrar las respuestas. También tienen una mente mucho más global y han estado expuestos a muchas más cosas de fuera de los Estados Unidos. Finalmente, se sienten mucho más a gusto colaborando. La generación anterior a la actual, la del *baby boom*, se guiaba por sus logros individuales. Para esta generación, eso es mucho menos importante. Hay mucho más 'nosotros' en su lenguaje».

## Neal sobre una generación motivada de manera diferente

Keith Miller es el director de Iniciativas Medioambientales y Sostenibilidad en la empresa 3M, reconocida desde hace mucho tiempo como una de las empresas manufactureras más innovadoras del mundo. Y además es padre de dos veinteañeros. «Intento motivar a esta generación a diario, tanto en casa como en el trabajo —me dijo—. Mis dos hijos han tenido siempre buenos resultados en el colegio, pero el proceso de aprendizaje fue mucho más importante para ellos. Nunca comprendieron cuál era el valor de hacer algo solo por sacar mejores notas. ¿Medio punto más? ¿Por qué molestarse? En mi generación hicimos cosas que no queríamos, pero las hacíamos para ser los primeros.

«Los empleados más jóvenes de la empresas quieren encontrar sentido a lo que están haciendo. A mucha gente joven le preocupa la sostenibilidad y se pregunta qué puede hacer al respecto. Es un gran desafío para nuestra generación. Ascendí en 3M en una época en la que tenías que dedicar todo tu tiempo antes de que te diesen buenos proyectos. Teníamos que estar demostrando lo que valíamos constantemente. Esta generación entrante quiere tener un impacto de inmediato. El desafío consiste en engancharlos a proyectos que tengan valor y transcendencia para la empresa».

Ellen Kumata, directora general y socia de Cambria Consulting, trabaja en estrecha colaboración con altos ejecutivos de empresas que salen en la lista Fortune 100. Ella me dijo que las grandes empresas están «muy nerviosas con la 'generación del milenio'. Trabajan de manera diferente y no están tan centrados en los logros individuales. No quieren simplemente llegar alto y pasar por múltiples puestos de trabajo. La verdadera pregunta es si las empresas serán capaces de detectar su valía y sus fortalezas».

Paul Bottino, cofundador y director ejecutivo del Centro de Tecnología y Emprendimiento de Harvard, describe algunas de las fortalezas, a las que hace alusión Ellen, así como algunos de los retos a la hora de dirigir a esta «generación del milenio»: «Hay un punto de insubordinación en esta generación. Para ellos la cadena de mando ha cambiado. Cuando se comunican pueden mantener sus posiciones, pueden defender sus ideas en público y tienen la capacidad de decir eso es tuyo, esto es mío, y así está bien».

Leslie Andersen, alta directiva de la empresa General Dynamics, me comentó, recientemente, que el mayor reto de su empresa era mantener en plantilla a los veinteañeros que contrataban. «Ellos hacen preguntas que jamás imaginé que harían —me dijo—. Quieren saber en qué están contribuyendo y cuál es la relevancia de su trabajo para la empresa. Y si no les das una respuesta satisfactoria, simplemente se van».

Estas características de la «gente del milenio» suponen un desafío particular para los altos mandos militares. El general Martin Dempsey es el presidente de la Junta de Estado Mayor de los Estados Unidos. Cuando le conocí por primera vez, era el responsable de todos los programas de formación del ejército norteamericano. «Estamos en peligro de perder a esta generación cuando regresan (de la guerra) –me dijo–. Al contrario que las generaciones anteriores, no se sienten atraídos por el 'programa de los veinte años' (la posibilidad de retirarse con la mitad del salario tras haber servido a la armada durante veinte años). Se creen lo que les decimos: 'Sed todo lo que queráis ser'. Quieren continuar desarrollándose y debemos hacerlo si queremos que sigan con nosotros».

No son solo los empleadores y los militares los que necesitan que esta generación se mantenga involucrada y sea eficiente. Somos todos nosotros. La «gente del milenio» es nuestro futuro. Es la generación que puede y debe crear una forma de vida más saludable, más segura y más sostenible. Y aunque a algunos de ellos les cueste admitirlo, nos necesitan para poder lograrlo. Necesitan nuestra experiencia, nuestra orientación, nuestra tutoría y nuestro apoyo; pero debemos ofrecerles nuestra ayuda de otra manera. Nuestras escuelas, nuestros lugares de trabajo y nuestra forma de educarles como padres, deben cambiar si de verdad queremos incentivar a la «generación de la innovación» a crear una economía y una nueva forma de vida basadas en la innovación. Es decir, aquella que cultive los hábitos y placeres del «juego creativo» en los adultos, en lugar del consumo sin sentido.

En el pasado, nuestro país ha producido innovadores, más por accidente que por diseño. Muy pocas veces los emprendedores o los innovadores hablan de cómo su educación, sus lugares de trabajo, o incluso sus padres, habían desarrollado sus talentos o incentivado sus aspiraciones. Tres de los emprendedores más innovadores de la última mitad del siglo, Edwin Land, inventor de la cámara instantánea Polaroid, Bill Gates y Marck Zuckerberg, fundador y presidente de Facebook, abandonaron la universidad de Harvard para perseguir sus sueños. Steve Jobs, de Apple, Michael Dell de Dell Computer, Larry Ellison, fundador del gigante del *software* Oracle, y el inventor Dean Kamen, son otros de los famosos que abandonaron sus estudios universitarios en alta tecnología.

Entonces, ¿qué pasaría si tuviéramos que desarrollar intencionadamente los talentos emprendedores e innovadores de toda la gente joven; es decir si tuviéramos que nutrir su capacidad de iniciativa, curiosidad, imaginación, creatividad, habilidad colaborativa, así como sus capacidades analíticas, junto con otras cualidades esenciales del carácter como la perseverancia, la empatía y una base moral sólida? ¿Qué pueden hacer los padres para inculcar estas cualidades? ¿Qué es lo que los profesores de los colegios y de las universidades más eficientes hacen? ¿Y qué es lo que éstos y los jóvenes nos dicen sobre cómo colegios y universidades deben cambiar para enseñar estas cualidades? Finalmente, ¿qué podemos aprender de aquellos que, con éxito, han sido mentores de aspirantes a emprendedores innovadores? Éstas son las preguntas que inspiran este libro.

## ¿Cómo podemos contribuir a que los jóvenes se conviertan en innovadores?

Si estamos de acuerdo en la necesidad de desarrollar las capacidades de muchos más jóvenes de ser innovadores, y si estamos de acuerdo en que muchas de las cualidades de un innovador se pueden inculcar y aprender, la pregunta se transforma en: ¿Y ahora qué hacemos? ¿Por dónde empezamos como padres, profesores, mentores y empleadores?

Recientemente he acudido a un coloquio en el *Olin College*, una nueva y fascinante escuela universitaria de ingeniería de la que hablaremos más adelante en este libro. Al grupo de líderes empresariales y autoridades educativas invitadas, así como a los administradores de la universidad, el presidente de la escuela, Rick Miller, les pidió que debatieran sobre cómo crear entornos que apoyaran a los innovadores. Cuando la pregunta se planteó por el moderador de mi grupo, la sala quedó en silencio, hasta que al final un alto ejecutivo de IBM dijo: «Es más fácil enumerar las cosas que ahogan a la innovación como por ejemplo: las estructuras burocráticas rígidas, el aislamiento y un entorno de alto estrés laboral». Los demás estaban de acuerdo en que era más fácil hablar de lo que mata la creatividad. Sin embargo, era mucho más difícil identificar la mejor manera de desarrollar la capacidad de innovar en los jóvenes.

Durante la investigación llevada a cabo para este libro, he analizado el trabajo de Teresa Amabile, actualmente profesora de administración de empresas y directora de investigación en la *Harvard Business School*. La primera profesión de la Dra. Amabile fue la química. Posteriormente, volvió a la universidad, a Stanford, para cursar un doctorado en psicología y después obtuvo un MBA en Harvard. En los últimos treinta y cinco años, su investigación se ha centrado en temas relacionados con la creatividad, la productividad y la innovación. Ha escrito dos libros, múltiples artículos y capítulos de libros.

Uno de sus artículos más influyentes se titula *Cómo matar la creatividad*. Lo maravilloso de este artículo es que Amabile va más allá del impactante título y describe todo un marco para entender la creatividad dentro del mundo empresarial y las prácticas administrativas que tanto la desalientan como la fomentan. Encuentro que el marco que Amabile ofrece (véase el diagrama) es muy acertado por varias razones; muestra que la capacidad para la creatividad es el resultado de la interrelación entre tres cosas: experiencia, habilidades de pensamiento creativo y motivación. Pero creo que su marco es igualmente útil para entender los elementos esenciales de la innovación. Podemos sustituir la palabra *innovación* por *creatividad* en el medio, en la intersección de los círculos de Amabile, y tener así un buen punto de partida para entender la mejor manera de desarrollar las capacidades de los jóvenes innovadores[27]:

---

27    Teresa Amabile, *How to Kill Creativity*, *Harvard Business Review*, septiembre-octubre de 1998.

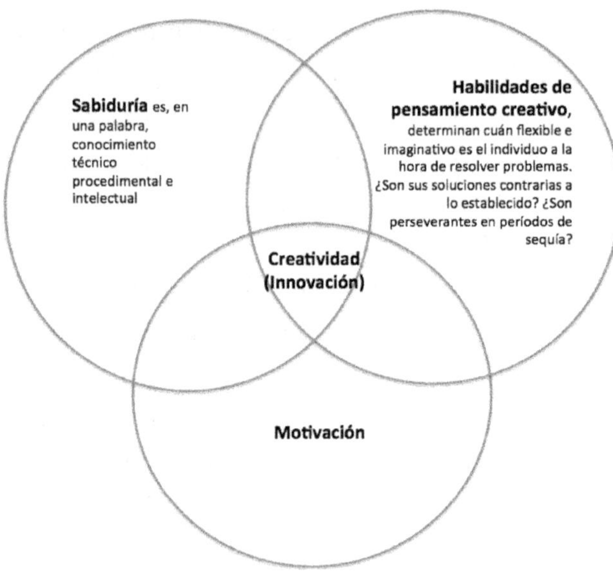


*Sabiduría:* No se puede innovar a partir de la nada. Se debe tener experiencia y conocimiento, aunque la cantidad de conocimiento que se necesita, cuándo se necesita y cuál sea la mejor forma de obtenerlo, son cuestiones muy relevantes que trataremos más adelante. Para producir verdaderas innovaciones se necesita tener conocimiento, y el conocimiento en sí mismo es necesario pero no suficiente. También se necesita lo que Amabile llama *habilidades de pensamiento creativo,* es decir las habilidades del innovador que ya se han descrito en este libro por Brown, y Deyer, Gregersen y Christensen, y que son las que le permiten hacer las preguntas correctas, hacer contactos, observar, sentir empatía, colaborar y experimentar. Y finalmente se necesita *motivación.*

Aquí es donde el trabajo de Amabile se hace todavía más interesante, ¡incluso perturbador! La autora cree que la motivación es mucho más importante que la experiencia o las habilidades. Según explica, «la experiencia y el pensamiento creativo de los individuos es la materia prima, sus habilidades naturales, si se quiere. Pero el tercer factor, la motivación, determina lo que el individuo realmente decide hacer con ellas». Amabile distingue entre la motivación *intrínseca* y la *extrínseca*. Escribe:

«Todas las formas de motivación no tienen el mismo impacto en la creatividad. De hecho, se observa que hay dos tipos de motivación: la extrínseca y la intrínseca, siendo esta última mucho más esencial para la creatividad... La *motivación extrínseca* viene del exterior de la persona, ya sea una zanahoria o un palo. Si el jefe de una científica promete recompensarla monetariamente si el proyecto sobre la coagulación de la sangre es un éxito, o si amenaza con despedirla si fracasa en el proyecto; seguramente ella estará motivada para encontrar la solución... El dinero no necesariamente impide que la gente sea creativa. Pero en muchas ocasiones, tampoco ayuda; especialmente cuando la gente se siente sobornada o controlada. Más importante aún, el dinero por sí mismo no consigue que los empleados se apasionen por su trabajo.

Pero la pasión y el interés, es decir el deseo interno de cada individuo de hacer algo, es de lo que trata la *motivación intrínseca*. Por ejemplo, la científica de nuestra historia estaría intrínsecamente motivada si su trabajo sobre una droga coagulante provocase un gran interés en la hemofilia, un sentido individual de desafío, o el deseo de resolver un problema que nadie antes hubiera resuelto... La gente será más creativa cuando se sienta motivada esencialmente por el interés, la satisfacción y el reto del trabajo en sí mismo, y no por presiones externas[28]».

¿Qué es, entonces, la motivación intrínseca y cómo la fomentamos? ¿Es solo «pasión e interés» tal y como Amabile sugiere? Yo no lo creo. La investigación que he llevado a cabo, mi trabajo como educador y mi experiencia como padre me indican que hay tres elementos interrelacionados en la motivación intrínseca: el *juego*, la *pasión* y la *persecución de un propósito*. La forma y la medida en que padres, profesores, mentores y empleadores incentivan estas cualidades supone una enorme diferencia en la vida de los jóvenes innovadores.

## El juego

La investigación muestra que el ser humano nace con un innato deseo de explorar, experimentar e imaginar nuevas posibilidades. En una palabra, de innovar. Alison Gopnik, autora de *Científicos en la cuna, El filósofo entre pañales: revelaciones sorprendentes sobre la mente de los niños y cómo se enfrentan a la vida*, y de otras numerosas publicaciones,

---

28    Ibid. Página 79.

es profesora de psicología en la universidad de California en Berkeley. Es, además, una autoridad internacionalmente reconocida en el estudio del proceso de aprendizaje y desarrollo de los niños. Su investigación más reciente y el de otros investigadores del conocimiento en cuyo trabajo se basa, demuestra que «los bebes y los niños muy pequeños conocen, observan, exploran, imaginan y aprenden mucho más de lo que nunca hubiéramos imaginado». Ella escribe:

«Hemos averiguado que incluso los niños muy pequeños tienen en cuenta distintas posibilidades, las distinguen de la realidad e incluso pueden usarlas para cambiar el mundo. Ellos pueden imaginar distintas formas de cómo puede ser el mundo en el futuro y utilizarlas para hacerse un plan. Pueden imaginarse distintas maneras en las que el mundo pasado podría haber sido y reflexionar sobre posibilidades pasadas. Y lo más impactante es que pueden crearse mundos completamente imaginarios, ficciones salvajes y simulaciones llamativas.

El saber tradicional sugiere que el conocimiento y la imaginación, ciencia y fantasía, son muy distintas la una de la otra; incluso opuestas. Pero estas nuevas ideas muestran que las mismas habilidades que permiten a los niños aprender tanto del mundo son las mismas que les permiten cambiarlo, incorporar nuevos mundos a su existencia, e imaginar mundos alternativos que nunca existieron. Los cerebros de los niños crean teorías causales del mundo y hacen mapas de cómo funciona este. Estas teorías permiten a los niños concebir nuevas posibilidades e imaginarse y pretender que el mundo es distinto».

¿Cómo aprenden los niños estas habilidades? En una palabra, a través del juego.

¿Qué cree usted que tienen en común los fundadores de Google, Larry Page y Sergey Brin, fundador y director ejecutivo de Amazon respectivamente, Jeff Bezos, al fundador de Wikipedia, Jimmy Wales, Julia Child y el rapero Sean «P. Diddy» Combs? Según el estudio de Gergesen, anteriormente citado, descubrimos una similitud extraordinaria entre algunas de las personas más innovadoras: todos ellos fueron a colegios Montessori y aprendieron a través del juego. Los estudios que señalan la importancia del juego en el desarrollo infantil llevan haciéndolo durante décadas. En el siglo XX, Maria Montessori, Lev Vygotsky, Jean Piasget y algunos otros, llevaron a cabo investigaciones innovadoras acerca de las distintas maneras en que los niños aprenden a través del juego. Montessori integró sus conocimientos sobre la importancia del juego como un nuevo enfoque educativo en el currículo de los colegios. Hoy en día, los colegios Montessori están repartidos por todo el mundo.

Y no son solo los bebés y los niños los que aprenden a través del juego. Joost Bonsen, alumno del *Massachusetts Institute of Technology* y actual profesor del mundialmente conocido MIT Media-Lab, habla de la importancia de las famosas y tradicionales bromas en la universidad.

«Ser innovador es esencial en el ser humano —me dijo Bonsen—. Somos animales curiosos y juguetones, hasta que eso se nos elimina. Fíjese en las tradicionales bromas en el MIT. ¿Qué hizo que apareciese un coche de policía en la cúpula de un edificio de una altura de quince pisos (una de las famosas bromas estudiantiles del MIT), a la que solo se accede por una trampilla que está cerrada? Fue una increíble hazaña de ingeniería: tuvieron que fabricar el coche, llevarlo hasta la base de la cúpula sin ser vistos, para luego hacer lo más difícil que era subirlo hasta la cima de la cúpula, y volver a bajar sin hacerse daño y sin que les pillasen. Además de todo esto, tuvieron que crear un sistema de vigilancia y generar distracciones. Y desmontar todo aquello fue un problema que requirió un gran liderazgo y un gran trabajo en equipo.

»Las bromas refuerzan el carácter cultural de la alegría creativa —añadió Joost—. Lograr hacer algo con poco tiempo y poco presupuesto y en circunstancias especialmente difíciles. Es glorioso y épico. No pidieron permiso. Ni siquiera perdón».

Estos estudiantes estaban jugando; simplemente haciendo algo solo para divertirse. El juego, por lo tanto, es parte de nuestra naturaleza humana y una fuerte motivación intrínseca.

**Bromas, trampas y creatividad en el MIT**

## La pasión

La pasión es un elemento de motivación intrínseca para hacer cosas y es común en todos nosotros. La pasión de explorar, de aprender algo nuevo, de entender en profundidad un tema; la pasión de dominar algo difícil. Vemos la pasión de los demás alrededor nuestro y seguramente la hemos experimentado nosotros mismos.

Malcon Gladwell, en su reciente libro *Fueras de serie*, escribe sobre la importancia de trabajar en algo durante miles de horas para llegar a ser un maestro; o, según el marco teórico de Amabile, llegar a ser un experto. En ese libro describió las circunstancias que permitieron que famosos innovadores, o «fueras de serie» (individuos que no forman parte del común) como los describe él, alcanzaran sus mayores logros. Pero no habla de la motivación. ¿Qué llevó a que un joven Bill Gates o Steve Jobs, o más recientemente Mark Zuckerberg, dedicasen decenas de miles de horas, o incluso más, a convertirse en maestros de lo suyo? Ninguno de ellos tenía una «madre tigresa», (la descripción que realiza la autora Amy Chua de sí misma como madre), que les amenazase y sobornase para quedarse sin dormir toda la noche aprendiendo a escribir códigos de ordenador. Lo que ellos tenían o sentían era pasión.

Cuando le preguntaron a Steve Jobs, en una entrevista oral histórica del Smithsonian, sobre consejos para jóvenes innovadores, contestó: «Mucha gente viene a mí y me dice: 'Quiero ser emprendedor'. Y yo les contesto: '¡Oh, eso está genial! ¿Cuál es tu idea?' Y ellos me responden: 'No tengo ninguna todavía'. Y yo les digo: 'Creo que deberías ir a buscar un trabajo como mozo o algo así hasta que encuentres algo que realmente te apasione, puesto que supone muchísimo trabajo'. Estoy convencido de que, por lo menos la mitad de lo que separa a un empresario de éxito de los que no lo son, es simplemente la perseverancia... Así que tienes que tener una idea, o un problema, o algo que está mal y quieres que esté bien, que te apasione. De otra forma, no tendrás la perseverancia suficiente para lograrlo».

En más de las ciento cincuenta entrevistas de este libro, en las largas conversaciones con multitud de innovadores, sus padres, profesores y mentores, la *pasión* fue la palabra más recurrente.

## La persecución de un propósito

Daniel Pink, autor del libro *Drive*, escribe sobre la importancia de la autonomía, la maestría y la persecución de un propósito, como motivaciones básicas humanas. Él desconfía de la palabra *pasión* puesto que la misma sugiere algo efímero o guiado. Para cada uno de los ejemplos positivos de pasión podemos citar ejemplos en los cuales la búsqueda de una pasión ha acabado en grandes problemas.

Creo que Pink tiene razón parcialmente. La pura pasión, en sí misma, no es suficiente para sostener la motivación necesaria para hacer cosas difíciles y perseverar, ¡ni en el amor ni en el trabajo! En mi investigación he observado que, casi sin excepción, los innovadores desarrollan una pasión para aprender o hacer algo en su adolescencia. Pero esa pasión evoluciona a través del aprendizaje y de la exploración hacia algo más profundo, más sostenible y digno de confianza: la persecución de un propósito.

La persecución de un propósito puede adoptar muchas formas. Pero la que con más frecuencia ha salido en mis entrevistas y en las entrevistas con los autores de *El DNA de los innovadores,* es el deseo de conseguir lograr «hacer algo distinto»:

> «A lo largo de nuestra investigación, nos ha sorprendido la consistencia en el lenguaje utilizado por los innovadores a la hora de describir sus motivos. Jeff Bezos quiere 'hacer historia', Steve Jobs 'poner su granito de arena en el Universo', Niklas Zennström, cofundador de Skype, 'ser disruptivo pero con el objetivo de hacer un mundo mejor'... Emprender una misión para cambiar algo hace que sea más fácil asumir riesgos y cometer errores[29]».

En las vidas de los jóvenes innovadores que he entrevistado he descubierto un vínculo constante y un desarrollo progresivo desde el juego a la pasión y a la persecución de un propósito. Esta gente joven dedicó mucho tiempo al juego, pero su forma de jugar era mucho menos estructurada que la de la mayoría de los niños. Tuvieron oportunidades de explorar, de experimentar, de descubrir a través de la prueba y el error, de asumir riesgos y de caerse. Con esta forma más creativa de jugar de niños, estos jóvenes innovadores descu-

---

29  Dyer, Gregsen y Christensen, *Innovator's DNA,* página 66.

brieron una pasión, casi siempre de adolescentes. A medida que persiguieron sus pasiones, sin embargo, sus intereses cambiaron y giraron de manera sorprendente. Desarrollaron nuevas pasiones que, con el tiempo, se convirtieron en algo más profundo y maduro: en la persecución de un propósito, algo parecido a un juego de adultos compartido.

En este viaje desde el juego a la pasión y a la persecución de un propósito, aprendieron lo que Amabile llama las «habilidades de pensamiento creativo» y ganaron verdadera «experiencia»; casi siempre de una forma que estimulaba la motivación intrínseca.

También aprendieron la importancia de asumir ciertos riesgos y perseverar; y el porqué de que el lema de IDEO «fracasa pronto y fracasa a menudo» sea tan importante. Cuando se les preguntó sobre el papel del fracaso en su proceso de aprendizaje, un estudiante de ingeniería del *Olin College* respondió: «Yo no pienso en el fracaso, pienso en la iteración».

Pero estos jóvenes innovadores no aprendieron solos todas estas cosas. Tuvieron ayuda de sus padres, profesores y mentores a lo largo del camino. Su evolución como innovadores fue, casi sin excepción, facilitada por un adulto como mínimo, o muchas veces por varios. Lo que estos padres, profesores y mentores hicieron fue de tal ayuda que se sorprenderían. Cada uno de estos adultos, a menudo y de forma callada, actuó de una manera distinta. Es decir, siguieron un camino poco convencional en sus roles de padre, madre, profesor o mentor. Actuaron de manera distinta, de forma que la gente joven con la que interactuaron pudo pensar de manera distinta.

En el capítulo 2, analizaremos en profundidad qué es lo que «crea» a un innovador: la labor realizada por los padres, los profesores y los mentores que más incidieron en un joven extraordinario. Veremos si el marco que he propuesto para entender qué es lo más importante en el desarrollo de un innovador se sostiene.

# CAPÍTULO 2.
# RETRATO DE JUVENTUD DE
# UN INNOVADOR

Entonces, ¿qué hay detrás de la «creación» de un joven innovador que llega a ser el jefe de producto del primer iPhone de Apple? ¿Cómo se cría a un niño como ese? ¿Cómo se educa a un joven como este? ¿Cuáles fueron las influencias más importantes en la vida de este joven innovador que le permitieron desarrollar la capacidad de crear cosas nuevas? Y, ¿qué podemos aprender del retrato de juventud de un innovador, si lo miramos en profundidad? Éstas son algunas de las cuestiones que exploraremos en las siguientes páginas.

**Presentación de Kirk Phelps**

Kirk Phelps abandonó el instituto y también la universidad. Kirk dejó la *Exeter Academy* (un prestigioso internado privado en New Hampshire) al acabar el curso undécimo (equivalente a 1º de bachillerato) con dieciséis años, para dedicarse a su pasión por la ciencia en la universidad de Stanford. Y, posteriormente, abandonó también Stanford cuando le quedaban muy pocos créditos para lograr el título de grado y de máster para irse a trabajar a Apple, en el primer iPhone. Ahora, a los veintinueve años, está trabajando para una *start-up*, SunRun, que pretende transformar la manera en que la energía se genera y se vende en este país.

En una conversación reciente con Kirk, reflexionando sobre su educación, me dijo: «Lo que estudias no es tan importante. Saber cómo encontrar aquellas cosas por las que estás interesado es mucho, mucho más importante... Tengo una sensación... y la idea es encontrar qué oportunidades interesantes hay alrededor tuyo y utilizarlas para pasar al siguiente punto. Así es como me imagino yo conduciendo un satélite por el espacio. Vas velozmente en una dirección y, ¡oh, ahí hay un planeta! ¡Voy a orbitar alrededor de él un par de veces y luego me dirigiré hacia otro sitio! Cómo eliges las cosas que están por ahí flotando está en función de la integración, la integración a un nivel personal. ¿Qué es lo que me gusta, qué herramientas quiero incorporar a mi caja de herramientas, y cómo puedo utilizar mi actual velocidad y dirección para ir hacia un sitio nuevo e interesante?

»Esta es una buena analogía de cómo mis padres me apoyaron —añade Kirk—. 'Bueno esto es en lo que *ahora* está interesado, lleva velocidad y va directo hacia ello. Eso es lo que importa'».

## Criando a un innovador

Los padres de Kirk, R. Cord Phelps y Lea Phelps, siempre se preocuparon por el proceso de aprendizaje de sus hijos, pero su implicación fue más allá de elegir los campamentos de verano y los colegios, y reunirse con sus profesores unas cuantas veces al año. Implementaron una forma de criar y educar basada en la evidencia y en la prueba y el error.

–Kirk es el mayor de nuestros cuatro hijos y fue el conejillo de indias de todos nuestros errores –me explicaba Cord Phelps una tarde de fin de semana algunos meses después de yo conocer a Kirk. (Cord dirige actualmente una *start-up* del sector de la salud, tras una larga carrera en tecnologías de la información en la empresa Hewlett-Packard).

–Intentamos ponerles en el mayor número de situaciones posibles que tuviesen que ver con sus intereses. ¡Era como si les moviésemos a lo largo de un bufet de oportunidades! «Prueba esto, y si no te gusta, puede que te guste aquello otro».

–¿Cuáles eran algunas de las cosas que había en el bufet de Kirk? –le pregunté.

–Adentrarlo en el fútbol desde muy pequeño fue una de ellas. Yo veía que estaba interesado y que tenía cualidades. Pensé que podía ser un camino interesante para lograr un par de objetivos que yo tenía: uno de ellos era sacar a nuestros hijos del enclave privilegiado en el que vivían. Así que, en lugar de apuntar a Kirk a un equipo de fútbol de la liga de nuestro barrio, fuimos a un barrio obrero, en donde todo el mundo hablaba español, y Kirk comenzó a jugar en un equipo de su liga. Le di a Kirk la oportunidad de adentrarse de lleno en otra cultura. No me importaba si estaba en un equipo ganador o incluso en uno de principiantes. Solo quería que desarrollase su interés por el fútbol y que experimentase con otro tipo de gente.

—¿Y qué pasó durante sus primeros años escolares?

—Por supuesto, queríamos los mejores colegios y profesores para nuestros hijos, así que nos decidimos por la escuela privada. Enseguida nos dimos cuenta de que cubría muchas de las necesidades de Kirk, pero también que existían verdaderas limitaciones. Entonces me compré una pizarra blanca y la puse en un espacio al que llamé «la habitación de los deberes» que tenía una mesa muy grande en donde todos podían trabajar alrededor. Me imaginaba a mí mismo como el profesor omnipresente, que podría hacer el trabajo mejor que todo el sistema, y esa era mi fantasía. Hice el papel de profesor y les hice llorar. Me di cuenta de que era un profesor malísimo y me retiré. Duré solo una semana.

»Siempre estaba experimentando. Veía lo que el colegio les ofrecía, pero me preguntaba cómo podría mejorarlo, aumentarlo, intensificarlo. Siempre estaba enredando.

»Uno de mis mayores intereses, desde mi época universitaria, ha sido la Historia americana. Siempre he estado fascinado con los dos períodos de renacimiento que han existido en nuestra Historia: en los años 1850 y en los años 1960. Cuando Kirk era un niño, yo estaba obsesionado con

*Moby-Dick, Robinson Crusoe,* Jack Kerouac, Alfred Hitchcock o Jimi Hendrix. Hablé a mis hijos sobre esos libros y sobre esas ideas. Les hice escuchar a Jimi Hendrix.

»En un momento dado, hace unos nueve años, íbamos a ir todos juntos de viaje a Nueva York. Y pensé que sería estupendo para ellos. Los llevaría a la Isla de Ellis, a donde llegó la familia de mi mujer procedente de Italia. Iríamos al lugar donde estaba el *World Trade Center*; veríamos los partidos de los Yankees contra los Mets; e iríamos a ver las obras de *Oklahoma* y *Los Miserables*. Pensaba que, como profesor de Historia, les podría ayudar a entender lo que significaba ser norteamericano.

»Mientras preparábamos el viaje, les torturé obligándolos a leer distintos pasajes de *Los Miserables*, les hablé de la época de la fiebre de la tierra en Oklahoma, y les hablé de la integración. Solo intentaba prepararles, lo mejor posible, para ese viaje súper excitante.

–Y, al final, ¿qué pasó con el viaje?

–La visita a la Isla de Ellis fue un gran éxito; triste la del *World Trade Center*. El partido de los Yankees contra los Mets estuvo fantástico. No aguantaron la obra de *Oklahoma*, y la de *Los Miserables* la soportaron, pero con gran dificultad. ¡Yo estaba cautivado por Jean Valjean, pero ellos no!

»Obtuve un *mix* de resultados pero quizás es que ése es mi estilo como padre –reflexionaba Cord–. Haces lo que puedes en averiguar cómo funciona la caja negra[1] y algunas veces te topas con una pared y tienes que darte la vuelta.

---

1   *The Black Box Works,* analogía del cerebro (N.d.T.)

»Tenía muchísimos libros de gente increíble por toda la casa. Y Kirk los devoraba. Un par de ellos eran de Richard Feynman, un físico de Caltech; uno llamado *Dibujando el lado derecho del cerebro*, sobre creatividad; otro llamado, *Arte y Física*; y otro más, *Matemáticas e Imaginación* que tenía unos puzles muy buenos y muchas maneras de pensar en cómo resolver problemas; y mi *Beowulf*[2] y *Teaching the Buddha*[3]. Kirk estaba dispuesto a leer cualquier cosa que yo le daba. Siempre estaba merodeando por la casa con un libro en las manos.

»Ninguno de nuestros hijos tuvo problema alguno con los deberes que hacían o con el hecho de tener que hacerlos. Nunca tuvimos que estar encima de ellos en ese aspecto.

–¿Qué te llevó a decidir mandar a Kirk a Exeter?

–Siendo Kirk el mayor de nuestros hijos, también aquí, llegar a la decisión más acertada, fue un proceso difícil. Un profesor que yo conocía andaba pregonando el programa de ciencias que tenían, y que estaban construyendo un nuevo edificio en el que se estaban gastando tropecientos millones de dólares solo para la ciencia. Por aquel entonces Kirk ya tenía bien desarrollado su interés por la ciencia, puesto que había ayudado en los laboratorios de investigación durante los veranos que había pasado en Stanford. Limpiaba los tubos y las probetas y otras tareas sencillas, pero le encantaba y eso despertó en él su interés. Y es por ese interés en la ciencia que pensamos que Exeter sería una idea estupenda,

---

2    Antiguo poema épico inglés (N.d.T.)

3    Colección de escritos sobre el budismo (N.d.T.)

desde el punto de vista académico. Pero teníamos un gran dilema. Nos preguntábamos si eso significaba que nuestro papel como padres había terminado ya, y si no podíamos realmente contribuir nada más a su desarrollo.

»Analizando la cuestión desde múltiples lados decidimos que podría ir a Exeter, y que no había nada que nos impidiese irnos con él. Por aquel tiempo yo viajaba mucho por trabajo y mi jefe me dijo que no importaba dónde tuviese mi base; así que nos fuimos a vivir a Exeter, New Hampshire, durante su primer curso de instituto.

»Alquilamos una casa al final de la calle y todos vivimos la experiencia de residir un año en New Hampshire. El resto de los niños fue al colegio local. Los fines de semana, Kirk salía del campus. Así que era como un estudiante de día, pero sin serlo; vivía en una residencia a un par de manzanas nuestro.

»Empezamos a mirar más de cerca la magnitud y la vistosidad de Exeter, y nos empezamos a dar cuenta de que quizás, todo lo que se decía acerca de los colegios privados, no era necesariamente verdad. Empezamos a cuestionarnos si el sistema era el adecuado y si lograba el objetivo de ayudar a Kirk a descubrir lo que realmente le interesaba. El enfoque que le daban a la ciencia no era muy creativo sino demasiado rutinario.

»Todas las clases tenían un camino marcado por el que te querían llevar. Promocionaban el uso del método *Harkness* (una forma de aprendizaje socrática en la que los alumnos se sientan juntos con el profesor en una gran mesa ovalada), pero no había demasiada innovación en cuanto a los objetivos que se perseguían en clase. A pesar de que había un gran diálogo gracias al método, al final los resultados de cada clase eran muy predecibles.

Lea Phelps, mujer de Cord y madre de Kirk, se incorporó a nuestra conversación en ese momento y explicó por qué Kirk dejó Exeter al acabar su segundo año y se fue a Stanford:

–Kirk sentía que el currículo que se seguía era demasiado rígido y no incorporaba nada de innovación, y además no le permitía avanzar a la velocidad que él quería. Ya había terminado todos sus cursos obligatorios y estaba listo para seguir avanzando. No se sentía nada motivado.

Cuando hablé de esto, previamente con Kirk, me dio una explicación algo distinta:

–Por aquel entonces lo que me interesada de verdad era la bioquímica. Pensé que quería ser un científico. Estaba siguiendo todos los cursos posibles, jugaba en dos equipos deportivos y quería hacer algo más. El colegio tenía muchísimos recursos destinados a los estudiantes de ciencia de bachillerato. Había otra clase de ciencias que quería coger durante los ratos libres que tenía en mi horario, pero no me dejaron. Me indigné con el colegio y pensé que era injusto. Así que solicité plaza en Stanford, me la dieron y me fui.

–Exeter se ofendió –me contó Lea–. Le pusieron todo tipo de pegas e impedimentos. No querían que se fuese porque pensaban que eso era una mancha en su hacer. No querían que otros educadores pensasen que un alumno se aburría en Exeter. Y dijeron: «Oh, bueno, nunca lo aceptarán en Stanford».

Sin embargo, después de acabar primero de bachillerato en Exeter, a Kirk le admitieron en Stanford en un programa doble de grado y máster en ciencias, sin tener el título de graduado escolar. Kirk acabó también abandonando Stanford cuando le quedaban dos asignaturas para obtener sus títulos de grado y máster.

Los padres de Kirk, muy distintos de la mayoría de padres de clase media cuyos hijos van a instituciones educativas de élite que he conocido, apoyaron la decisión, poco convencional y arriesgada, de abandonar tanto el colegio como la universidad. Les pregunté a Cord y a Lea si alguna vez sintieron que «iban contra corriente» en su labor como padres. «Muchos de los padres que conozco habrían dicho a sus hijos que dejasen de quejarse, que se apretasen el cinturón y que hiciesen lo que tuviesen que hacer para acabar su grado», añadí.

—Siempre pensamos que estábamos haciendo las cosas de manera diferente —contestó Lea—. Nos íbamos a la cama muy temprano. Los niños hasta séptimo u octavo curso (equivalentes a primero o segundo de la ESO) tenían un horario muy regular y temprano de irse a la cama. Y cuando no estaban en época escolar, tenían mucho tiempo discrecional para pasarlo al aire libre. Un niño tiene que aburrirse antes de averiguar cómo salir del aburrimiento, y pasar muchas cosas fuera de las paredes de la casa. Otras madres organizaban toda una serie de actividades deportivas por las tardes.

Nuestros hijos pasaron mucho tiempo al aire libre, haciendo cosas, jugando a la pelota, subiéndose a los árboles... Otros niños acudían a nuestra casa y se sorprendían: «¡Estáis jugando fuera!». Muchos de ellos estaban siempre dentro de sus casas con sus cuidadoras, jugando con el ordenador y recuerdo que los niños del barrio pensaban que nuestra casa era realmente distinta.

»Otra cosa que hicimos que era diferente fue que teníamos una hora obligatoria de lectura libre al día. Nuestros hijos nos han dicho que piensan hacer lo mismo con los suyos porque había sido una idea estupenda. Lo hacíamos independientemente de la cantidad de deberes que tuviesen; siempre había una hora tranquila y silenciosa de lectura de un libro que no tuviese nada que ver con el trabajo del colegio.

»La razón por la que hicimos esto fue, en parte, porque queríamos tener una actividad alternativa a la presión del colegio en la que los profesores les pedían continuamente memorizar alguna cosa o resolver algún problema. Es muy distinto cuando puedes elegir hacer algo y hacerlo a tu ritmo —explica Cord.

—¿Qué hicisteis con el tema de la televisión? —le pregunté. Cord se rio:

—Intenté que viesen futbol en el canal hispano de la televisión los domingos por la mañana, aunque no fue uno de mis experimentos más exitosos.

»Los viernes por la noche teníamos lo que llamábamos TGIF. Al anochecer hacíamos palomitas, nos sentábamos todos en el sofá, y veíamos dos o tres series juntos —dijo Lea.

—Como madre creo que la combinación de tiempo al aire libre, sin reglas, en el que tienes que aprender a divertirte sin juguetes comprados, y la lectura de forma regular, son bases importantísimas en el desarrollo de un niño. Los juegos de LEGO también son primordiales. Creo que los padres deberían retirar todo tipo de juegos que no les hagan pensar; todos los últimos avances maravillosos (como la *PlayStation* o la *Xbox*) que les sientan pasivamente delante del ordenador y decirles: «¡Venga, fuera!». Nosotros, por supuesto, fuimos muy afortunados de poder mandar a los niños a jugar fuera. Soy consciente de que muchos niños no tienen las oportunidades que los nuestros tuvieron.

Lea continuó:

—Los fines de semana, muchos padres salían a jugar al tenis o al golf con sus amigos. Pero a nosotros lo que realmente nos gustaba era estar con nuestros hijos. Esa era otra de las cosas que hacíamos de manera diferente a los demás. Muchos padres pensaban que no era muy divertido estar todo el rato con los niños, pero para nosotros sí.

»Los padres, con la mejor de sus intenciones, apuntan a los niños a las «mejores» actividades extraescolares y les llevan a los «mejores» colegios. Para mí, la pieza que les falta a esos padres es la cantidad de tiempo que pasan con sus hijos. Es importante que cuando un niño habla, haya un adulto que le escuche. Y que cuando mire hacia arriba, alguien le devuelva la mirada. Nunca pensamos que pasar tiempo con nuestros hijos fuese un sacrificio. Simplemente encontrábamos que nuestros hijos eran seres humanos muy interesantes y pasábamos mucho tiempo con ellos. Mucha gente infravalora esto. Cuando los chicos eran jóvenes, monté una empresa y decidí incorporar la idea de «tiempo de calidad»: voy a volver a casa y dedicar cuarenta y cinco minutos de tiempo de calidad a cada uno; pero un niño no te va a dar tiempo de calidad si, previamente, no le has dedicado tiempo en cantidad.

## El juego

¿Cómo llegó Kirk a la conclusión de que «saber cómo encontrar aquellas cosas por las que estás interesado es mucho, mucho más importante» que las cosas que estás estudiando en el colegio? Me impresiona ver cómo los padres de Kirk consideraban el juego como parte esencial de su infancia. Lea y Cord establecieron para sus hijos reglas claras y organizadas del tiempo de lectura, del tiempo que podían pasar delante de la televisión o del ordenador y del momento de irse a la cama. Pero estuvieron firmemente convencidos de permitirles utilizar el tiempo libre de juego como una oportunidad para descubrir, explorar y experimentar. Y aunque les insistieron en una hora diaria y estructurada de lectura, los niños elegían libremente qué leer, siempre que no estuviese relacionado con el trabajo del colegio.

Al contrario que muchos de sus vecinos, Lea decidió no llenarlos de actividades extraescolares y clases particulares, prefiriendo que tuviesen más tiempo para jugar al aire libre y sin vigilancia. Lea estaba convencida de que los niños necesitan aprender a entretenerse ellos solos. Los bloques de LEGO, como juguete autorizado que permite construir cualquier cosa que imagines frente a los videojuegos, que no requieren imaginación, es otra de las cosas que demuestran la creencia de estos padres en la libertad que otorga el juego.

Cord contribuyó al «juego» de sus hijos exponiéndolos a múltiples cosas nuevas y distintas. Eligió el programa de fútbol hispano de un barrio de clase obrera en lugar de otro más cercano y en su «enclave privilegiado», como él lo llamaba, para exponer a Kirk a otra cultura y a otro idioma. También le dio a Kirk un amplio número de libros distintos para que se metiese de lleno en ellos y explorase otras cosas. La manera en que Cord preparó a sus hijos para el viaje a Nueva York también demuestra la intencionalidad y la meticulosidad con la que quiso exponerles a nuevas ideas y experiencias. Cord habló de haber puesto un «bufet de oportunidades» delante de sus hijos, no solo para entretenerles, sino para ayudarles y para ayudarle a él como padre a descubrir lo que más les interesaba: lo que había en la «caja negra», como dijo Cord. En otras palabras, lo que de verdad intrínsecamente les motivaba.

Pero la realidad es que Cord y Lea no les dijeron a sus hijos: «'Id y jugad' por ahí» para quitárselos de encima. No había nada de complacencia o descuido a la hora de fomentar el juego en sus hijos. Al contrario, realmente les encantaba estar en su compañía y el tiempo que pasaban en familia.

Para los padres, dar a sus hijos más tiempo libre y de juego no vigilado, significa asumir riesgos. Muchos padres se preocupan por la posibilidad de que ocurra un accidente: los hijos se subirán a los árboles que son demasiado altos, se caerán, se romperán varios dientes o un brazo. O puede que se saquen un ojo jugando con un palo. O peor todavía, alguien puede venir y llevárselos. Como padre de tres hijos y abuelo de dos nietos, entiendo sinceramente esos miedos.

Pero creo que lo que podemos aprender de Cord y Lea es que las potenciales ventajas de dar a los niños más tiempo libre de juego compensan los riesgos. Kirk no solo aprendió cuáles eran sus intereses y cómo perseguirlos, sino que creo que también consiguió autoestima. Aprendió a creer y a seguir sus instintos, quizás una de las cualidades más importantes de todo innovador.

Esa autoestima no se adquirió solo a través del juego. Cord y Lea desarrollaron la confianza en sus hijos. Les pregunté a los Phelps qué pensaban sobre el futuro de Kirk. ¿Estaban preocupados porque su hijo se había, ahora, involucrado en un negocio arriesgado, como es el de una empresa de nueva creación?

–Ambos, Cora y yo, crecimos en el este, en Rye y en Greenwich –me explicó Lea–. Y la forma de pensar es muy distinta por aquí. Hay muchas más formas de ser creativo y muchos más caminos hacia el éxito.

»Hace algunos años Kirk me dijo: «Sabes, aquí en la costa oeste hacemos la tarta, allá en el este solo la cortan en trocitos. No me interesa cortar la tarta. Siempre voy a querer *hacer* yo la tarta».

## De la pasión a la persecución de un propósito

¿Cuándo y cómo averiguó Kirk que «hacer la tarta», en lugar de solo cortarla, era lo que realmente quería hacer? ¿Cómo se transformó y se desarrolló su pasión juvenil por la ciencia a lo que hace hoy en día? Hablé con Kirk sobre el porqué de ir a Stanford, de sus años allí y de lo que él llama la «experiencia transformadora» que le llevó hasta el camino correcto.

—Mis padres siempre me empujaron a hacer cosas fuera del colegio que tuviesen que ver con mis intereses intelectuales. En el instituto yo era demasiado serio, pero eso es lo que quería por aquel entonces. Así que se preocuparon mucho por ayudarme a ser creativo y a pensar fuera de la rigidez académica, cambiando cosas que se adaptasen a mí o buscando oportunidades fuera del sistema. Cuando quise coger otra clase de ciencias en Exeter, por ejemplo, me apoyaron totalmente. Pero no les importaba mucho en *qué* estaba interesado; estaban mucho más preocupados por el *proceso* de encontrar aquéllo que me interesaba.

»Cuando los niños piensan en la creación, en general, sus primeros pensamientos se refieren a exploradores y científicos. Cuando yo era joven, solo quería crear algo; me gustaba la idea de crear, para mí eso significaba ser un científico. Me identificaba con una persona científica y me dediqué todo primaria, secundaria y el instituto, a aprender todo lo que pude sobre la ciencia. Pero cuando fui a la universidad, me di cuenta de que realmente no era un científico. Los aspectos más solitarios de pensar mucho en la resolución de un problema y de diseñar experimentos científicos, no me motivaban nada. Era más bien lo de 'venga, vamos a construir algo en grupo' lo que me gustaba. Muy al principio de mi carrera en Stanford me di cuenta de que de eso trataba la ingeniería.

»No sabía qué clase de ingeniero quería ser. Elegí la rama informática porque parecía la herramienta más general y más útil para resolver distintos problemas; aunque en realidad soy más ingeniero mecánico y eléctrico. No me veo queriendo escribir códigos informáticos para Google. Escribir un código informático en un servidor que nunca nadie verá y con el que nunca nadie interactuará, no me llamaba realmente la atención. Quería crear productos que la gente pudiese coger y utilizar.

»Estaba buscando la forma de aprender a hacer eso, así que empecé a explorar con la robótica. Trabajé con robots médicos en los laboratorios del departamento de ciencias informáticas de Stanford en Italia.

»En el máster cogí casi todas las clases que pude de mecánica y electricidad, y ahí es donde encontré cursos de diseño de sistemas integrados, llamados de 'diseño de producto inteligente'[4], que supusieron un revulsivo en mi carrera académica o, 'mi proyecto de carrera' como me gusta pensar en ello. El 'diseño de producto inteligente' básicamente significa construir robots.

»Esas clases se estructuraban para enseñar a los ingenieros mecánicos la suficiente ingeniería eléctrica e informática para que pudiesen construir sistemas integrados. Un sistema integrado es cualquier cosa que es un ordenador pero que no está encima de tu mesa: tu coche, un avión, un cepillo de dientes eléctrico; todas esas cosas que son, básicamente, un ordenador, pero que tienen una determinada forma física, específica para su función.

»Esos cursos son los más duros y largos del programa de ingeniería de Stanford, no porque sean los más difíciles

---

4   *Smart Product Design.*

intelectualmente, sino porque son las clases que más dedicación requieren. Tienes que estar muy convencido de querer seguirlos.

»Esas clases me transformaron completamente, pero no por su contenido, sino por la colaboración de la gente. Hasta entonces mi experiencia de ingeniería en Stanford había sido solitaria; sobre todo en los cursos de ciencias informáticas. Te vas y escribes un código informático, pero no hay nada más alejado del mundo real de la ingeniería. La ingeniería del mundo real es todo trabajo en equipo: ¿Cómo analizo un problema político, un problema social o un problema técnico, junto con otros, para encontrar una respuesta?

»Nunca he sido ni la persona más profunda ni la más inteligente del grupo, pero descubrí que donde podía añadir valor, era en la intersección de las cosas. Hacer el doctorado nunca me atrajo. Nunca quise dedicar cinco años enteros a profundizar en un área. Quería encontrar la manera de poder añadir valor en múltiples cosas. En términos de ingeniería eso se traduce en ser un ingeniero integrador, es decir, en juntar varias piezas y crear un producto. Esa clase fue estupenda para mí porque pude trabajar en equipo en problemas multidisciplinares que requerían distintas herramientas que trabajasen juntas para obtener una solución.

»Así que aquellas clases fueron muy importantes, pero mirando atrás, lo que pasó después fue mucho más determinante para situarme en el camino en el que estoy hoy. Me pidieron que fuese ayudante de profesor para esa misma clase al año siguiente. Esa fue la experiencia que más me ayudó a conocerme a mí mismo. Y también es así como Apple me encontró.

»Realmente me gustó mucho ayudar a las personas a entender un problema difícil y a darles estructuras para poder resolverlo. Ser profesor de ese curso de proyectos integradores es lo más cerca que puedes estar, académicamente, de la ingeniería del mundo real. Toda la gente que acabé contratando en Apple fueron ayudantes de profesor en esas clases.

En el capítulo 1 vimos la importancia de la motivación intrínseca como aspecto esencial del deseo de crear e innovar. He sugerido que el camino seguido desde el *juego* en la infancia, a la *pasión* en la adolescencia y a la *persecución de un propósito* en el adulto, era fundamental para el desarrollo de la motivación intrínseca. Como niño, a Kirk le empujaron a explorar y a descubrir el mundo y lo que más le interesaba a través del juego. A lo largo del camino descubrió su *pasión* por la ciencia y por crear cosas. Pero lo que creo que fue más importante es que sus padres no asumieron, por entonces, que se convertiría en un científico y no le dirigieron hacia esa carrera, como he visto que muchos otros padres hacen con sus hijos precoces. Le animaron a seguir explorando. Como Kirk dijo de sus padres: «No les importaba mucho en *qué* estaba interesado; estaban mucho más preocupados por el *proceso* de encontrar aquéllo que me interesaba».

Creo que es ese constante ánimo de perseguir sus intereses lo que permitió a Kirk que su pasión evolucionase a lo largo de sus años universitarios. Descubrió que la ciencia no era su verdadera pasión. Entonces probó la informática, y eso tampoco le llenó. Finalmente, a través de los extraordinarios cursos de diseño de producto inteligente, descubrió su nueva pasión: trabajar con otros para fabricar cosas tangibles. Y creo que fue la experiencia de ser ayudante de profesor la que permitió que su pasión evolucionase hacia algo más profundo, hacia la *persecución de un propósito*.

Este sentido interior de querer perseguir un propósito y la motivación intrínseca, continuaron ampliándose y desarrollándose en Kirk durante su experiencia laboral en Apple. Lo más fascinante de la historia de Kirk en Apple es la coincidencia de ambos: el perfil de un individuo guiado por la persecución de un propósito que le permite desarrollar sus capacidades, y una compañía que transforma la demanda de innovación en el diseño y en la fabricación de nuevos productos utilizando, de manera intencionada, la generación de conflictos. En mi opinión, la historia nos ilustra sobre la cultura de una de las empresas más innovadoras del mundo, sobre las capacidades que Kirk necesitaba para tener éxito en ese entorno, y sobre cómo creció a raíz de las situaciones en las que se vio inmerso.

## Creando el iPhone

–La oportunidad de formar parte del equipo de desarrollo del primer iPhone me vino a través de un alumno de la clase de «diseño de producto inteligente» –me contó Kirk–. La clase creó una especie de *supernodo*, una red de personas inusualmente buenas en crear cosas o en enseñar a personas que habían impactado positivamente en el mundo. La gente que llega a este programa, desde otras muchas escuelas de ingeniería, lo hace porque quiere crear algo, quiere crearlo en grupo y quiere crearlo ya.

»El hilo común entre lo que hacía en Stanford en las clases de «diseño de producto inteligente» y lo que hacía en Apple es que, en ambos entornos, los individuos hacían sacrificios irracionales. En ambos sitios la gente trabaja increíblemente duro, no por un paquete de compensación económica, sino porque cree en lo que está haciendo.

»El día que firmé mi incorporación a Apple me mandaron un billete de avión. Mi primer día de trabajo fue en Osaka. El último día de mi primer año en Apple tenía trescientas mil millas acumuladas en mi programa de pasajero frecuente debido a los viajes a China y Japón; y adelgacé cinco kilos. ¡Y eso que yo ya era un chico flaco!

»Era un trabajo realmente muy duro. Mi equipo y yo hacíamos sacrificios que la mayoría de la gente no estaría dispuesta a hacer. Si hubiese tenido una planta en casa, se habría muerto; si hubiese tenido un perro, se habría escapado; si hubiese tenido novia, me habría dejado. Era lo mismo para todos los del equipo, pero eso era lo que queríamos por aquel entonces.

»Si lideras un equipo que hace este tipo de sacrificios, tienes que entender lo que les motiva y apoyarles de manera que atiendas a sus miedos. Me gustaría haber prestado más atención a desarrollar ese lado de mi carácter con anterioridad, el lado político y social. Pero el problema es que sitios como Exeter no son muy útiles para que desarrolles ese tipo de capacidades.

»Como director de producto, no es parte de tu trabajo llevar a cabo el producto. Tu trabajo consiste en entender las restricciones que hay y definir el problema, de forma que el equipo entienda cuáles son esas restricciones, para luego hacer las concesiones que sean necesarias de manera fría, sin emociones y de forma precisa. Para que este proceso sea posible, necesitas a alguien que sea «multilingüe», en el sentido de que comprenda muchas cosas diversas y cómo se pueden juntar.

»La única razón por la que pude hacer mi trabajo en Apple como director de producto es porque podía hablar con los ingenieros ópticos, los ingenieros mecánicos y los ingenieros eléctricos, y con los chicos de programación de *software*; con los ingenieros industriales y con los ingenieros de empaquetado. Yo no podría haber hecho ninguno de esos trabajos, pero sabía lo suficiente de lo que hacían cada uno de ellos como para mantener una conversación inteligente y representar sus intereses cuando surgían, inevitablemente, los conflictos.

»La resolución de conflictos es fundamental a la hora de hacer un buen producto. Muchas compañías, que se supone que son innovadoras, no han logrado todavía fabricar grandes productos. Creen que para fabricar nuevos productos tienes que eliminar las restricciones. Pero sin restricciones, no existe fuerza que te obligue a pensar duramente cómo simplificar e innovar.

»Eso es lo que Apple hace mejor que nadie en el mundo. La creatividad es una mercancía, más de lo que se piensa. Apple no tiene éxito porque tenga la habilidad de conceptualizar nuevos productos mejor que nadie. Lo es porque tiene un proceso de diseño e ingeniería que consiste enteramente en resolver conflictos.

—¿Me puedes dar un ejemplo de lo que consideras un conflicto?

—Cada una de las partes del diseño y de la ingeniería en el iPhone supone un conflicto. Te hablaré del primero. Los iPhone tiene una dimensión que ya al principio se definió como crítica, y es la distancia entre el borde del teléfono y el borde de la pantalla de visualización. El que esta pantalla de visualización vaya casi hasta el borde del teléfono hace como si todo el teléfono fuese una pantalla de visualización. Lo ves y parece mágico.

»Llevar el borde del teléfono lo más cerca del borde de la pantalla de visualización fue increíblemente difícil. El cristal se rompe cuando existen micro roturas en los bordes. Si querías llevar la pantalla de visualización hasta el borde del apartado, había que tener una pantalla muy dura. Y, cómo construir una pantalla muy dura, tenía que ver con la limpieza de los bordes del aparato. Una de mis primeras tareas en Apple fue trabajar con los proveedores de pantallas para entender cómo podrían hacer cortes más limpios en el cristal.

»Cuando les dijimos que eso era lo que queríamos, nos miraron como si estuviésemos locos. Nunca nadie les había pedido hacer eso antes. Los fabricantes japoneses de pantallas estaban convencidos de su genialidad a la hora de fabricar, y son de los mejores ingenieros del mundos, pero se ofendieron: '¿Por qué me pides esto? Este no es tu negocio'.

»Pero Apple hace que todos los negocios de sus proveedores sean parte de su negocio. Sus productos siempre están al límite de lo que es posible, porque Apple no acepta la primera palabra de sus suministradores. Vas y le preguntas a un suministrador: '¿Qué es lo mejor que puedes hacer?'. Y Apple entonces replica: 'Intentemos hacerlo veinticinco veces mejor que eso, y así es cómo creemos que lo podemos hacer'.

La única forma de empujar a tus proveedores a hacer más es porque has permitido que, jóvenes mocosos como yo, vayan por ahí diciendo: '¿Qué pasa si lo hacemos de esta u otra manera?' Cuento esta historia porque empieza con una meta muy elevada, un objetivo que viene directamente de un alto ejecutivo, que es crear un margen muy fino. Esto, sin lugar a dudas, genera conflictos. El primer paso es saber más que nadie en la industria sobre la cadena de montaje de las pantallas de visualización.

»Pero el objetivo de llevar la pantalla de visualización hasta el extremo del dispositivo creaba otro problema: se rompería cuando se cayera al suelo el aparato. Entonces el conflicto era: '¿Cómo construimos un dispositivo que sea tan resistente como para proteger el cristal?' La solución fue poner acero inoxidable alrededor del borde.

»Otras empresas tecnológicas jamás fabricarían un componente así porque una de las partes cuesta más que la mayoría de los teléfonos de la gente y, además, no creerían que se pudiese fabricar a gran escala. Apple dijo: 'Olvidaos de eso, vamos a comprar un ejército de máquinas CNC que permitan crear productos que nadie más consiga hacer'. (Una CNC es una máquina que utiliza programas informáticos para ejecutar de manera automática una serie de operaciones mecánicas). Se pasaron seis meses comprando cada una de las máquinas CNC, de fresado de todo tipo, que necesitaban en el mundo. El que existan esas máquinas CNC ha permitido a Apple construir los portátiles Mac de una sola pieza. Algo que, todavía hoy, nadie más ha sido capaz de hacer.

»Apple tiene grandes sueños y compra capacidad estratégica para poder fabricar productos que nadie más puede fabricar. Imagine que usted (un alto ejecutivo) está sentado en un gran despacho de una compañía tecnológica. Su primer trabajo es saber qué es barato y cómo mantenerlo barato. Esa es la razón por la que la mayoría de los *smartphones* se hacen de plástico. El trabajo del ejecutivo es llegar y decir: 'Ese diseño no es lo suficientemente barato'. El trabajo de un ejecutivo de Apple es saber qué es estupendo, qué es lo mejor para el producto y hacerlo barato.

»Por supuesto que hay una gran cantidad de ingeniería y diseño en el iPhone, pero es un logro de un ejecutivo que vio que su trabajo no solo consistía en una reducción de costes, sino en una forma de fabricar magníficos productos. Mi equipo desarrolló los primeros productos con frontal de cristal solo gracias a que Apple quiso dedicar un esfuerzo, un tiempo y un dinero exagerados en averiguar cómo cortar, pulir y endurecer el cristal.

»Todo el mundo dentro de la organización comprende los valores centrales de Apple respecto a la fabricación de magníficos productos. Y la gente de Apple sabe lo que define la magnificencia de sus productos. Todos los conflictos y la resolución de los mismos se derivan de esta visión. Así que puedes tener al equipo de ingenieros abogando por construir partes en acero inoxidable, que cuestan más que la mayoría de los teléfonos de la gente, y el equipo de operaciones no estará contento con ello; pero hay un proceso de conflicto y resolución que permite que los valores de la organización se reflejen en la toma de decisiones y en la forma en que se trabaja en equipo.

## Enseñando a un innovador

La vida del joven Kirk dio un giro radical con las clases de «diseño de producto inteligente», como le hemos oído decir. Las experiencias que vivió en esas clases le ayudaron a desarrollar la idea de querer perseguir un propósito, a aprender nuevas habilidades, a aterrizar en un trabajo en Apple y a lograr tener éxito allí. Quise conocer algo más de esas clases. Y descubrí que, no eran tanto las clases, sino la persona que las enseña, lo que marcó la diferencia en la vida de Kirk; y en las vidas de otros muchos jóvenes innovadores. «Ed Carryer fue ambas cosas: mi profesor y mi mentor», me dijo Kirk.

–Había una broma acerca de las clases de diseño inteligente. Si Ed quisiese ir a Marte iluminaría el cielo con su linterna de Batman y sus alumnos acudirían de todas partes del mundo; y él lograría llegar a Marte en seis meses. Honestamente, él es el mejor profesor de Stanford. Él y sus clases fueron los pilares de mi educación universitaria.

»Él es un personaje interesante dentro de Stanford. No es un profesor investigador. Las universidades conocidas por su investigación hacen de menos a profesores como Ed. Piensan en ellos como profesores de formación profesional. Su clase va de cómo construir cosas, nada verdaderamente académico, pero aporta mucho más valor que las de los investigadores. Nombre a cualquier compañía importante de Silicon Valley y en uno de cada dos individuos se topará de nuevo con el programa de Stanford (Tesla Motors, mucha gente del equipo de Apple, y la lista continúa); es decir a toda la gente que hoy se dedica a crear nuevos productos en el valle. Lleva enseñando esa misma clase veinte años. Y aún así, año tras año, lucha por encontrar financiación, y va mendigando por ahí a sus alumnos donaciones para mantener vivo el programa. No tiene ningún apoyo de los académicos de la universidad.

Ed Carryer es el director del laboratorio para el diseño de producto inteligente del departamento de diseño de ingeniería mecánica de la universidad de Stanford. Su título es profesor consultor-colaborador, no es titular. Se graduó en ciencias (BSE) en el Instituto de Tecnología de Illinois en el año 1975, trabajó para la industria hasta 1986, año en el que vino a Stanford para obtener el doctorado (PhD) en ingeniería mecánica en 1992. Su experiencia laboral en la industria es muy variada. Ha diseñado instalaciones para el tratamiento del agua en plantas de carbón y energía nuclear y un controlador de electricidad para el programa de la NASA, *Artic Heated Gloves (Guantes calientes para el Ártico)*. También estuvo ocho años en Detroit trabajando para la industria automovilística, en sistemas de motores eléctricos, y sigue activo como consultor de diseño.

–El laboratorio de diseño de producto inteligente es un lugar donde los ingenieros mecánicos, predominantemente estudiantes de máster, aprenden un campo denominado *mecatrónica*, que es una conjunción de la ingeniería mecánica, eléctrica e informática –me explicaba Ed.

–La mayoría de mis alumnos son estudiantes de ingeniería mecánica que necesitan aprender electrónica e informática. Hay muy pocos alumnos, como Kirk, que vengan con conocimientos informáticos y que estén interesados en aplicar las ciencias informáticas de forma poco tradicional, es decir para ensamblar sistemas y productos.

–¿Qué haces en tus clases? –le pregunté.

–Mi meta es retarles. Quiero que sientan que tienen el control sobre un material físico y que pueden hacer cosas con él. Tenemos clases teóricas que están hasta arriba, incluso saturadas de alumnos, pero el aprendizaje real solo se consigue cuando van al laboratorio, que es donde realmente tienen que aplicar lo que han escuchado y leído: construir circuitos, escribir programas de *software*, hacer funcionar las cosas. Y lo más importante, encajar todas las piezas juntas. Mi forma de enseñarles es muy práctica y muy orientada a la aplicabilidad de los materiales.

»La parte de la integración se consigue realmente mediante proyectos con equipos de trabajo abiertos que son una parte de los tres cursos de máster de los que se compone la secuencia de diseño de producto inteligente. Los proyectos van aumentando en complejidad y van consumiendo cada vez más y más tiempo de la clase. A medida que van aprendiendo más, pueden ir asumiendo tareas más difíciles y arriesgadas.

–¿Me puedes dar un ejemplo de algunos de los proyectos que habéis realizado?

–Cuando los alumnos llegan a la tercera de las clases en la secuencia, ya están listos para utilizar múltiples procesadores y centrarse más en comunicaciones sin cableado entre un dispositivo de interacción y un dispositivo de acción. Por ejemplo, el último semestre, el tema del proyecto era «el trabajo más difícil del mundo». Resulta que la pesca del cangrejo es increíblemente peligrosa, si se considera en términos por habitante.

»Los estudiantes construyeron barcos para la pesca del cangrejo y controles remotos para dirigirlos. Pusimos grupos de cangrejos en grandes jaulas en un estanque cerca del laboratorio. Cada jaula de cangrejos tenía un dispositivo RDIF, un identificador de radio frecuencia, de forma que el barco tenía que ir hasta allí, comunicarse con el lector de RDIF y averiguar cuántos cangrejos había en cada grupo. Tenían que cazar a los cangrejos, volver al muelle y descargar la captura.

»Siempre había opciones distintas en las que los equipos podían competir aunque, ganar o no, no condicionaba su nota final. Así que en esta clase, si tu barco se inundaba, es decir, se mojaba el sensor que se había instalado en él, tenías que llevarlo de vuelta al muelle y repararlo. Uno de los grupos se autodenominó Greenpeace. Decidieron no competir por el número de cangrejos a cazar. En lugar de ello, iban alrededor de todas las jaulas y, después de llenar su barco de cangrejos, inventaron una manera de salpicar a su propio sensor, de forma que se veían obligados a liberar a los cangrejos y a volver para repararlo. Como los cangrejos se sacaban de las jaulas y se liberaban, nadie más los podía cazar. Estaban salvando a los cangrejos.

—La clase parece divertidísima —le dije con admiración—. Supone dar a los alumnos un verdadera oportunidad de jugar.

—Eso es algo que aprendí hace mucho tiempo. Meter alguna entelequia en el proyecto es muy motivador. Si les encargas una tarea que esté directamente relacionada con algo industrial, no les parece divertida de hacer. Lo verán como algo aburrido, aunque su valor educativo sea el mismo que en estos otros juegos que les planteamos. No son llamativos, no les enganchan.

»Cada año tenemos proyectos nuevos. Tengo un grupo de entrenadores que son antiguos alumnos de mi clase. Nos juntamos durante cuatro o cinco noches y utilizando la «lluvia de ideas» diseñamos el borrador del proyecto. Comenzamos por los objetivos del proyecto y de los elementos que necesitamos para el mismo y luego nos preguntamos qué sería divertido observar. ¡Hay muchas formas interesantes de incorporar nuevas tecnologías!

»Es muy importante que los alumnos no hagan el mismo proyecto que ya hicieron el año pasado. Entonces, como es de esperar, surgen fanfarronadas como: 'Mi proyecto ha sido mucho más difícil que el tuyo'.

Le pregunté sobre el porcentaje de mujeres que había en sus clases.

—No es muy alto, pero es más alto que el porcentaje de mujeres que hay en todo el programa, quizás porque la clase tiene fama de ser un reto ya que el alumno tiene que asumir la responsabilidad de potenciar su capacidad de hacer algo con total apoyo y autonomía[5], lo que denominamos *empowerment.*

—Observo que has mencionado varias veces la palabra *empowerment.* ¿Puedes decirnos algo más sobre los que significa para ti y por qué es importante?

Ed se para y reflexiona antes de responder:

—Pues tiene que ver con mi experiencia educativa pasada. Sentía que tenía que aprender cómo resolver un montón de problemas que me ponían los profesores en clase y los problemas de los exámenes, que se basaban en lo que aprendíamos en clase; pero nunca sentí que podría diseñar algo desde cero. En el mundo real se te presenta un problema a resolver en el que tienes que usar todo lo que sabes. Y eso tuve que aprender a hacerlo yo por mi cuenta.

»Para mí el reto significa que los estudiantes van ahí fuera y aplican lo que han aprendido a problemas que jamás han visto antes y con componentes que nunca antes han utilizado.

—Tus clases son bastante interdisciplinarias y eminentemente prácticas —observé—. ¿Puedes contarme las dificultades de enseñar de esta manera en el entorno académico tradicional de Stanford?

---

5    N.d.T.

–No hay problema en cómo se ven estos cursos. Y eso es porque cuando los alumnos que han seguido las clases de diseño de producto inteligente, continúan con el doctorado en Stanford, pueden hacer cosas en los laboratorios que no pueden hacer otros alumnos que no han seguido estos cursos. Les preocupa algo más sumergirse en las cosas.

–Por lo tanto de algún modo te apoyan; los alumnos evidencian que tus clases están dando muy buenos resultados.

–Exactamente –responde Ed.

–¿Y las dificultades fuera del aula? –le pregunté.

–Soy un profesor consultor-colaborador. Y por mucho tiempo he sido el único profesor consultor-colaborador. No tengo titularidad, ni plaza fija. Mi contrato es de tres años.

–¿Y supongo que eso supone un salario mucho menor que el resto de profesores titulares?

–Si trabajase por dinero, definitivamente estaría haciendo otra cosa. Lo que yo hago no es lo tradicional académicamente. No tengo un programa propio de investigación; aunque he participado en grupos de investigación de otros colegas. Mi foco está en la docencia y en asegurarme de que la secuencia de cursos está actualizada y a la última en el uso de la tecnología. Quiero que sientan que lo que están aprendiendo es totalmente actual.

–¿Todo el trabajo que haces en saber lo que es actual y en estar a la última en el uso de la tecnología no se considera investigación? –le pregunté.

–No, no lo es. Entiendo lo que es la investigación, y la he hecho en el pasado, pero no encuentro que sea la actividad más excitante o satisfactoria que hacer. Hay una mezcla.

Me permite trabajar con alumnos muy brillantes. En algunos momentos he pensado en dejar Stanford, y luego decido volver a la combinación de profesores-colegas del grupo de diseño y a los alumnos de calidad que tenemos aquí.

Le pido a Ed que especule por un momento:

—¿Qué tendrían que hacer las universidades para recompensar o incentivar mejor el tipo de docencia que tú impartes?

—Las universidades que aparecen en la lista *Research One*[6], como Stanford, el MIT, Georgia Tech, o Michigan, están todas ellas centradas en los programas de doctorado. Aquí en Stanford, por lo menos la mitad de los estudiantes están en postgrados. Así que para que te hagan titular necesitas ser un investigador de primera clase y un buen profesor. Pero el énfasis está puesto, claramente, en la investigación. Y no puedes ser un profesor de primera clase y un buen investigador y que te hagan titular.

—Y este énfasis en la investigación, ¿qué implica para los programas de pregrado?

—Mi preocupación sobre la educación en pregrado de las universidades que aparecen en Research One es que se centran en preparar a los alumnos a que continúen al doctorado, en lugar de orientarlos a un máster práctico o que les convierta en buenos profesionales. Hay mucho menos énfasis en la práctica y en la aplicabilidad de los conocimientos. Nunca sabes dónde van a acabar los alumnos, por lo que creo que es un mal servicio educativo el que no les preparemos para

---

6    *Research One* se refiere al sistema de *rating* de universidades de la Fundación Carnegie.

cualquier salida laboral. Se pueden enseñar los mismos contenidos con un enfoque más práctico o con un enfoque más teórico. En muchos casos es más fácil para el profesor enseñar desde su perspectiva, que es teórica.

Me preocupaba lo que Ed estaba diciendo y no pude evitar señalar:

—Pero cuando miras hacia el futuro del país, lo que yo detecto es que no necesitamos más alumnos doctorados, sino que necesitamos más alumnos como los que tú estás graduando.

—Tengo una visión sesgada, pero creo que el mayor impacto que se ha hecho en ingeniería viene de los alumnos de grado y máster. Tenemos un gran número de alumnos en este programa que vienen aquí para aprender las herramientas necesarias para poder montar sus propias compañías. El programa atrae a estudiantes que creen que les gustaría ser emprendedores. Aquí les damos apoyo, no solo con cursos de tipo tecnológico como el mío, sino con cursos de emprendimiento. La emoción de crear nuevos productos es lo que guía a muchos de los alumnos de aquí.

—¿Qué me puedes contar de Kirk? ¿Qué le guiaba cuando era estudiante?

—Era un alumno sobresaliente, un magnífico estudiante en mis clases y luego un excelente ayudante de profesor. Muy entusiasta, muy concienzudo. Muy animado con lo que estudiaba y con lo que podría hacer con ello. Sabía muy bien lo que quería hacer después. Mientras estuvo en Apple me da la impresión de que realizaba su trabajo como una experiencia de aprendizaje para el futuro.

»Estoy encima de él para que acabe la universidad y se gradúe en el máster. Quizás ha llegado ya tan lejos que no lo necesita, pero nunca se sabe cuándo alguien de Recursos Humanos te puede decir: 'No podemos contratar a esta persona. No tiene el título'.

## Motivando a los innovadores

La historia de Ed nos dice mucho acerca de los elementos esenciales de la educación de los jóvenes que se convierten en innovadores: el valor de los proyectos eminentemente prácticos, donde los estudiantes tienen que resolver un problema real y demostrar su maestría; la importancia de aprender a plantear un marco teórico que permita resolver los problemas desde múltiples disciplinas; y aprender a trabajar en equipo. Lo que más me intrigó, sin embargo, fue el uso de dos palabras: *reto* y *entelequia*.

Casi nunca he visto a un profesor de grado hablando de *retar* a sus alumnos y tampoco me lo esperaba de alguien enseñando en un curso de postgrado. Pero cuando Ed me explicó las deficiencias de su propia educación, en la que solo aprendía los contenidos teóricos para poder superar un examen pero sin hacer nada por sí mismo, el objetivo de retar al alumno adquiere mucho más sentido para mí. Los contenidos puramente académicos no son muy útiles en sí mismos. Es saber cómo aplicarlos a nuevas situaciones o a nuevos problemas lo que más importa en el mundo de la innovación. Me sorprende que cuando Ed retaba a sus alumnos estaba haciendo dos cosas: enseñándoles capacidades a través de la experiencia de resolver problemas cada vez más complejos, y ayudándolos a generar autoestima y confianza. Ed observó que sus alumnos, cuando continuaban hacia el doctorado, «no sentían miedo de adentrarse en los problemas». Desde luego, hemos visto esa ausencia de miedo en Kirk.

Pero, ¿*entelequia?* No me acuerdo de la última vez que oí a alguien utilizar esa palabra. Si reflexiono supongo que no debería sorprenderme. *Entelequia* o *fantasía* es un tipo de juego, de juego adulto. Me recuerda al porqué del orgullo de los estudiantes de MIT con sus tradicionales bromas, tal y como nos contó Joost en el capítulo 1; también eran fantasiosas. Parece que el elemento del juego es tan importante en el aprendizaje de los adultos como en el de los niños. El juego, entonces, puede ser un elemento de pasión y de la búsqueda de un propósito, y también una motivación intrínseca en sí misma.

También me sorprendió la descripción que Kirk hizo de las clases de Ed como algo que realmente «tenías que querer hacer». Parece que sus alumnos no están motivados, básicamente, por obtener una buena calificación. Están motivados porque son parte del equipo; están motivados porque tienen que resolver un problema interesante que requiere integrar conocimientos adquiridos de distintas fuentes, así como nuevos conocimientos. Y además se divierten haciéndolo. De lo que pude escuchar, parece que estaban mucho más *intrínsecamente* motivados que los alumnos que veo en la mayorías de las otras clases.

Otro de los temas de la conversación con Ed que me sorprendió y me perturbó fue su descripción de lo que las universidades en la lista *Research One* valoran y no valoran. Empecé trabajando en este libro con la creencia de que la mayoría de las universidades especializadas en investigación como Stanford, el MIT y Harvard y sus escuelas de postgrado eran una de las verdaderas fuentes de innovación y creación de riqueza para América; y por lo tanto la envidia del resto del mundo. Y ahora, la experiencia de Kirk ha sembrado una duda en mí.

Kirk no me dijo ni una sola palabra de los numerosos cursos, eminentemente teóricos, que siguió en Stanford. Su mejor profesor y su mayor mentor fue uno atípico dentro de la universidad: Ed Carryer, un doctor por Stanford con décadas de experiencia profesional en la industria como diseñador, que lleva con contratos anuales renovables desde el año 1992, con ninguna posibilidad de promocionar o de convertirse en titular, y que además está obligado a buscar dinero para su laboratorio cada año para sus famosos alumnos. La descripción que Ed hizo de Stanford, como institución mucho más centrada en producir doctores en lugar de individuos que creen y fabriquen cosas, fue inquietante.

## Un marcado sentido de la búsqueda de un propósito

En una conversación reciente con Kirk, indagué porqué dejó Apple y qué ha estado haciendo desde entonces. He descubierto que ahora evalúa todo lo que hace, no solo en términos de lo que puede aprender de ello, algo que ha sido siempre una de sus pasiones, sino además de en qué puede contribuir. Creo que está desarrollando un marcado sentido de la búsqueda de un propósito.

—Dejé Apple en el verano del 2008 porque quería llevar todo lo que había aprendido sobre desarrollo de producto en Apple a aplicarlo a nuevas áreas. Siempre quieres mantener alta tu capacidad de aprender. Dónde y cuándo nací me han dado un gran acceso a oportunidades de aprendizaje que, de verdad, valoro. Quedarse en el mismo trabajo durante una década me parece un mal paso. Quiero seguir añadiendo herramientas a mi caja de herramientas aunque no sepa, todavía, qué quiero hacer con ellas.

»Fui a trabajar para Foundation Capital (una pequeña empresa de capital riesgo) porque sus fundadores habían sido todos antiguos ejecutivos, tipos que habían tenido una larga carrera profesional en empresas reales antes de trabajar en capital riesgo. Ese era el tipo de gente de la que quería aprender, pero siempre supe que sería un paso intermedio. En Foundation Capital mi trabajo consistía en buscar mi siguiente puesto de trabajo, mientras exploraba nuevas oportunidades de inversión para la empresa, y ofrecíamos asesoramiento y ayuda a nuestras participadas.

»La empresa SunRun es una de las *start-ups* en las que invirtió Foundation Capital. Me entrevisté con ellos y descubrí a un gran equipo y una excelente oportunidad de mercado. —Kirk se unió a esta compañía en el verano de 2010 como director jefe de producto.

—SunRun tiene la oportunidad única de cambiar la forma en que los consumidores piensan acerca del consumo de servicios energéticos. Es una empresa de energía solar residencial que posee, instala, asegura y mantiene paneles solares, de forma que las familias solo tienen que pagar una tarifa mensual, baja y controlada, por la energía que utilizan. La llamamos «servicios de energía solar» y nuestra meta es ser el mayor proveedor de energía residencial de los Estados Unidos en los próximos veinte años. De media, las familias se ahorrarán entre un quince y un veinte por ciento, directamente de sus facturas de electricidad; y algo más, añadido en el tiempo, a medida que sigan subiendo las tarifas de electricidad.

»El *feedback* que habitualmente recibimos de nuestros consumidores, (y estamos literalmente obsesionados por conocer a nuestros consumidores y lo que les hace estar contentos), es que les encanta que, lo que es mejor para su bolsillo, también lo sea para el planeta. Estamos creando un nuevo tipo de defensor del medioambiente, uno que hace las cosas porque es una decisión medioambiental inteligente y no necesariamente por ser un defensor acérrimo del medioambiente.

»En SunRun estoy centrado, fundamentalmente, en diseñar y dar al consumidor una mejor experiencia de servicio sobre la energía renovable.

## Reflexiones

La historia de Kirk nos ofrece algunas revelaciones fascinantes de cómo un individuo joven ha llegado a contribuir significativamente a algunas de las empresas más innovadoras del mundo. Sus padres, Cord y Lea Phelps, vivían de forma aparentemente similar al resto de sus vecinos. Pero como hemos sabido, su filosofía de la forma de criar a los hijos, el tiempo que pasaban con ellos, su forma de enseñarles a descubrir cosas a través de la prueba y el error, su interés por su proceso de aprendizaje y la inusual combinación de estructura y libertad que les dieron, fueron elementos esenciales en el desarrollo de la capacidad de innovación de Kirk. Y por encima de todo, me parece que, su interés por alimentar la autoconfianza y la motivación intrínseca de Kirk para aprender y explorar, fueron determinantes. Aprender de ellos no ha sido un camino para llegar a un final, es decir, una forma de acceder a un buen colegio o a un buen trabajo, sino que ha sido un final en sí mismo.

También me ha conmovido el apoyo incondicional a las decisiones de sus hijos, aunque aquellas parecieran poco convencionales o arriesgadas, como cuando Kirk decidió abandonar Exeter antes de terminar sus estudios de secundaria, y luego decidió abandonar Stanford antes de finalizar sus estudios de grado o máster. El hermano de Kirk es un gran atleta, tal y como descubrí más tarde. Y cuando decidió dejar la escuela privada para irse a una pública donde sus posibilidades de entrar en la primera división del deporte universitario eran mayores, sus padres apoyaron totalmente esa decisión; así como sus aspiraciones de convertirse en atleta profesional, lo que es hoy en día. Finalmente me impresionó el énfasis puesto en la importancia de dar algo a cambio, de «contribuir», como dijo Cord en un *email* que me envió.

Analizando la experiencia educativa de Kirk, observamos que la oportunidad de asistir a un colegio privado de élite no parece que fuese un factor importante para desarrollar sus capacidades de innovación. Recordarán lo que Cord dijo: «Cada clase tenía un camino marcado por el que te querían llevar... Y, al fin y al cabo, los resultados de la clase eran muy predecibles». La insatisfacción suya y de sus padres por la experiencia de Exeter no me sorprende, puesto que he enseñado e investigado en los mejores colegios públicos y privados. En mi último libro, *La brecha del rendimiento global*, documenté las formas en las que el aprendizaje y la enseñanza de muchos de nuestros mejores colegios de secundaria quedaban muy lejos de su reputación.

La experiencia universitaria de Kirk fue algo más ambigua. Actualmente existe la creencia de que cada colegio de secundaria debe preparar alumnos «listos para la universidad» y que mandar cada vez más alumnos a las universidades es la clave para el futuro del individuo y para nuestro futuro como país. Adicionalmente, Bill Gates y otros presidentes de empresas abogan porque cada vez más alumnos tomen cursos STEM (Ciencia, Tecnología, Ingeniería y Matemáticas) en las universidades, para lograr posicionar mejor la competitividad del país en relación a otras empresas del mundo. Aún así, Bill Gates, Mark Zuckerberg, Steve Jobs, Michael Dell, Dean Kamen, Paul Allen y otros muchos brillantes innovadores tuvieron que abandonar sus estudios para perseguir sus nuevas ideas, tal y como lo hizo Kirk. Tomando prestada una frase de Henry Rutgers: «Su escolarización interfería con su educación». Según Jobs, el curso que siguió en la universidad que más contribuyó al diseño del primer ordenador Macintosh de Apple, no fue un curso de STEM, sino un curso de ¡caligrafía![7]

Refiriéndonos de nuevo a los tres factores que, según Teresa Amabile, permiten el desarrollo de la capacidad del individuo de ser creativo, la historia de Kirk sugiere que la *sabiduría* era el menos importante de los tres, en su caso. Kirk, él mismo, quita importancia al significado de sabiduría, diciéndonos que al principio «lo que estudias no es tan importante». Esto no significa que los conocimientos académicos y la sabiduría no sean importantes. Los cursos de Ed Carryer tenían contenidos académicos, y Kirk tuvo que asimilar muchos conocimientos académicos en todos sus cursos de Stanford. Todo ese conocimiento le dio una base sólida para continuar aprendiendo y resolviendo problemas; pero su habilidad para *aplicar* los conocimientos, y aprender cosas nuevas, como por ejemplo cómo se corta el cristal, fue mucho más importante que el contenido académico en sí mismo.

La historia de Kirk me hace cuestionar la bondad de la idea de «empujar» a los alumnos hacia cursos de contenido eminentemente STEM. Lo que Amabile llamó *capacidades de pensamiento creativo*, y lo que Kirk llama *habilidades sociales y políticas*, me parece que fueron más importantes en las contribuciones que hizo a Apple que la sabiduría académica que había adquirido. Y su *motivación intrínseca* y la *búsqueda de un propósito*, puede que hayan sido lo más

---

7  Discurso de apertura de la Universidad de Stanford de Steve Jobs, año 2005, *Stanford University News*, 14 de junio de 2005, consultado el 30 de mayo de 2011 en http://news.stanford.edu/news/2005/june15/jobs-061505.html

importante de todo. De todos los cursos que Kirk siguió, el de Ed Carryer fue el que supuso la mayor diferencia en su desarrollo personal.

## Creando una cultura de la innovación

En las clases de Ed, la motivación intrínseca y las habilidades de pensamiento creativo, son mucho más importantes que los conocimientos meramente técnicos. Adicionalmente, los contenidos teóricos aprendidos en sus clases son contextuales, es decir, no aislados; un medio para resolver un problema, una herramienta, no un objetivo suelto. El «examen final» de su clase no se basa en contenidos académicos memorizados, sino en una prueba de cómo los alumnos han sabido utilizar los conocimientos teóricos para resolver un problema dado. Además, en las clases de Ed se requiere trabajar en grupo y utilizar múltiples disciplinas para la resolución de problemas. Sus cursos tienen, entonces, una *cultura* muy distinta de las otras clases STEM que la mayoría de los alumnos escoge en la universidad.

Los colegios de educación secundaria más convencionales y los cursos teóricos de la universidad comparten tres rasgos culturales fundamentales que son radicalmente opuestos a la cultura de las clases de ED: primero, se premia la competencia y el logro individual frente al trabajo en equipo en el que se basa Ed; segundo, las clases teóricas tradicionales se organizan para transmitir y examinar un contenido específico frente al enfoque basado en la resolución multidisciplinar de problemas de las clases de Ed; tercero, las clases tradicionales se guían por incentivos extrínsecos (notas o media del expediente del alumno-GPA), no como las de Ed que se guían por los incentivos intrínsecos de la exploración, el reto y el juego; o como Ed lo llama, de la «entelequia».

El trabajo en equipo, la resolución interdisciplinar de problemas, los impulsos intrínsecos y la sensación de lograr un reto, que otorgan a los individuos la confianza necesaria para asumir riesgos, son lo que Kirk describió como parte esencial de la cultura en Apple. El sentido común sugiere que las clases que mejor preparan a los alumnos para trabajar en compañías innovadoras crearían una cultura que se asemejaría a lo que encontrarían en sus lugares de trabajo. Kirk mismo dijo: «Este curso de proyectos integradores es lo más cerca que puedes estar, académicamente, de la ingeniería del mundo real».

¿Cómo podríamos aunar esta idea de una *cultura de la innovación* en una clase o colegio, con los tres elementos de la creatividad de Teresa Amabile (sabiduría, habilidades de pensamiento creativo y motivación) que yo he adaptado a una forma de pensar en cómo desarrollar las capacidades de un innovador? Recordarán su diagrama de tres círculos concéntricos del capítulo 1. ¿Y si asumimos que la cultura de una clase o de un colegio, los valores, las creencias y los comportamientos, rodea a estos tres requisitos para la innovación, y condiciona cómo la sabiduría y las habilidades creativas se adquieren y cómo se desarrolla la motivación? Teniendo en cuenta la idea de la cultura, una revisión del marco teórico que desarrolla las capacidades creativas de la gente joven para que se conviertan en innovadores, podría ser así:

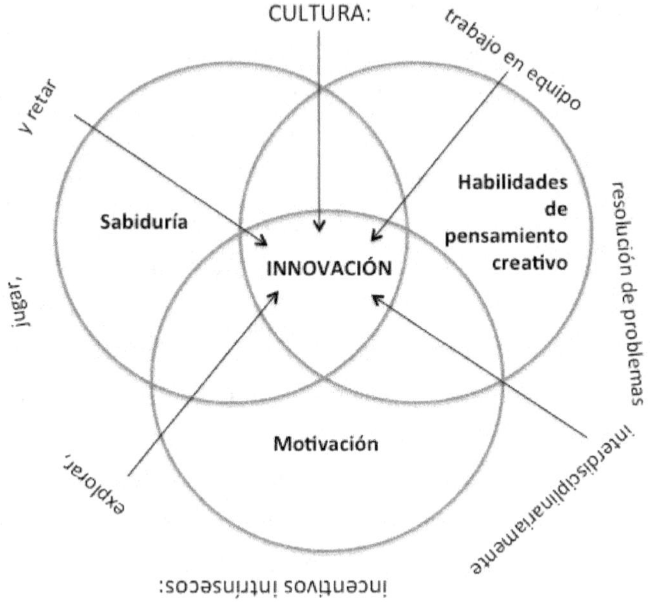


Entonces, ¿cómo es de importante la universidad en el desarrollo de la capacidad de innovación de la gente joven? ¿Necesitamos únicamente alumnos que tomen más cursos STEM en la universidad o se beneficiarían más si siguiesen otro tipo de enseñanza como la que practica Ed?

¿Qué similitudes y diferencias podríamos encontrar en el desarrollo de jóvenes innovadores que no han tenido la fortuna de crecer en un barrio acomodado y de asistir a colegios privados como hizo Kirk? ¿Veremos algunos patrones similares entre los padres de distinta procedencia en la forma en que ayudaron a sus hijos a desarrollarse?

Estas son algunas de las cuestiones que exploraremos en el capítulo siguiente, en el que hago un perfil de las vidas de otros cuatro innovadores STEM.

# CAPÍTULO 3.
# INNOVADORES STEM

## Shanna Tellerman

S hanna Tellerman es una artista y lo ha sido desde que era una niña.

—Se sentaba en mi despacho y hacía muñecas articuladas con papel seda —me cuenta su padre, Kenneth Tellerman—. Un día fuimos de excursión por el bosque, y cuando volvimos, creó una panorámica en una caja de zapatos que recreaba la experiencia de caminar entre los árboles. Tenía unos siete u ocho años. —Poco sabían sus padres, o la propia Shanna, lo premonitora que iba a ser esa primera creación en 3D. En el año 2006, a la edad de 24, Shanna fundó los estudios Sim Ops Studios, una *start-up* que desarrolló una plataforma *on line* para el diseño en 3D, llamada Wild Pockets. Su compañía y su equipo de diseñadores e ingenieros fueron adquiridos por la empresa Autodesk en el otoño del año 2010, donde ella trabaja actualmente como directora de línea de producto. Autodesk es la empresa líder en el diseño en 3D, en ingeniería y en *software* de entretenimiento. Wild Pockets es una web de diseño de juegos «abierta a todos» (en *opensource*), cuyas herramientas están disponibles para cualquiera que las quiera utilizar[1].

## Conozca a Shanna Tellerman

–Democratizar el diseño en 3D, era mi meta cuando comencé Sim Ops Studios –me explicó Shanna en una reciente conversación–. Pero ahora puedo trabajar en un espacio mucho más amplio; no solo estoy contribuyendo al mundo digital, sino al mundo real, analizando cómo diseñar edificios y fábricas que sean sostenibles, eficientes, con menos generación de desperdicios y con grandes ahorros en costes. Los productos en los que estamos trabajando en Autodesk permiten, a arquitectos e ingenieros, salir a las obras con un dispositivo en la mano, estar en una sala en construcción, y obtener un diseño digital y un *software* de simulación súper potente, que está en un servidor en la nube, y que permite visualizar cómo las distintas partes del diseño se ponen en común.

---

1    Informe de la Oficina de Censo de los Estados Unidos, *Income, Poverty, and Health Insurance Coverage in the United States: 2010*, septiembre de 2011, consultado el 15 de septiembre de 2011 en http://www.census.gov/prod/2011pubs/p60-239.pdf

Shanna creció en Baltimore, Maryland, y es la hija mayor de Kenneth Tellerman, pediatra, y de Donna Bethrens, enfermera titulada cuya área de especialidad son los programas y políticas sanitarias de los colegios.

—Decidimos muy pronto no utilizar el sistema de colegios públicos de la ciudad de Baltimore —me dijo Dona. (El sistema escolar de Baltimore, por aquel entonces, tenía una elevada tasa de abandono escolar y era considerado uno de los barrios más problemáticos del país).

—Fue a un colegio judío hasta el noveno curso (equivalente a 3º de la ESO). Cuando Shanna empezó a buscar instituto, nos dijo: 'Después de haber asistido a un colegio judío, no puedo ir a uno que no tenga valores'. Sus amigas estaban solicitando plaza en los múltiples colegios elitistas y privados de la zona, pero Shanna solo solicitó plaza en Baltimore Friends, un colegio privado de la cadena Quaker que se alineaba con sus valores.

»El colegio Friends School también le ayudó a alimentar su interés por el arte. Un profesor de arte se mostró especialmente interesado por Shanna —añadió Ken.

Shanna asintió.

—Lo mejor de todo era que podía escoger arte como área de especialización en el bachillerato; lo que se traducía en que tenía clases de arte casi todos los días de la semana. Mi profesora utilizaba un enfoque individual para cada alumno; así que pude crecer en las áreas de arte que más me interesaban. Recuerdo ir durante muchos días al estudio de arte, que era un sitio pequeño, tipo ático, y perderme en esa habitación caliente con sombras extrañas. Tener una hora o noventa minutos de silencio, concentrada en la actividad artística que estuviese haciendo, era un descanso maravilloso en el día.

Shanna me contó que solicitar plaza en la universidad fue lo más difícil de secundaria.

–Muchas de las niñas blancas de clase media de Baltimore, que iban a escuelas privadas, practicaban deporte y estudiaban mucho, también solicitaban plazas en todas las universidades a las que yo quería ir. No había nada único o diferencial en mí, excepto mis dotes para el arte; pero muchas de las escuelas no consideran el arte como un elemento diferenciador. Deseaba entrar en UPenn y solicité también plaza en Yale, sin mucha esperanza. Ambas tenían programas de arte que pensé que me gustarían. Me negaron la plaza en las dos y me sentí totalmente desanimada. Después de un durísimo trabajo, sentía que no valía lo suficiente. La universidad Carnegie Mellon (CMU), por otro lado, había visto mis trabajos de arte durante una jornada de puertas abiertas y me aceptaron inmediatamente después. La CMU también me admitió en su equipo de fútbol y me dio una beca. La decisión fue fácil, aunque por aquella época no me entusiasmaba demasiado ir a CMU.

Le pregunté a los padres de Shanna cómo se sintieron respecto a la decisión de su hija de especializarse en arte en la universidad.

–Ninguno de los dos somos artistas. Yo hacía unos dibujos horrorosos. Reconocimos el talento que tenían nuestros hijos de jóvenes e intentamos alentar sus intereses –me explicó Ken. (Su otra hija, Rachel, una niña que nació diez años después que Shanna, también es una artista muy dotada)–. Teníamos una habitación extra que solía ser la sala de juegos y la convertimos en un estudio de arte. Shanna podía ir y cerrar la puerta; ahí dentro revivía. Salía de ese lugar llena de carboncillo o de pintura. Estaba clarísimo que era algo que le encantaba hacer. Básicamente dejamos que Shanna nos enseñase a dónde quería ir. Confiábamos en que ella averiguaría lo que quería hacer y que sería más feliz si tomaba sus propias decisiones. Nunca le dijimos que no podría ganarse la vida con el arte.

»Lo pensamos, claro, pero nos mordimos la lengua –añadió Donna–. Es como andar por una cuerda floja, dibujando las fronteras dentro de las cuales los niños pueden explorar. Sentía la necesidad de ganarse la vida y de ser responsable por sí misma. 'Sí, sigue tu pasión, pero dentro de unos parámetros: limpia tu cuarto, trabaja cada verano, sé parte de la comunidad y de nuestro país'.

»No hay una hoja de ruta clara para esta forma de criar. Nunca dijimos: 'Oh, eres una artista, está genial'. La vida no va solo de lo que quieres hacer.

»Nunca nos imaginamos que su interés por el arte derivaría en lo que está haciendo ahora –continuó Donna–. Una gran parte de lo que sucedía tiene que ver con que Donna tiene una conciencia social muy fuerte. Su motivación para crear una empresa no tuvo nada que ver con los negocios. Lo primero que desarrolló en su postgrado, tras el 11 de septiembre, fue un programa muy interesante que entrenaba a los cuerpos de primeros auxilios en emergencias a hacer mejor su trabajo. Ella nunca se vio a sí misma como la jefa de una *start-up*, pero tenía la impresión de que no había ninguna otra forma de hacerlo.

## La forma de educar y criar de los Tellerman

## Desde el grado en artes plásticas hasta la dirección ejecutiva

Shanna me contó su camino desde el grado en artes plásticas hasta convertirse en Consejera Delegada de una *start-up*:

—En mi último año en Carnegie Melon, cogí un curso del profesor Randy Pausch llamado «Construyendo mundos virtuales». Es el mejor curso que he seguido nunca. Para mí fue una experiencia reveladora que cambió totalmente mi vida y mi carrera; en definitiva todo lo que estaba haciendo hasta entonces. El curso lo imparte ahora Jessy Schell, que también es un profesor excelente. Jessy fue mi asesor en el proyecto que derivó en los Estudios Sim Ops y fue uno de los cofundadores de la compañía. Estas dos personas fueron enormemente influyentes para muchísima gente.

»El curso era una experiencia de campo. Tu grupo tenía dos o tres semanas para completar distintos proyectos, experiencias de realidad virtual, como pequeños mundos y juegos, en los que la gente podía sumergirse con auriculares, sensores de manos, gafas especiales, ver en 360° y estar dentro de un espacio tridimensional. Después de cada proyecto tenías que hacer una demostración práctica a la clase para que los demás la criticasen. Al final del semestre había una presentación global de los mejores proyectos de los alumnos para toda la universidad, a la que se invitaba a gente de la industria de todas partes del país. Tres de mis proyectos, de los cinco que hice, habían sido elegidos para esta presentación final.

»La parte del curso que más me atrajo y que cambió mis intereses fue la colaboración. Me encantó trabajar con gente de muy diversos entornos: informáticos, artistas plásticos, diseñadores de sonido y modeladores de 3D. Teníamos que buscar una idea, ejecutarla, y lograr que el equipo estuviese siempre trabajando y motivado para cumplir con unos plazos muy apretados. Mi experiencia en la presentación global del final del semestre fue chulísima, pero la verdad es que me enamoró toda la actividad: trabajar con plazos ajustados, con realidades virtuales y con gente diversa; la gente fue lo que me impulsó.

En el año 1999, el profesor de Shanna, Randy Pausch, que por entonces era profesor de ciencias informáticas, se unió a Don Martinelli, profesor de teatro y cofundaron el Centro de Entretenimiento Tecnológico *(Entertainment Technology Center ETC)* de Carnegie Melon. Entre los dos desarrollaron un programa único de Máster en Tecnología del

Entretenimiento[2]. (Randy murió de cáncer de páncreas en el año 2008, a la edad de cuarenta y siete años. Su vídeo *La última lección* ha sido visto más de 13 millones de veces en YouTube y ha sido adaptada a un libro *bestseller*. Jesse Schell, que ha enseñado en el ETC desde el año 2002, me describió sus orígenes:

—El programa se fundó por las escuelas de artes plásticas y de ciencias informáticas, pero no depende de ninguna de ellas. Lo comenzaron dos iconoclastas que no tenían ningún interés por lo ya establecido. Llegaron a un acuerdo con la universidad: 'Nos dejáis en paz y nosotros nos encargamos de nuestra financiación'.

## La última lección de Randy Pausch

La experiencia de Shanna en el curso de Randy fue tan reveladora que decidió solicitar plaza en el programa master que él creó; y fue aceptada.

Ella continúa con su historia:

—Todo se basaba en proyectos, un proyecto para cada semestre durante todo el programa bianual. No había clases o

---

2    Se puede encontrar información del centro y de sus programas de grado interdisciplinarios en su sitio web http://www.etc.cmu.edu/site/

exámenes. A los grupos se les daba, normalmente, un cliente del mundo real o un problema real que resolver. Las notas se establecían en función de las presentaciones que se hacían. Una al principio de cada proyecto, otra a mitad del mismo y otra al final, cuando hacías una demostración práctica ante todos los miembros del programa para recibir las críticas.

»El proyecto de mi segundo semestre del año 2003 se llamaba *Hazmat Hot Zone (zona de materiales peligrosos y calientes)*. El objetivo era utilizar la tecnología de los videojuegos para permitir a los cuerpos de primeros auxilios y emergencias entrenarse en entornos simulados. Cuando comencé el proyecto contacté con Tony Mussorfiti del Departamento de Incendios de Nueva York, que daba un curso de materiales peligrosos a los cuerpos de primeros auxilios. Le enseñamos nuestro primer prototipo y dijo: 'Está bien, pero déjame decirte lo que realmente necesitamos'.

»El departamento había perdido tantos efectivos el 11S, sobre todo a los más experimentados, que necesitaban una manera rápida de entrenar a gente joven; solo que ahora necesitaban formarlos sobre muchos más peligros que el fuego. En la práctica, los simulacros reales eran la mejor forma de entrenarse, pero eran caros y llevaba mucho tiempo organizarlos. Las alternativas de los vídeos, los manuales y las presentaciones de ordenador, no eran suficientemente efectivas. La idea era que los videojuegos podían ser una opción mejor, es decir, una experiencia para sumergirse de lleno pero sin el elevado coste de los simulacros. Querían poder elegir una escena y un peligro, y poder cambiar las circunstancias mientras duraba la simulación, después sacar a la gente y juntarla para que informasen de lo que estaba pasando, y volverla a meter en la simulación, si lo necesitaban. Construimos un prototipo ese semestre. Inicialmente nos hacía un favor dándonos un par de horas de su tiempo, pero cuando vio lo que habíamos construido, se apasionó con el proyecto.

»Muchas veces lo que pasa al final del semestre es que los proyectos se colocan en una estantería y no se continúan. Ese verano fui a trabajar a la empresa Electronic Arts en el juego Sims2. Pude haberme quedado allí a trabajar y haber conseguido así créditos lectivos, pero sentí que quería volver. Y me alegró muchísimo haberlo hecho. Los profesores me dejaron trabajar en el proyecto de materiales peligrosos durante los dos siguientes semestres de mi segundo curso. Había mucho interés por lo que estábamos haciendo y, cuando me gradué, la universidad me contrató para buscar alguna forma de financiar el proyecto. Solicité multitud de subvenciones, pero sin éxito. La probabilidad de obtener una subvención elevada, con ninguna experiencia, era muy baja.

»Durante este tiempo, fui de oyente a las clases de la escuela de negocios Tepper School de Carnegie Mellon. Me di cuenta de que necesitaba saber algo sobre cómo organizar y gestionar los proyectos, y comencé a pensar, cada vez más, en cómo podíamos hacer un negocio con lo que estábamos construyendo. Allí contacté con un pequeño grupo de inversión. Una de las personas del grupo nos urgió a crear una empresa y, en junio de 2006, creamos los estudios Sim Ops. No sabía absolutamente nada acerca de cómo crear una empresa o de emprendimiento, ni siquiera sabía que existía Silicon Valley. Nuestro primer inversor fue un fondo de desarrollo económico de Pittsburgh llamado Idea Foundry. Después de un par de años, contactamos con inversores muy experimentados de Silicon Valley. Logramos financiación adicional bajo la condición de que me trasladaría a San Francisco y de que los inversores podrían ayudarnos en la parte práctica. Viví en el sofá de un amigo durante seis meses, mientras esperábamos a que se cerrase la financiación.

Lo que sigue en la historia de Shanna son cinco largos años de intentar arrancar la *start-up*, en medio del peor entorno económico desde la Gran Depresión. Su equipo pronto aprendió que la mayoría de los departamentos de emergencias no tenían dinero suficiente para comprar el *software* que ellos estaban desarrollando. La idea de Shanna se transformó en un producto distinto: construir la creación de un entorno en 3D, algo que cualquiera, incluso profesores y organizaciones sin ánimo de lucro, podrían hacer a un precio razonable y sin necesidad de tener mucha experiencia. Jesse Schell, el profesor de Shanna del ETC que cofundó la compañía con ella y, cuya propia compañía Schell Games actuó como incubadora de su *start-up*, describió las cualidades que lograron que Shanna perseverase en condiciones difíciles:

—Tiene una férrea cualidad: salir y averiguar las cosas por sí misma. No tiene miedo. Es increíblemente persistente.

Para cuando Autodesk compró su compañía, en otoño de 2010, Shanna había conseguido y gastado casi 3,5 millones de dólares. Ella y su grupo de nueve personas, que seguían trabajando en Pittsburgh, crearon y probaron el producto; pero todavía no tenían un modelo de negocio. En ese momento apareció Autodesk. Cinco meses después de la compra, hablé con Mike Haley, director de tecnología y plataformas emergentes de Autodesk:

—La compañía de Shanna apareció en nuestro radar dos años antes —me contó Haley—. Cuando me senté con ella por primera vez, salí muy impresionado, pero no tanto por sus habilidades técnicas sino por su forma de pensar. Pero estábamos mirando otras compañías y ellos acababan de conseguir una ronda de financiación considerable. Un par de años después, ellos habían aceptado una subcontrata para poder generar caja y nosotros no habíamos tenido mucha suerte con las compañías que estábamos mirando. Así que fui a Pittsburgh y conocí al equipo entero de Sim Ops y quedé muy impresionado. Tenían un buen equilibrio entre sus capacidades de ingeniería y diseño.

Le pedí a Mike que describiese cómo encajó Shanna en la cultura de Autodesk, cuáles eran sus fortalezas y debilidades y cómo la veía a ella en el futuro.

—Lo más importante a la hora de estar en un entorno innovador es no tener miedo al fracaso. A Shanna le encanta la creatividad y no deja que el fracaso pueda con ella. También tiene las ideas muy claras y muchas de sus habilidades de liderazgo provienen de ahí. Sus posibilidades de crecimiento se fundamentan en el desarrollo del equipo y en establecer los procesos adecuados para hacer las cosas bien; esta es la tarea que menos le agrada. Sin embargo, Shanna ha aprendido muchísimo en los cinco meses que lleva aquí. Es una verdadera esponja. Pero en unos años no habrá mucho más que absorber de aquí. Tendrá confianza y habrá cosas en las que se querrá meter. Sin embargo, no creo que sean de emprendimiento. No tiene esa forma de actuar de pensamiento único. Ella es mucho más creativa. Podría acabar siendo directiva de una gran empresa, dirigiendo toda una división, o siendo la presidenta de una pequeña empresa.

Cuando le pregunté a Shanna por su futuro en Autodesk, tenía claro lo que quería:

—Hasta ahora las mejores experiencias de mi vida han sido aquellas en las que trabajo con gente en una idea que se materializa; ¡es un sentimiento increíble! Construir, compartir, reír. El sentido del logro que lo acompaña es adictivo. No entendía nada de esto porque, antes de coger las clases de Randy, todo mi trabajo en el colegio e incluso en el arte, había sido en solitario. Incluso los trabajos en grupo de mi colegio no eran así porque no llegábamos a construir nunca nada juntos.

»No estaba muy segura de lo que significaba trabajar en una empresa grande. Tenía mis dudas. ¿Muros? ¿Controles? ¿Decisiones que se alargan en el tiempo? Estas son las cosas que se oyen. Pero lo que es genial en Autodesk es que es como trabajar otra vez en una *startup*; solo que tienes otros servicios como Recursos Humanos que nunca habíamos tenido antes. Lo que me encanta son todos esos equipos trabajando juntos hacia una meta muy interesante e importante para la compañía: el equipo de gestores, el equipo de ingenieros. Todo es trabajo en equipo con gente brillante. El aspecto colaborativo es el mismo que en la universidad: construir cosas que jamás nos podríamos haber imaginado. Estoy abierta a quedarme aquí y a continuar evolucionando en mi carrera mientras pueda seguir creando innovaciones. Si esto se ralentiza me iré a otra empresa o montaré una nueva empresa otra vez.

Le pregunté a Shanna por qué la innovación era tan importante para ella.

–Para mí significa hacer cosas que contribuyen al mundo, cosas que impactan a la gente, que emocionan. Veo dos tipos de empresas. Las empresas arcaicas que funcionan bien, pero lo hacen despacio. Saben lo que hacen, tienen sus sistemas implantados, y hacen las cosas de una determinada manera porque funcionan. Y hay otras compañías que constantemente revolucionan los mercados; Apple está dirigida como si fuese una *start-up*. Es una empresa que está continuamente innovando a través del logro rápido de prototipos y de la iteración. Repensando siempre lo que será el futuro. Y claro que tienes que sacar un beneficio de crear una empresa exitosa; pero el verdadero éxito consiste en poner ese beneficio de vuelta en la innovación.

## Similitudes entre las experiencias de Kirk y Shana

Lo que me impresiona de la historia de Shanna son las similitudes que hay con la de Kirk. Los padres de ambos les animaron activamente a perseguir sus pasiones, sin preocuparse de si ello derivaría o no en una carrera profesional. Al hacerlo ayudaban a sus hijos a desarrollar una motivación intrínseca. En ambos casos les permitieron tomar decisiones sobre los colegios a los que asistir siendo adolescentes. Confiaron en el juicio de sus hijos. Finalmente, los padres les animaron a pensar en cómo «podrían devolver» algo a la sociedad.

Impresiona, también, que tanto Shanna como Kirk, tuvieron la experiencia de seguir un curso rompedor basado en proyectos esencialmente prácticos, interdisciplinares, que requerían trabajo en equipo y asumir riesgos. Para ambos, la oportunidad de colaborar y crear productos reales junto a otros individuos fue lo más emocionante y motivador de toda su educación; algo que no habían experimentado anteriormente. Esos cursos permitieron que sus pasiones se transformaran en la búsqueda de un propósito. En el marco teórico sobre cómo las cualidades de los innovadores se desarrollan, que introduje al final del capítulo anterior, expliqué cómo la cultura de esos cursos contribuyó a seguir desarrollando su motivación intrínseca, así como sus habilidades de pensamiento creativo y su sabiduría. Y ambos cursos eran impartidos por iconoclastas que no encajaban en los moldes académicos tradicionales.

Shanna y Kirk han trabajado, cada uno de ellos, en una gran empresa innovadora y en una pequeña *start-up*. Los dos son innovadores, con una fuerte vena emprendedora, que quieren dejar huella en el mundo.

Finalmente, tanto los Phelps como los Tellermans son de clase media. Y, ¿qué pasa, entonces, con los hijos de familias con entornos culturales o socioeconómicos distintos? ¿Encontramos los mismos valores en la educación parental? Y, ¿seguiríamos encontrando un curso universitario, radicalmente diferente, que causara un impacto total en un joven innovador? En lo que queda del capítulo, veremos las historias de dos innovadores veinteañeros y de un tercer innovador/emprendedor treintañero. Sus tres infancias y adolescencias han sido bastante distintas de los de Kirk y Shanna.

## Jodie Wu

Jodie Wu se graduó en ingeniería mecánica (BS) por el Massachusetts Institute of Technology (MIT) en el año 2009. Rechazó una beca completa de la universidad de California en Berkeley para lanzar su propia empresa en Tanzania. Hoy, con veinticuatro años, Jodie es presidenta y Consejera Delegada de Global Cycle Solutions, cuyo lema es «la transformación de la bicicleta en un vehículo de innovación»[3].

## Conozca a Jodie Wu

—Mis padres llegaron a los Estados Unidos, procedentes de Taiwan, en el año 1980, siete años antes de que naciese yo —me explicó Jodie mientras tomábamos café en un restau-

---

3    La página web de la empresa es http://www.globalcyclesolutions.com

rante cerca del MIT–. Tenían parientes aquí y vieron América como una tierra de oportunidades para sus hijos.

»Me crié en Conyers, Georgia. Viví allí toda mi vida y fui al colegio público. Mis padres regentaban un pequeño restaurante chino, que era el centro de mi universo, hasta que lo vendieron cuando yo tenía dieciséis años. Recuerdo que hacía mis deberes sentada en una de las mesas del restaurante. Y comencé a trabajar allí cuando era muy pequeña, ayudando un poco. Fui al colegio de Ciencia y Tecnología Rockdale Magnet School que utilizaba las aulas del instituto público del condado, Rockdale County High School. Seguí todos mis cursos de ciencias y matemáticas en el Magnet School y el resto en el County High School.

»Al principio me resistí a la idea de ir a ese instituto porque quería ir al mismo al que iban todas mis amigas, pero mi padre me dijo: 'Si no te gusta, siempre puedes volver al anterior'.

–Y, ¿qué te hizo quedarte? –le pregunté.

–El programa académico era muy retador. Todas las clases tenían una parte de investigación y un proyecto práctico. Tú elegías el proyecto y el tema. Podía decir: 'Quiero investigar sobre las células del cerebro' y no me tenía que preocupar de dónde saldrían los fondos. El colegio también era especial porque estaba asociado con otro, el Georgia Tech, así que algunas veces íbamos allí a clase.

El proyecto de ciencias de Jodie de noveno curso (equivalente a 3º de la ESO) consistía en observar los efectos de la fibra de vidrio y de la madera en cúpulas geodésicas.

—Me encantó ese primer proyecto porque podía amontonar todas esas cargas para medir la fuerza y luego las cargas se caían cuando la estructura se colapsaba —me contó. En décimo curso (4º de la ESO), su proyecto consistió en analizar nuevos diseños de impulso de energía en las presas. En el curso undécimo (1º de bachillerato), su proyecto consistió en estudiar el efecto de la radiación en las células del cerebro.

—Realmente me gustó el proyecto del undécimo curso porque pensaba que el trabajo podría tener grandes implicaciones; podría salvar vidas. Pero descubrí que no podía trabajar con células vivas. Se morían y no sabía por qué. Además, mucha de la investigación escrita y de los resultados sobre el tema, eran contradictorios. Era difícil saber quién tenía razón.

»También me adentré en el mundo de las ferias de la ciencia. Con uno de mis proyectos fui una de las 250 semifinalistas de la feria de ciencias de Intel del país. Teníamos un equipo de matemáticos. Nuestro entrenador, Chuck Gerner, nos llevaba como a cualquier otro equipo. Teníamos un logo, viajábamos para competir contra otros equipos y ganábamos campeonatos. Lo que hacíamos se convirtió en algo muy chulo; en lugar de ser solo algo para 'frikis'. Él era también el profesor que más me impactó en secundaria. Amaba las matemáticas y las abordaba desde distintas perspectiva, como la historia de las matemáticas. Y yo podía hablar con él de cualquier cosa.

Chuck Garner es un veterano profesor con diecisiete años de experiencia. Le entrevisté sobre el equipo de matemáticas y sus recuerdos sobre Jodie.

—El equipo practicaba tres horas a la semana y teníamos trece torneos al año, que son jornadas muy largas, y tres de ellos necesitaban que pasásemos la noche fuera. Aparte, hay una semana de matemáticas de las regiones americanas. Me pagaban un extra de 875 dólares al año por organizar todo eso.

—Supongo, entonces, que no lo hacías por dinero —le dije riéndome—. ¿Por qué lo hacías, pues?

—Había varias cosas que me atraían de trabajar con el equipo. Me permitía hablar de matemáticas con alumnos altamente cualificados de temas que todos encontrábamos interesantes pero que no tenían cabida en los currículos escolares. 'Ellos', quienes quieran que sean 'ellos', no creen que sean cosas que los niños pueden entender. Además estos chicos son gente fantástica; me encanta poder llegar a conocerles bien fuera de las clases. Normalmente teníamos una hora de viaje hasta los torneos y nos pasábamos todo el tiempo de autobús hablando; son ingeniosos, simpáticos y divertidos. Los acompañantes que me ponían eran tan lánguidos que no hablaba con ellos. Prefería irme a la parte de atrás del autobús para charlar con los chicos, enseñarles matemáticas sobre la marcha... Es impresionante lo poco que sé de matemáticas comparado con esos chicos, y eso que tengo un doctorado; la manera en que piensan, la forma en que resuelven problemas...

–¿Y Jodie?

–Era una de las alumnas más organizadas a las que haya enseñado jamás. También era la persona más amable del mundo; ni una mala palabra acerca de nadie. Se esforzaba por no mostrar nunca malestar ni frustración. Era estupenda. Estaba en una clase con gente muy competitiva y altamente cualificada y no era para nada como otros alumnos ruidosos y desagradables, de los que acaparan tu atención. ¿Cuál es tu media (GPA)? ¿Qué nota sacaste en el examen? Ella se alejaba de todas esas cosas.

No obstante, Jodie solicitó plaza y fue aceptada en el MIT donde fue a estudiar ingeniería mecánica. Le pregunté qué fue lo que más le gustó de sus cuatro años allí.

–Asistí a un seminario en el primer curso que me permitió realizar prácticas en Parsons, una empresa de ingeniería civil. Eso me dio algo de experiencia laboral. En mi segundo verano hice prácticas en una gran y conocida empresa. [Jodie prefiere no dar el nombre de la misma]. Me quedé sorprendida de sus múltiples ineficiencias: gente trabajando horas extras mientras otros, sin nada que hacer, se pasaban el día en Facebook; tres personas haciendo el mismo trabajo. La experiencia hizo que no quisiese seguir siendo ingeniero. No quería trabajar en una empresa como esa durante treinta años y no contribuir en nada a la sociedad. Es difícil ver el impacto de diseñar tuberías entre dos sistemas. No era muy divertido.

## Una experiencia universitaria reveladora

–Todo cambió cuando cogí los cursos DLab, una secuencia de cursos creados por Amy Smith. Ella estuvo en los cuerpos de paz de Botswana durante tres años y desde entonces se ha interesado por hacer trabajos de cooperación para el desarrollo internacional y en aplicar sus conocimientos de ingeniería al Tercer Mundo. Cuando seguí el programa, este consistía en tres cursos consecutivos: DLab 1 sobre desarrollo, DLab 2 sobre diseño y DLab 3 sobre diseminación. Lo que me encantó del curso es que integraba mi deseo de dejar huella en el mundo con mis habilidades ingenieras; es decir conseguir fabricar aparatos que podían tener un enorme impacto en comunidades donde no existía avance tecnológico alguno.

Entrevisté a Amy sobre los orígenes y los propósitos de los laboratorios DLab[4].

–Comenzó por mi interés en dar las clases como me hubiese gustado recibirlas a mí cuando estaba en los primeros dos años de grado en el MIT. Empecé este trabajo al graduarme en los años noventa y este curso llevo dándolo desde hace once años. Me pasé mucho tiempo pidiendo y recogiendo fondos de aquí y de allí. No somos un centro ni un laboratorio oficial, ni pertenecemos a ninguno de los departamentos académicos; es difícil definirnos dentro de la estructura del MIT.

–Entonces, ¿no eres titular ni estás en el camino de serlo? –le pregunté.

---

4    Más información acerca de los laboratorios DLab se puede encontrar en su página web http://d-lab.mit.edu/

—Oh, no. Quieren que me presente a una plaza de profesor en prácticas pero eso no te lleva a la titularidad, y tampoco tengo tiempo de preparar la solicitud. Tendría que volver atrás y documentar y certificar cada uno de los trabajos que he hecho durante doce años, y sería una pesadilla porque nunca pensé que tendría que explicárselo a nadie. Y no he publicado, a pesar de que se han escrito muchos artículos sobre mí o sobre nuestro trabajo. (Después supe que Amy estaba siendo muy modesta. En el año 2010, la revista Time la nombró una de las cien personas más influyentes del mundo).

—Entonces, cuéntame más de los laboratorios DLab.

—La filosofía de DLab es experimentar proyectos reales para gente real y obtener *feedback* real de los mismos. Muchas veces los alumnos no reciben *feedback* adecuado a su trabajo. En relación al diseño, nuestro foco está puesto en personas que viven con menos de dos dólares al día. También creemos en la capacidad de la gente con la que trabajamos en el Tercer Mundo, alimentando la creencia de que son creadores, diseñadores, y de que nuestros estudiantes deben valorar el conocimiento autóctono.

## Smith y los laboratorios DLab

—Y, ¿qué me cuentas de Jodie? —le pregunté.

—Es engañosamente obstinada. Está siempre sonriendo y habla de una manera que no deja ver o saber la intención que está detrás, pero sabe lo que quiere hacer y busca la manera de lograrlo. ¿Pude haber intuido, el primer día de clase, que ella sería el ejemplo a seguir de todo lo que representa el DLab? No. No es enérgica ni ruidosa, pero es obstinada. Es otro tipo de emprendedor; hace las cosas sin necesidad de contar al mundo lo que está haciendo para lograrlo.

## De estudiante de ingeniería a consejera delegada

Jodie describió su transición desde ser una alumna del DLab a montar una empresa en Tanzania:

—Lo más importante de la clase de Amy es que después de aprender sobre desarrollo internacional en el primer semestre, vas a un país en desarrollo en enero. Eso me atrajo porque yo siempre quise ir a un país en desarrollo para hacer algo de provecho. Fui a Tanzania. Y fue una experiencia reveladora. Vas allí pensando: «¡Oh! Voy a cambiar el mundo en tres semanas, llevando esta nueva tecnología que va a ser arrolladora y voy a ayudar a todo el mundo».

»La primera parte de mi viaje fue muy frustrante, porque no acabábamos de salir de la burbuja norteamericana; pero la última semana conocí a Bernard Kiwia. Llevé conmigo una de las máquinas que Amy nos explicó en el primer semestre: una peladora de maíz que usaba la energía de los pedales y que se había desarrollado en Guatemala. Él era un mecánico de bicicletas de Tanzania que había participado en el primer Congreso Internacional de Diseño en el año 2007, otro de los programas de Amy. Los participantes vienen de todas partes del mundo para crear y diseñar en común nuevas tecnologías para utilizarlas en países en desarrollo. Bernard me enseñó todas las nuevas tecnologías que él había creado después de participar en el programa, como por ejemplo la transformación del manillar de una bicicleta en un arco de sierra y un molino movido por la energía de los pedales. Todos eran nuevos inventos. Vi que el trabajo para el desarrollo tenía un impacto y me sentí inspirada por lo que Amy había logrado.

»Pero también me di cuenta de que la tecnología del pelador de maíz, que yo había traído pensando que salvaría el mundo, no servía aquí. Era voluminosa y demasiado cara. Nadie quería comprar la máquina. Utilizaba una bicicleta cortada por arriba, tenía un arco con la peladora y un sillín encima. La máquina peladora valía veinticinco dólares, pero con la bici cortada y transformada se convertía en un aparato de doscientos dólares. Así que pensé: ¿Y si pudiésemos aislar la tecnología de los veinticinco dólares y darle todos los atributos necesarios de un aparato más caro? Entonces me di cuenta de que no deberíamos cortar una bici, ¡tendríamos que utilizar la bici! La bici se convirtió en la plataforma en lugar de ser solo trozos de chatarra, y la voluptuosidad había desaparecido. 'Ahora tengo una tecnología que se pone detrás de una bici, y gracias a que está en la bici, es transportable. Así que las distintas comunidades pueden utilizarla y compartirla. Y cuando no sea la época de la recolección del maíz, se puede seguir utilizando como una bicicleta'.

»Así que ese fue el reto de diseño que me propuse al inicio del segundo curso de DLab. Y fue elegido por los alumnos para ser uno de los proyectos en los que trabajar conjuntamente, así que tuve un equipo entero para el diseño durante todo el semestre.

»Ese verano volví a Tanzania con un prototipo del diseño del pelador. Era un diseño muy básico, en los primeros estadios del prototipo, pero aun así era mucho mejor que el que utilizábamos anteriormente. Empezamos alquilando nuestras bicis para pelar maíz y cambió nuestra visión. En otoño, en la clase de Joost Bonsen sobre desarrollo de empresas, presenté mi idea de negocio a otros alumnos. Les expliqué cómo el pelador se amortizaría en una semana alquilando la bici. Joost Bonsen me dijo que escribiese mi plan de negocio porque realmente creía en el proyecto.

**Jodie Wu en Tanzania**

Joost Bonsen es profesor en el Media Lab del MIT, un programa del cual conoceremos algo más, un poco más adelante en este libro. Me explicó la clase suya en la que Jodie había sido alumna:

—Creamos la clase de desarrollo de empresas para aprender cómo escoger las mejores ideas y ponerlas en el mercado. Jodie había hecho el diseño del pelador de maíz impulsado con la energía de los pedales. Todo el mundo expone sus ideas al comienzo del curso. Pensé que la suya era una idea estupenda. A lo largo de las siguientes semanas del curso analizamos en detalle el diseño y pensamos en qué otros elementos periféricos podríamos añadir a la bici.

Jodie continuó:

—Joost nos animó a presentarnos al desafío $100K y mi equipo ganó el primer premio de su categoría, veinte mil dólares. Éramos el único equipo de la clase de Joost que no teníamos un máster (MBA) o habilidades empresariales. Un premio nos llevó a otro y acabé con treinta mil dólares en premios.

—A través de Joost conocí, en la primavera de mi último año, a Semyon Dukach, un alumno del MIT que es inversor. Me acababan de aceptar en la universidad de California en Berkeley. Pero Semyon se involucró cuando conoció a mi equipo, y dijo: 'Venga hacedlo, aprenderás más de la propia experiencia de campo'. A través de Semyon me llegó un inversor que me dio cincuenta mil dólares para arrancar la empresa Global Cycle Solutions. Fui a mi padre a pedirle consejo y me dijo que debía hacerlo. Y él me dio otros cincuenta mil dólares para igualar la inversión, diciéndome: 'No sería correcto no invertir en mi hija'. Después supe que pidió prestado ese dinero.

Le pregunté a Marshall Wu, el padre de Jodie, sobre la decisión de invertir en la aventura empresarial de su hija:

—Creo que hacer negocios en Tanzania no es una buena idea, tienes que hacer las cosas a su manera, hay que hacer algunas cosas bajo cuerda, es peligroso. Le pedí que no se involucrase en esa parte. Pero es un buen aprendizaje para ella, es joven y aprenderá cosas que no se aprenden en la universidad. Será bueno para ella.

—¿Por qué decidiste invertir en su negocio? —insistí.

—Ella necesita apoyo. Necesita saber que su familia está con ella y que no está sola. Es joven y tiene que aprender sus propias lecciones.

—¿Crees que recuperarás tu inversión?

—No voy a sacar dinero de esto —contestó Marshall—. No invertí en su negocio para hacer dinero, sino solo para apoyarla. Está en la tradición china ayudar a los hijos, apoyarles positivamente. No necesito invertir en mi jubilación. Soy un «manitas». Arreglo cosas, puedo arreglar cualquier cosa. Podré hacer eso cuando sea mayor. No necesito mucho dinero para mí. (Después de vender el restaurante familiar hace ocho años, el padre de Jodie asistió a cursos de formación profesional para aprender mantenimiento y reparación de aparatos de aire frío y calor).

## La importancia del apoyo de los padres

Tras graduarse en el MIT en el año 2009, Jodie se fue a vivir a Tanzania para lanzar su compañía.

—Me llamaba a mí misma «Consejera Delegada en prácticas». Semyon era mi asesor; yo no tenía ninguna experiencia empresarial.

Semyon Dukach es un emprendedor en serie y un inversor que trabaja como presidente del consejo de Global Cycle Solutions. Le pregunté por qué se involucró en la empresa:

—Hay una corriente para hacer cosas baratas y prácticas para el Tercer Mundo. Y no se trata de herramientas de granja; se trata de fomentar el emprendimiento, la única forma de hacer crecer la economía en África. Pero, para mí, invertir en nuevos negocios tiene que ver con la gente, no con el dinero: compartir la emoción, ayudar a los demás, ser productivo, pasarlo bien. Tienes que entender las necesidades de los demás: cómo empaquetar, distribuir, financiar. Yo soy como un catalizador de todo ello.

—¿Qué tipo de ayuda necesitaba Jodie?

—El desafío para los jóvenes emprendedores es encontrar una pasión y centrarse en una sola cosa. Jodie necesitaba ayuda para decir no, para permanecer centrada en lo suyo, para contratar y despedir.

En abril del año 2011, Jodie y yo hablamos por Skype para ponernos al día.

—La empresa ha crecido de cinco a catorce empleados y tenemos representantes de ventas en cuatro regiones de Tanzania —me contó Jodie—. También tenemos un nuevo producto, un cargador de móvil que utiliza la energía de un ciclomotor. Hemos vendido seiscientos peladores de maíz a sesenta dólares cada uno, mil doscientos cargadores de bicicletas a ocho dólares y ochocientos cargadores de motocicletas a tres dólares cada uno (un invento de Bernard Kiwia, ingeniero jefe de investigación y desarrollo de la compañía). Hemos gastado $150.000 en dos años. Y espero haber alcanzado ya el *breakeven*; pero todos los aspectos del negocio han sido difíciles. La producción manufacturera local siempre llega tarde; aquí no hay ninguna presión para hacer las cosas deprisa. El tipo de cambio ha variado un quince por ciento durante el último año, borrando nuestro margen de beneficios. Tuvimos que racionar las duchas y el agua para limpiar los platos en la casa donde yo vivo.

»Hemos rehecho el modelo de negocio y levantado capital adicional. Ahora estamos utilizando una estrategia combinada de abajo-arriba y arriba-abajo, intentando trabajar con instituciones tipo cooperativas de ahorro y crédito, y también hemos solicitado subvenciones. Nunca pensé que hablaríamos con el ministro de agricultura. Tenemos ya una trayectoria y ahora queremos agrandar la escala.

## Algunas diferencias y similitudes

El entorno cultural y las condiciones de la infancia de Jodie fueron completamente distintas a las de Kirk o Shanna. Sin embargo, las similitudes que influyeron en su desarrollo como innovadores, parecen mucho más importantes que las diferencias. Como los otros, Jodie tenía unos padres que creían en la importancia de que sus hijos siguiesen sus sueños, en lugar de preocuparse por sus carreras, y permitieron, e incluso alentaron a sus hijos, a que tomasen decisiones profesionales arriesgadas y a que aprendiesen de la prueba y del error. Este principio era tan importante para el padre de Jodie que quiso pedir prestada una gran cantidad de dinero para ayudar a su hija a montar su negocio.

Una vez más, vemos la importancia de un profesor poco convencional con un enfoque de aprendizaje colaborativo, basado en proyectos prácticos e interdisciplinares, que tuvo un enorme impacto en el desarrollo de los jóvenes. Me tengo que preguntar cómo de diferentes habrían sido las vidas de Kirk, Shanna y Jodie si no hubiesen existido Ed Carryer, Randy Pusch o Amy Smith. Otros adultos también tuvieron gran influencia en Jodie: Chuck Garner, su profesor de matemáticas del instituto, Joost Bonsen, y Semyon Dukach. Tuvo toda una red de ayuda.

En nuestras conversaciones, Jodie ha mencionado poco las experiencias y divertimentos de su infancia, en comparación con Kirk y Shanna. Así que me preguntaba sobre la importancia del juego, la pasión y la búsqueda de un propósito en el desarrollo de su motivación intrínseca y le envié un email. He aquí su repuesta:

—Diría que el paso del juego a la pasión, a la búsqueda de un propósito, tiene sentido. Como juego solía construir un pueblo de Lego, jugaba a K'Nex Roller Coaster y hacía y deshacía puzles; hasta que, más adelante, en la universidad me enamoré de la ingeniería mecánica (mi pasión) yendo al laboratorio de las máquinas que permiten fabricar cosas de la nada. Por último, encontré mi propósito: crear objetos para ayudar a la gente.

»Pero lo que más me impresiona es cómo los hábitos de mis padres viven dentro de mí: no tener miedo a emprender un negocio; la generosidad, (es decir dar siempre más de lo que recibes); la lealtad que construyes hacia tus empleados; su humildad; su resistencia; y el cuidado del dinero, no malgastarlo y gastar cada céntimo con cuidado... Cada año, he crecido y me he dado cuenta de que puedo lograr más cosas en contextos diferentes. Me decidí por la ingeniería porque quería saber cómo funcionan las cosas. Y decidí montar la empresa Global Cycle Solutions porque era una forma de aplicar mis conocimientos, pero también sabía que si yo no lo hacía, la idea y el concepto caerían en el olvido.

Los comentarios de Jodie reflejan lo importante que fue que sus padres, igual que los de Kirk o Shanna, transmitiesen valores claros a sus hijos. Y sobre todo, la importancia de «devolver a la sociedad», una creencia básica común en estas tres familias. «Pasarlo bien» mientras innovas es un tema recurrente en las vidas de estos tres jóvenes. La innovación se convierte en un tipo de juego de adulto. Pero el objetivo más serio de dejar huella en el mundo, es igual de importante. Los tres buscaron su satisfacción personal mientras ayudaban a los demás. El deseo de ayudar, aún más, de lograr hacerlo posible, es un valor fundamental que también comparten los profesores que hemos conocido hasta ahora.

Antes de pasar a preguntarnos cómo podemos educar mejor a los jóvenes innovadores en la ciencia, la tecnología, la ingeniería y las matemáticas, consideremos la historia de otro joven innovador que acaba de llegar a este país. En un momento en que Norteamérica está restringiendo el número de inmigrantes que pueden venir a trabajar, es importante conocer qué es lo que algunos de los mejores y más brillantes individuos de otros países tienen que ofrecer.

## David Sengeh

David Sengeh, el más pequeño de cinco hermanos, nació en Sierra Leona, hijo de Elizabeth, una ayudante administrativa del ministerio de educación y de Paul, que trabaja de evaluador para UNICEF. Para cuando David terminó el colegio Red Cross United World College, en Flekke, Noruega, en el año 2006, ya había montado, junto con tres otros compañeros de colegio, su primera ONG, llamada Global Minimum. Un año después, la organización se convertiría en pionera de la distribución efectiva de mosquiteras anti malaria en Sierra Leona[5]. En el 2007, su segundo año en Harvard, David y cuatro compañeros de clase crearon una empresa social, Lebone Solutions, que busca la forma en que la suciedad microscópica puede convertirse en electricidad y ha ganado un premio de $200.000 en la competición World Bank Lighting Africa. En la primavera del año 2010, pocos meses antes de graduarse en ingeniería, David fue elegido presidente de Drew Faust y fue el que presentó a Bill Gates cuando fue a dar una clase a Harvard.

---

5    Más información sobre Global Minimum en la página web http://www.gmin.org/

## Conozca a David Sengeh

La primera vez que hablamos David y yo fue unos días antes de graduarse en Harvard. Le pregunté sobre su infancia en Sierra Leona.

—Solía pasarme a diario por la oficina de mi padre de camino de vuelta del colegio y lo hacía porque tenía aire acondicionado y porque me daban algo de merendar. Yo siempre estaba leyendo. Recuerdo leer sobre la convención de derechos de los niños y otros informes de UNICEF. Cuando tenía unos catorce o quince años, me uní al llamado *Children's Forum Network*. Nos reuníamos allí cada domingo y hablábamos de cosas distintas, como por ejemplo de integrar a los antiguos niños soldado de vuelta a la sociedad. Fuimos a visitar un campamento de antiguos niños soldado y el Día del Niño de África organizamos una gran marcha. También ayudé a organizar la versión para niños de la Comisión de Verdad y Reconciliación, similar a la que existe en Sudáfrica e hicimos presión para aprobar en el parlamento una carta de derechos de los niños.

»Mi padre se suscribió a la revista de la BBC. Y yo era el primero que la abría cada mes. Él quería que me fuese bien académicamente en el colegio, por supuesto, pero me dada muchísimas cosas «no académicas» para leer, como por ejemplo los informes de UNICEF. Él es estadista así que tuve acceso a muchos datos del país y estaba junto a él cuando elaboraba encuestas y leía informes. Así es como aprendí acerca de los problemas que tenía el país. Tenía colegas de trabajo que eran gente muy lista y me solían llevar con ellos. Eso me dio confianza en mí mismo y hacía que me sintiera a gusto entre gente poderosa.

»Sabía que me habían dado oportunidades extra y que podría llegar a influir en otra gente. Por aquel entonces quería ser pediatra.

Paul y Elizabeth Sengeh vinieron a Cambridge para la graduación de David y hablamos durante la comida.

—David siempre ha tenido una mente inquieta —me contó Paul.

—Nunca fue tímido y hacía muchísimas preguntas. Le apuntamos a la biblioteca de la ciudad y cuando traía libros a casa yo le preguntaba: «¿Lo has leído? Cuéntame de qué va». Buscaba a los adultos para preguntarles cosas. Y solían decirme: Te tienes que saber muy bien las cosas cuando hablas con David.

»Lo que me ha hecho ser como soy hoy no procede ni del trabajo en el colegio ni de las clases —me explicó David—. La mayor influencia que recibí fue hacer el bachillerato en el United World College. Elegí su programa en Noruega porque sabía que sería completamente distinto a cualquier cosa que hubiese experimentado hasta entonces. Tienen un convenio con la sede central de la Cruz Roja y hacíamos voluntariado casi todos los días. La esencia del colegio UWC de Noruega es el servicio a la comunidad, la participación y la comprensión de lo internacional.

»Durante el tiempo que estuve allí compartí habitación con alumnos de Uruguay, Kazajistán, Bosnia, Albania, Etiopía, Dinamarca y Perú. Teníamos clases de derechos humanos con estudiantes de Israel o de Palestina juntos en el mismo aula. Experiencias como esas te cambian la forma de ver las negociaciones y los discursos teóricos. Todos trabajábamos juntos al acabar las clases limpiando el colegio y tutelando a chicos más pequeños. Mientras estuve allí, mi compañero de habitación y yo comenzamos Global Minimum, y nuestro primer proyecto consistió en recaudar 600 dólares en material escolar para Sierra Leona. (La distribución de las mosquiteras anti malaria de Global Minimum vino más adelante, cuando David estaba ya en la universidad).

–Si vas al colegio UWC no vuelves siendo la misma persona que cuando te fuiste. Todos los niños que terminan allí el colegio se convierten en activistas sociales por el mundo. Toda la gente debería ir a colegios como ese.

–Cuéntame tus experiencias en Harvard.

–El verano que me admitieron en Harvard tenía la idea de montar un banco de prótesis, a donde la gente podría venir e intercambiar las prótesis que ya no les sirvieran, en lugar de tener que quedarse mendigando en la calle. Puse en Google: «Harvard y Tecnología» y salió el centro de emprendimiento tecnológico de Harvard[6]. Llamé a su director, Paul

---

6    *Technology and Entrepeneurship Center* de Harvard.

Bottino, y hablamos durante veinte minutos. Me escuchó y me dijo que siguiésemos en contacto vía *email*. La idea no siguió adelante por multitud de razones, pero ahora estoy haciendo un curso de postgrado de diseño de prótesis.

»Hay dos personas en Harvard que puedo relacionar con todas las demás personas que he conocido aquí y Paul es una de ellas. Desde el primer día que entré en su despacho y comenzamos a hablar, todo era sobre ideas y emprendimiento. Nunca podía hablar con él solo cinco minutos, siempre nos pasábamos charlando por lo menos media hora, y él siempre hacía preguntas y me lanzaba ideas. Hablar con él lo cambió todo. Quería convertirme en alguien que hiciese algo, que crease cosas, que desarrollase ideas.

Paul Bottino me describió sus metas como mentor:

—Intento coger a los estudiantes tal y como vienen, enseñarles que ellos son los que deciden, ayudar a crearles una duda y a explorar las oportunidades. Cada vez más alumnos dicen que la educación que se basa únicamente en la transmisión de contenidos no funciona, no se asimila. Para alumnos como David, aplicar lo que saben es lo que les hace cuadrar el círculo.

**Sengeh sobre el valor de los mentores**

—Paul me presentó a David Edwards, un bioingeniero especializado en vacunas y glucosa en aerosol —continuó David—. Él creó el Laboratorio de Transición de Ideas de Harvard[7] en París, para crear nuevas organizaciones en torno a la innovación[8]. Empecé a trabajar en su laboratorio durante mi segunda semana en Harvard. Justo antes de llegar a Harvard estuve trabajando con mi tío, el doctor Boima (un cirujano de Sierra Leona), y vi a una mujer embarazada morir porque no tenían un escáner; ni siquiera funcionaban las luces del quirófano. Propuse a David Edwards formar un grupo para construir aparatos médicos. Me dijo: 'Suena interesante, pero quiero que trabajes en mi laboratorio'. Conseguí una ayuda para trabajar allí así que no tuve que buscar ningún otro trabajo.

»La otra persona a la que puedo relacionar con todos los demás contactos que he hecho en Harvard es Harry Lewis, antiguo decano de la universidad, que ha sido asesor de los alumnos de primer año durante mucho tiempo. Durante la semana de orientación nos llevó a un grupo de gira por la ciudad, incluyendo el parque Fenway. Luego me invitó a ir con él a un partido de beisbol de los Red Soxs y me explicó cómo funcionaba Harvard: que está descentralizada, que tienes que ser proactivo e ir y coger lo que quieres.

—David tiene una rara confianza en sí mismo, pero en ningún caso es arrogante —reflexiona Harry Lewis—. Está

---

7   *Idea Translation Lab* de Harvard.

8   Más información sobre los Laboratorios *Idea Translation Lab* se puede encontrar en la página web http://thelaboratory.harvard.edu/

profundamente preocupado por el bienestar de su país. No habla nunca mal de nadie.

## Dejando huella en África: las mosquiteras para la malaria y la electricidad a partir de la suciedad

David describió cómo desarrolló su interés por la prevención de la malaria en Sierra Leona:

—Cuando estaba en secundaria fui a visitar a mi tío a su pueblo, y me dio la única mosquitera contra la malaria que tenía para que yo durmiese debajo de ella; pero no pude dormir pensando en que me había dado la única que había. Hablé con él de ello a la mañana siguiente y me di cuenta del enorme problema que la malaria representa para el país. Conocía los datos al respecto, pero fue mucho más evidente después de esa experiencia. En primer año de la universidad tomé clases sobre los desafíos sanitarios mundiales y escribí un trabajo sobre la malaria. Después de escribirlo, recluté a dos compañeros de bachillerato y recaudamos fondos para comprar mil quinientas mosquiteras contra la malaria. Dos años después, distribuíamos cuatro mil quinientas mosquiteras y este verano llevaremos once mil más para repartir. La empresa PriceWaterhouseCoopers nos dio cierto dinero y alguna de su gente nos ayudará a distribuirlas.

»Antes de distribuir las mosquiteras en un pueblo, nos dirigimos al jefe y tenemos reuniones, y todos nuestros voluntarios intentan aprender *mende*, el dialecto local. En lugar de solo dar las mosquiteras a embarazadas y niños, como hace UNICEF, visitamos cada casa y dejamos mosquiteras suficientes para cada uno de los que duermen separadamente. También hacemos seguimiento de nuestras visitas. Nuestro ratio de éxito (medido en usos) es del noventa por ciento después de tres años. Un consorcio de otras organizaciones hizo una campaña de mosquiteras en el año 2006 y después de seis meses solo obtuvo el cuarenta por ciento de éxito.

–¿Cómo es que te pusiste a montar otra compañía social? –le pregunté.

–Durante mi segundo año en Harvard estaba trabajando con Edwards en su *Idea Translation Lab*. Nos habían dado la idea de utilizar la biología para diseñar la iluminación de los Juegos Olímpicos de Londres 2012. Pero había tres en mi grupo que eran de África y nos preguntamos por qué iluminar Londres si podíamos iluminar África, donde cientos de miles de individuos no tienen red eléctrica. En aquella época a mi hermana le tuvieron que hacer una cesárea en medio de un apagón, por lo que se la hicieron bajo la luz de las velas. El doctor, por error, hizo un corte al bebé en la frente y en la espalda.

»Comenzamos cogiendo un cubo de basura y luego llenábamos contenedores de plástico. Fuimos a Tanzania con la idea. Ahora tenemos cubos de basura que pueden alimentar un foco LED con el que leer. Lo único que necesitas es basura y echarle agua una vez al mes; cinco años de batería cuestan de treinta y cinco a cuarenta dólares. Un miembro del grupo está ahora en Namibia lanzándolo y anunciaremos el producto en el Festival Mundial de la Ciencia el próximo mes. Fuimos uno de los innovadores del año para la revista *Popular Mechanics*.

–David y su grupo tenían esta idea y se presentaron, inocentemente, al concurso del Banco Mundial *Ilumina África*[9], –me contó David Edwards–. Entonces supieron que estaban entre los finalistas y tuvieron que aprenderse realmente lo que iban a contar. Los estudiantes, cuando sueñan, no se deben bloquear por el hecho de no saber cómo realizar su sueño. Al contrario, los innovadores están más interesados en soñar cosas que les lleven a descubrir conocimiento donde antes no lo había. David tenía una inspiración y descubrió su habilidad para aprender a raíz de perseguir su pasión.

## Lo que las clases universitarias de David no le enseñaron

Unos días antes de su graduación, le pedí a David que reflexionase sobre sus cuatro años en Harvard.

–He hecho todo lo que quería hacer. He jugado al fútbol y al fútbol americano, he aprendido a tocar la guitarra, he viajado, he conocido a gente inteligentísima. Conocí a Nicholas Megroponte, la persona que comenzó el Media Lab y el proyecto del MIT, *Un portátil para cada niño*[10]. También ha sido mi mentor y me ha dado portátiles para repartir en Sierra Leona.

–Y ¿qué hay de las clases? –le pregunté.

–No recuerdo nada de lo que hice en las clases, excepto la de español. Puedo hablar en español. El consejo que me

---

9    *World Bank Light Africa Competition.*

10    One Laptop per Child.

hubiese gustado recibir mucho antes es que no me preocupase de la nota media final de mi expediente. En segundo año cogí cuatro clases de ciencias y mis resultados fueron horribles pero después dejé de preocuparme; me preocupaba mucho más organizar a la gente y que estuviese lista para ir en verano a Sierra Leona. Lo mejor que me ha dado Harvard es lo que había fuera de la universidad, fuera de las clases. Es impresionante: recursos, mentores, oportunidades, amigos.

## Sengeh sobre Harvard

—¿Qué habría tenido que pasar para que tus clases fuesen más útiles y relevantes?

—Hay algunas clases que animan a la gente a salir y a hacer cosas: la clase de liderazgo del profesor Ager, la del Laboratorio de Translación de Ideas, las clases de Derechos Humanos. Debería haber más clases que fuesen importantes para el mundo, clases que tradujesen las acciones sociales en oportunidades de negocio.

Paul Sengeh me contó las discusiones que él y su hijo tuvieron acerca del pelo de David, con rastas que le colgaban por los hombros, y de sus malos resultados académicos.

—Sus notas no hacían más que bajar. El aprendizaje es más importante que las notas, pero él siempre había sido un alumno de sobresalientes. «No quiero que saques solo aprobados», le decía. Pero justo después de la graduación de Harvard la semana pasada, fuimos a la jornada de puertas abiertas del MIT y conocimos al Dr. Negroponte. David le preguntó si nos podía hacer un tour y él contestó: «Encantado». Más tarde David me dijo: «Podía haber sacado todo matrículas de honor pero entonces no habría conocido a Negroponte, ni vosotros tampoco». Me ha costado dos años aceptar sus bajas calificaciones pero no podía decirle: «David estás en lo cierto». Todavía tenemos que seguir aconsejando a nuestros hijos.

Le pregunté a David cómo veía su futuro.

—Voy a estudiar bioingeniería en el Media Lab del MIT el próximo año. Es el único curso de postgrado que seguiría. No hay notas, no hay un programa fijo, no hay clases obligatorias; tú solo creas y construyes cosas que la gente necesita. Y eso es lo que yo quiero como educación, esas son las clases que quiero coger, las habilidades que quiero aprender, en lugar de tener que seguir, tontamente, cursos obligatorios que no me aportan nada. Trabajaré en construir las mejores prótesis para los amputados. Y tengo otras ideas sobre las que poder trabajar. Quiero hacer tecnología sanitaria chula que importe al mundo, que sea importante para Sierra Leona.

»Hace algún tiempo me compré dos hectáreas de terreno en Sierra Leona. Estaba pensando en que me gustaría construir un colegio. Un lugar al que los niños viniesen, pero no pensando que es un colegio, sino un sitio al que quieres ir todos los días, en el que tu día se base en la presencia que tienes en el mundo, sabiendo que tienes el control de quien eres, de que puedes influir en otros, pero al mismo tiempo que no eres distinto ni estás apartado de los demás.

»La semana pasada un amigo me dijo que éramos como los cantos rodados en el fondo de un arroyo, con la corriente y las ondas llevándonos de un sitio a otro. Instintivamente le contesté: «No, yo no soy un canto rodado. Yo soy la corriente». Conozco la corriente y sé que puedes influir en las olas. Este será un colegio en donde todo el mundo sentirá ser parte de la corriente. Sabes lo que representas y sabes que puedes provocar el cambio. No eres un simple canto rodado que se mueve y rebota allá donde las olas o la corriente te llevan. Y eres consciente de ello.

## El juego, la pasión y la búsqueda de un propósito en otro mundo

Existen algunas diferencias interesantes entre la historia de David y las otras. David mantuvo discusiones con su padre sobre las notas y su apariencia física, mientras que en las relaciones con otros padres, esos no eran temas que se tratasen; o por lo menos yo lo desconozco. Y David me contó que, a veces, sentía que su padre era demasiado estricto durante su infancia. Creo que estas diferencias se deben a que el padre de David proviene de una cultura más tradicional, más patriarcal.

Las similitudes en cuanto a la forma en que los padres de David, al igual que en las otras cuatro historias, le alentaron a seguir sus pasiones, a explorar y descubrir el mundo, me parecen mucho más relevantes que las diferencias. Creo que es mucho más importante que Paul, el padre de David, me contase con orgullo la participación de su hijo en el *Childrens' Forum Network* y que le expusiese constantemente a nuevas ideas y libros, respetando la iniciativa, el intelecto y el interés de su hijo, que sus discusiones. Los padres de David, al igual que el resto de padres que hemos conocido hasta ahora, inculcaron en sus hijos valores muy fuertes. Paul Sengeh me dijo: «No me preocupa que David vuelva para ayudar a su país. Ha vuelto cada año cada vez con más mosquiteras anti malaria».

El juego, la pasión y la búsqueda de un propósito se entrelazan en la vida de David y son la base de su motivación intrínseca, pero de una manera algo distinta a la de nuestros otros tres jóvenes innovadores. Mucho del juego de David durante su infancia y adolescencia fue un juego muy serio de alguien plenamente consciente y preocupado por el mundo que le rodea. Muy temprano descubrió una fuerte pasión por las dificultades de los niños de su país; probablemente porque creció en medio de una guerra civil donde los niños soldado se mataban unos a otros. Tengo la impresión de que no se permitió dedicar mucho tiempo al juego, en el sentido convencional, hasta que llegó a la universidad en donde, por primera vez, aprendió a tocar un instrumento musical y disfrutó jugando al fútbol y al fútbol americano. Desde muy joven David ha tenido el firme propósito de ayudar a superar el sufrimiento de sus conciudadanos y de otros que viven bajo condiciones de extrema pobreza en África.

## Sengeh y la búsqueda de un propósito

Sin lugar a dudas la similitud más impactante entre la historia de la educación de David y las de Kirk, Shana y Jodie es la experiencia de aprendizaje en entornos basados en la colaboración, la práctica, la interdisciplinariedad, y la resolución de problemas del Laboratorio de Translación de Ideas[11], y cómo a él le motivó y le ayudó la experiencia de Paul Bottino; al igual que en los otros tres casos en los que mencionaron a adultos como mentores. Además, David fue muy elocuente a la hora de describir el tipo de clases que le hubiese gustado tener en Harvard: «Clases que fuesen importantes para el mundo, clases que tradujesen las acciones sociales en oportunidades de negocio» y en la emoción que siente al ir a un curso de postgrado para construir cosas útiles, sin notas, ni clases obligatorias; y su visión de crear un colegio «al que quieres ir todos los días, en el que tu día se base en la presencia que tienes en el mundo». En otras palabras, un reto. A través de las impresionantes similitudes de estas cuatro historias, empezamos a comprender mejor cómo el entorno educativo y de aprendizaje contribuyen al desarrollo de la ca-

---

11    *Idea Translation Lab.*

pacidad de innovar en los individuos; cómo la sabiduría, las habilidades de pensamiento creativo y la motivación intrínseca se desarrollan mejor.

En la última historia de este capítulo descubrimos similitudes impresionantes, pero también algunas diferencias interesantes que han contribuido a formar a otro joven innovador y emprendedor STEM. Jamien Sills creció en una comunidad económicamente muy desaventajada y ha tenido que luchar contra elementos mucho más difíciles que los otros cuatro jóvenes innovadores que hemos conocido hasta el momento.

## Jamien Sills

Jamien Sills es un afroamericano criado por una madre soltera, Ernelle Sills, profesora de un colegio de Memphis. Cuando le entrevisté en el año 2009 acababa de cumplir treinta años. Esta es su historia tal y como me la contó a mí entonces:

–Cuando tenía ocho años, estaba viendo a Michael Jordan jugar al baloncesto en la televisión. Cuando saltó para conseguir la canasta de la victoria del partido le vi las zapatillas y quise unas exactamente iguales. Se las pedí a mi madre y me dijo que si sacaba todo sobresalientes, podría tener unas como las suyas.

»Empecé dibujando zapatillas y coleccionándolas a medida que salían al mercado. Era un aficionado a la moda. Y de ser una pasión eso se convirtió en una obsesión. Empecé a trabajar en una zapatería cuando tenía quince años para conseguir las zapatillas pronto y con descuento. Me dejaban deshacer las zapatillas que se iban a devolver porque llegaban defectuosas y así veía cómo estaban hechas. Me leía todo lo que ponían los fabricantes y hablaba con los compradores. Empecé a diseñar en un papel zapatillas para mis amigos y a ellos les encantaban. Mi madre se preocupaba a veces porque estaba demasiado metido en la moda, pero era un buen niño y sacaba buenas notas, así que se tranquilizaba. Mi madre era profesora de colegio, por lo que nunca se me ocurrió no sacar buenas notas ni no ir a la universidad. Pero algunas veces me preguntaba: «¿Cuántas zapatillas te vas a comprar?». Pero yo le contestaba: «Por lo menos no es droga, mamá».

## Conozca a Jamien Sills

—Pero no tenía ni idea de que alguien se podía ganar la vida con eso. Estaba en un instituto público de ciencias de la salud e ingeniería en Memphis y los profesores siempre nos estaban animando a ser doctores o ingenieros informáticos. En el décimo curso (4º de la ESO) fui muy afortunado porque me pusieron un mentor de un programa que ayudaba a los jóvenes talentos afroamericanos a alcanzar el éxito. Aprendí a responder entrevistas, a vestirme adecuadamente y a prepararme los exámenes de acceso a la universidad (SAT). El programa también nos ofrecía prácticas laborales los veranos. Solicité plaza y fui aceptado en diecinueve universidades. Luego centré mi decisión en tres: Emory, Notre Dame y Washington University. Mi mentor fue increíble: consiguió que tres representantes de las tres universidades me llamasen a la vez y negoció con ellos la mejor beca.

»Durante mi primer año en la universidad de Washington me orienté hacia las ciencias informáticas y me aburrí un montón. Entonces decidí hacer una doble especialización en diseño gráfico y publicitario, aunque eso me supuso tener que recuperar todo un año escolar. Comencé a aprender cosas sobre el diseño de zapatos, pero mis profesores no me servían de mucha ayuda. Me decían: '¿Estás seguro de que quieres ser diseñador de deportivas?'. Y me desalentaban de hacer una doble especialidad. A veces pienso que algunos de mis profesores de diseño querían que fracasase. Pero para mi proyecto de diseño de segundo año creé toda una empresa de zapatillas: una línea de productos, el diseño de los mismos, el logo de la compañía, todo. Todos los alumnos y padres que estaban escuchando mi presentación me dieron una gran ovación. A los profesores no les quedó más remedio que ponerme un sobresaliente.

»Durante los tres veranos de universidad estuve de prácticas en diseño en la empresa AutoZone, allá en Memphis. Un diseñador de allí, Kurt Meer, fue mi mentor y me enseñó diseño de webs, diseño gráfico y a investigar. Creo que él se divertía y para mí todo ello era enormemente valioso. Mientras estaba en la universidad llamé a un tío de Nike del que admiro su trabajo y me animó a enseñarle mi portfolio de diseños. No supe nada de él en seis meses y cuando por fin contacté con él me despachó inmediatamente. Pero un año después vi uno de mis diseños en un catálogo de Nike...

»Cuando me gradué tenía ofertas de trabajo en Saint Louis, pero decidí aceptar la oferta de diseñador gráfico de la empresa AutoZone en casa. Cuando acudí el primer día de trabajo me dijeron: '¿Qué oferta de trabajo?'. El departamento entero de diseño había sido despedido el viernes anterior a mi aparición.

»Tuve muchas ofertas de trabajo después de eso y un montón de negativas de empresas de zapatillas. Trabajé en los almacenes de Nike durante un tiempo, luego en FedEx y en Champs. Me ofrecían puestos administrativos pero me dio miedo distraerme. Me pasaba todo el tiempo libre dibujando y acudiendo a concursos de diseño en la red; teníamos toda una comunidad en Internet. Me quedaba hasta tan tarde trabajando que a veces me despertaba sobre la mesa de dibujo con marcas de rotulador en la cara.

»Y entonces conocí a dos jóvenes chicos negros que querían montar una empresa de zapatillas pero no tenían diseñador. Les enseñé mi trabajo y me contrataron. Era mi sueño hecho realidad. Pero el líder de la compañía tenía mentalidad de 'vividor'. Quería fama y gloria y se creía un magnate de las deportivas. Su ego y su falta de experiencia y desconcentración nos mató. Me encontraba en China en una fábrica que iba a fabricar nuestras zapatillas cuando me enteré de que la empresa estaba en quiebra.

»No sabía qué hacer. El sueño de mi vida se desvanecía y no estaba seguro de poder seguir adelante. Así que decidí quedarme un poco más en China porque no sabía qué otra cosa hacer. El marido y la mujer que dirigían la fábrica eran como una familia para mí y me dejaban observar y aprender de ellos y probar cosas. Pero cuando estaba en el área de producción sentía dolores agudos en la cabeza y veía a la gente trabajar sin máscaras; ¡los vapores estaban matando a esa gente! Y también había montones de basura. Empecé a pensar que habría una forma más inteligente de hacer las cosas y de poder tener zapatos seguros que durasen más y que no se rompiesen a los dos años.

»Estuve merodeando un par de semanas y encontré cómo fabricar zapatillas de alta calidad sin vapores tóxicos; una zapatilla deportiva entera que utilizase costuras en lugar de pegamento. Los patrones utilizan el material más eficientemente, por lo que hay menos desperdicio; y encima la zapatilla dura más gracias a la costura. Y, además, ¡es más barata de fabricar!

»Me empecé a dar cuenta de que había aprendido todos los aspectos del negocio de las zapatillas de primera mano: ventas, diseño, producción, almacenamiento. Y decidí que podría hacerlo yo mismo. Empecé diseñando una línea ecológica de zapatillas de trabajo y de tenis. Me asocié con uno de los chicos de la empresa en quiebra y buscamos otros socios e inversores. Ahora somos seis socios. Tres de ellos tienen sus propios negocios y nos están enseñando todos los aspectos de gestión de una empresa de nueva creación.

»Mi sueño es dirigir una de las mayores compañías de zapatillas y abrir la primera fábrica ecológica de zapatillas del mundo. También quiero enseñar emprendimiento y habilidades para la vida a los jóvenes afroamericanos del programa *Memphis Challenge*, el que me ayudó a mí. Pero quiero trabajar más con jóvenes en riesgo de exclusión. Da miedo ver lo atrasados que están: en décimo curso ni pueden leer ni saben matemáticas. La base no está ni en el colegio ni en sus casas. En el colegio todo es sobre disciplina y nada sobre aprendizaje. A estos niños se les tacha de tontos y perezosos, pero en la realidad pueden ser brillantes.

## La importancia de la perseverancia y de los mentores

Con treinta y dos años, Jamien es algunos años mayor que el resto de los innovadores que he descrito en este libro. También es una de las primeras personas a las que entrevisté cuando empecé este proyecto en el año 2009, así que estaba interesado en conocer cómo le habían ido las cosas desde que hablamos la última vez. Cuando volvimos a hablar de nuevo, en el verano de 2011, me contó que había continuado desarrollando su concepto de negocio y los productos potenciales para su empresa de zapatos; mientras que se mantiene gracias a varios encargos de diseño como *freelance* y vive en casa de su madre. Jamien ha pasado todo un año trabajando en un nuevo diseño revolucionario para un zapato de trabajo que es un 75 por ciento más ligero y que se ajusta mejor, ya que utiliza un sistema de fijación de cables en lugar de lazos.

La empresa FedEx ha probado el nuevo diseño y ha resultado muy popular, pero como cada empleado se compra sus propios zapatos, Jamien tiene que recaudar 300.000 dólares para fabricar los seis mil pares de zapatos necesarios para fabricar un volumen mínimo.

## Sills y su último invento

Durante los últimos tres veranos, Jamien también ha trabajado como consejero del programa Jóvenes Líderes de Memphis *(Memphis Young Leadership Program)*, una serie de cursos de ocho semanas dirigidos a las minorías jóvenes de la ciudad en riesgo de exclusión.

—Enseñar habilidades de emprendimiento y empresa me ha cambiado —me dijo—. Empecé a utilizar mis propios consejos de cómo montar un negocio. También me ayudó lo que respecta a mis habilidades para hablar en público; un grupo de veinte quinceañeros es la audiencia más dura a la que me he tenido que enfrentar. Pero ver cómo se han ido transformando desde el primer día hasta el final, es conmovedor.

Un amigo que también estaba afiliado al programa Jóvenes Líderes de Memphis, urgió a Jamien a ponerse en contacto con James Luvene, consultor empresarial y ministro metodista. James había trabajado muchos años como miembro del Consejo de Administración Pública para las Instituciones de Educación Secundaria de Mississippi y estaba deseando ayudar a Jamien. Le urgió a solicitar plaza en un programa innovador de MBA en la universidad pública Mississippi State, patrocinado por el Centro de Emprendimiento para las Universidades del Estado. Jamien fue aceptado en el 2011 y está ahora haciendo un MBA que incorpora las habilidades empresariales que él necesita. El centro le proporciona profesores y otros estudiantes de MBA que le ayudan con la investigación de mercado, la estrategia de venta y a desarrollar todo el plan de negocio; también le proporcionan una oficina para su empresa, todo ello a cambio del 5 % de su compañía. James Luvene es ahora, también, uno de los socios empresariales de Jamien.

En el verano de 2011, Jamien negoció el uso de una fábrica textil abandonada y de los terrenos de los alrededores para montar el almacén de su empresa y un centro de investigación y desarrollo. Ahora mismo trabaja junto a un consorcio de tres universidades (la Mississippi State, la Southern Mississippi y la Southern University en Baton Rouge) para el desarrollo de nuevos materiales para la fabricación de zapatos orgánicos utilizando kenaf (una planta tropical similar al yute), algodón mezclado y bambú. También quiere perfeccionar una nueva forma de producir zapatos; un concepto que se le ocurrió después de ver una película de cómo Toyota revolucionó el proceso de fabricación de coches con una cadena de montaje modular que sustituyó el antiguo método de encaje de piezas.

–La fabricación de zapatos en China es altamente intensiva en mano de obra –me explicó Jamien–. Son necesarios treinta pares de manos para la elaboración de un zapato. Pero yo he encontrado una forma en la que una sola persona puede fabricar un zapato, utilizando componentes en lugar de muchas piezas separadas. –Jamien está especialmente emocionado con esta idea porque le permitiría vender zapatos asequibles fabricados en este país en lugar de en China. («Zapatos para el héroe de todos los días», es el nuevo lema de la compañía).

Le pregunté a Jamien cuáles habían sido las lecciones más importantes que había aprendido con todos esos picos y valles durante su trayectoria.

–La primera es la paciencia. Yo solía ser bastante impaciente. También a no dejar de creer nunca y a mantenerme centrado; no hay tiempo para reuniones inútiles. He rechazado todo tipo de trabajos muy bien remunerados y la gente me preguntaba por qué trabajaba vendiendo en una tienda de deportes si tenía un título universitario. Y yo les decía: «¿No os preocupéis, sé lo que estoy haciendo». Es difícil volver a estudiar después de tantos años, pero voy a hacerlo. Estoy aprendiendo las capacidades que necesito para ser el consejero delegado de una gran empresa.

»Es mucho más fácil ahora porque todo esto es más grande que yo. Va sobre emplear a norteamericanos, sobre traer la producción de vuelta aquí, y sobre ayudar al medioambiente.

Ernelle Sills, la madre de Jamien, estuvo ocupada toda su vida criando a un hijo sola mientras trabajaba a tiempo completo en un puesto muy exigente. Sin embargo, como los otros padres que hemos conocido, ejerció un papel crítico a la hora de alentar a su hijo a seguir sus pasiones. Recuerda perfectamente el día en que él se enamoró de las zapatillas de Michael Jordan.

—Mi hermana le regaló una bola de arcilla cuando tenía siete años. Con ella hizo animales y modeló todo tipo de cosas. Y luego dijo que quería hacer una zapatilla, la de Michael Jordan, pero que necesitaría distintas arcillas de colores para poder hacerla correctamente. Conduje por toda la ciudad para encontrar esas arcillas. Pero al final encontré lo que quería y él la hizo y era exactamente igual a la que había visto por televisión. Me quedé anonadada. Y después me dijo que quería ser diseñador de zapatillas. Le dije que vale pero que no solo se dibujan zapatillas, hay muchas otras cosas que necesitaría aprender. Pensé que sería pasajero, pero cuando acabé comprándole las zapatillas, se sentó y se quedó mirándolas indefinidamente. Y luego tomó un par de zapatillas viejas para descubrir cómo estaban hechas. Creo que eso fue en sexto curso. Y, desde entonces, no se ha bajado de su sueño.

**Criando a un innovador**

–He intentado enseñarle a pensar por sí mismo, a ser autosuficiente, a aceptarse a sí mismo y a no claudicar ante la presión de los compañeros. La parte más difícil fue hacerle ver que porque su padre no estuviese con nosotros, eso no le hacía ser menos que los demás, y que no tenía por qué ser como el resto de los niños.

»Sus profesores universitarios no le motivaban. Parece como si dijeran: 'No, no conseguirás ser diseñador de zapatillas, serás solo publicista'. Yo le dije: 'Bueno, quizás esas sean habilidades útiles, pero si tú quieres ser diseñador de zapatillas, eso es lo que serás'. Su verdadera pasión eran las zapatillas.

Le pregunté a Ernelle por qué creía que era importante que Jamien siguiese su pasión.

–Si no estás contento en el trabajo, entonces es solo un trabajo, y no tu carrera profesional –me contestó–. No es un camino de rosas. Mi abuelo tenía su propio negocio de imprenta y era muy creativo. También era un ministro de la iglesia y solía imprimir sus sermones. No se hizo rico pero disfrutaba con lo que hacía. Hay muchas cosas mucho más importantes que el dinero. Siempre animé a Jamien a montar su propio negocio. Sabía que sería duro para él, que se caería y que tendría que volver a levantarse, supe que tendría que ir mejorando, e intentarlo todo de nuevo... Me ha supuesto una gran parte de mis ahorros mantenerlo a flote, pero creo que es lo que tengo que hacer.

## «Lo apoyo al 100 %»

Le pedí a Jamien si podía decirme el nombre de un colegio de secundaria o de un profesor universitario que hubiese dejado huella en él y me dijo que no hubo ninguno en el colegio o en el departamento gráfico de la universidad en la que estudió. Pero Jamien sí me dijo que uno de sus profesores de publicidad, Frank Oros, le impactó.

—Él vio que me sentía frustrado con mis otros profesores y me incorporó al programa de diseño publicitario, que era parte del programa de diseño gráfico, pero en el que él era mi profesor titular. Me animó a seguir con mi «adicción a las zapatillas» y a asumir riesgos en mi trabajo de diseñador. También me enseñó a imaginar el diseño antes de coger el lápiz. Es una herramienta que todavía utilizo y que me permite diseñar más rápido, más inteligentemente y más barato.

Sin embargo, la persona más importante en el desarrollo de Jamien fue su mentor mientras hacía prácticas en la empresa AutoZone. Kurt Meer, actualmente exitoso pintor de paisajes, era diseñador gráfico de las publicaciones internas de AutoZone cuando Jamien comenzó la primera de sus tres prácticas de verano, una vez acabada la secundaria y el bachillerato. Le pregunté a Kurt cómo era Jamien por aquel entonces.

—Al principio era muy tímido —me contó Kurt—. Comencé a preguntarle por sus intereses, era la época de Michael Jordan, y averigüé que tenía cientos de pares de zapatillas. Se había tomado muy en serio aprender lo que podía acerca de las zapatillas, pero el entorno en el que se encontraba (me refiero al colegio) no hizo nada por fomentar su interés por el diseño.

»Así que empecé a enseñarle a hacer cosas con el ordenador. Le enseñé a diseñar páginas web y a manejar *Java* (un lenguaje de programación). Luego él aprendió a utilizar *Photoshop* y los programas de ilustración en 3D y discutíamos sobre la estética de las zapatillas. Pero era su imaginación lo que sobresalía. Elegía una temática (como por ejemplo un coche Lamborgini o un personaje de Disney) y se imaginaba cómo sería una zapatilla diseñada con esta temática. Las cosas con las que venía eran bastante estrafalarias. Una de ellas era una zapatilla cuyos laterales tenían la forma del personaje WinniethePooh y la lengüeta de la zapatilla reflejaba la cara del personaje. Al principio pensé que era algo tonto, pero me forcé a dejar de juzgar sus diseños, y le dejé continuar. Sus yuxtaposiciones eran muy creativas. Mirando atrás pienso que su forma de hacer era 'naif', pero ahora le veo incorporando biofibras en sus diseños... ¡y está a la última moda! Así que muchas veces en la universidad se elimina la pregunta 'que pasaría si' y, sin embargo, ahí es donde está la verdadera fuente de la creatividad y la innovación.

## Reflexiones

Algunas cosas sobresalen en la historia de Jamien. La primera y más importante, estoy sorprendido de cómo su madre y su mentor, Kurt Meer, alimentaron proactivamente su sentido del juego, la pasión y la búsqueda de un propósito. Ernelle le animó con el «juego» de diseñar zapatillas. Cuando ese juego se transformó en una pasión, le animó a perseguir su sueño, a pesar de que sus profesores universitarios le aconsejaban lo contrario. Y ahora que su pasión se ha convertido en la búsqueda de un propósito, aunque todavía no ha dado sus frutos, nunca le ha dicho: «Y ¿cuándo vas a empezar a ganar dinero de verdad?» Sigue creyendo en él. Ernelle también ha animado a Jamien a que sea independiente y franco consigo mismo. Finalmente, ella pensaba que estaba bien asumir riegos y caerse, y lo que es más importante, perseverar. Todas éstas son cualidades verdaderamente esenciales en los innovadores y emprendedores de más éxito. Kurt también ha tenido un papel muy importante en la vida de Jamien. Le enseñó herramientas esenciales, por supuesto, pero quizás lo más importante fue que dejó de juzgar los extravagantes diseños de Jamien y le animó a continuar con ellos.

Imagine que, por un momento, Ernelle hubiese dicho: «No, no voy a ir a buscarte arcillas de colores. Tengo mejores cosas con las que perder mi tiempo. Además, modelar una zapatilla con arcilla es una idiotez, y de todas formas ¿por qué quieres ser diseñador de zapatillas?» O imagine que Kurt se hubiese reído de las ideas locas que Jamien tenía para los diseños de zapatillas e incluso se hubiese burlado de él, como otros hubiesen hecho. Para los adultos, padres, profesores y mentores, a veces es fácil considerar los sueños y fantasías de alguien como Jamien, peculiares o incluso ridículos. Parece que así es como reaccionaron los profesores de universidad de Jamien respecto a sus aspiraciones. Y es precisamente este tipo de comportamiento en los adultos el que ahoga la curiosidad, la creatividad y la imaginación. Algunos actuamos así pensando en que les estamos ayudando y evitándoles perder el tiempo con ideas «absurdas». Sospecho que los profesores de Jamien no pretendían hacerle daño, solo intentaban ser «realistas». Afortunadamente para Jamien, Ernelle y Kurt tenían una visión distinta de sus posibilidades.

También me impresiona cómo Jamien tuvo que resistirse a las presiones, tanto de sus profesores de colegio como de los de la universidad, para que siguiese una carrera profesional bien remunerada dentro de las áreas STEM. Y luego tuvo que ignorar el consejo de sus profesores en la universidad para poder hacer un doble grado. Tuvo el coraje de no seguir el camino establecido para una carrera de éxito y supo que, mejor que especializarse, necesitaría una gran variedad de herramientas y habilidades para triunfar. Las habilidades que valora más son las que aprendió de Kurt Meer. Me pregunto: ¿Cuántos más graduados STEM, de buenas universidades, de hecho crearían más valor social y económico, y serían más felices persiguiendo sus pasiones, en lugar de seguir los consejos tradicionales de los adultos que creen que la carrera profesional de las áreas STEM es la mejor manera de labrarse un futuro?

Finalmente, obsérvese que los mentores de Jamien han sido los que más influyeron en él, y no sus profesores. Estos mentores le motivaron a «devolver» algo a las jóvenes minorías en riesgo de la ciudad: el primero fue el mentor del programa Memphis Challenge que le ayudó a preparar las entrevistas universitarias y buscar la mejor beca para él; luego vinieron Kurt y James Luvene. Tres de los ocho innovadores que conocerán en este libro no pudieron mencionar a un solo profesor que les hubiese sido de verdadera ayuda, quizás porque cada uno de esos tres era un alumno poco convencional. Es muy fácil para muchos profesores mirar hacia otro lado cuando se encuentran con algún alumno que no encaja dentro del modelo de «buen alumno». Profesores como Ed Carryer, Randy Pausch, Jesse Schell, Amy Smith, Joost Bonsen y Paul Bottino son poco comunes.

Todos los innovadores con los que me he entrevistado, mientras investigaba para este libro, incluyendo muchos cuyas historias no he podido incorporar, describieron un profesor o un mentor que, de verdad, influyó en sus vidas. Y cuando luego entrevisté a esos profesores y mentores, descubrí que cada uno de ellos es único, es un innovador dentro de sus universidades, colegios o puestos de trabajos. Cada uno de ellos enseña o tutela de manera muy similar al resto, pero distinta de otros colegas. Hablaremos más de esta forma de enseñar y tutelar en el capítulo 5.

Jamien, como Kirk, Shanna, Jodie y David, quieren «dejar huella». Este es un deseo de muchos de los «milenios» que he conocido en los últimos años. Son ambiciosos, incluso a veces parecen obsesionados. Pero al contrario que otros conocidos innovadores más mayores, parece que no se dejan llevar por su ego. Me impresiona la falta de arrogancia o pretensión de estos cinco jóvenes altamente cualificados, así como de los tres que conocerán en el próximo capítulo. Aunque todos saben lo que hacen y tienen confianza en sí mismos, cualidades vitales en los innovadores, ninguno me impactó por narcisista o egocéntrico, características que algunos dicen que definen a esta generación. Al contrario, me encantó pasar tiempo con cada uno de ellos, lo cual dice mucho, en mi opinión, de cómo han sido criados.

Por supuesto que los cinco jóvenes adultos de este capítulo, y los tres del siguiente, están todos dotados. El objetivo de este análisis no es admirar su talento, sino ver lo que los adultos en sus vidas han hecho para ayudarles a conocer y a desarrollar sus dones; y qué es lo que nosotros, que criamos, enseñamos y tutelamos a gente joven, podemos aprender de sus historias sobre cómo inculcar y potenciar las cualidades de un innovador. Tal y como descubrimos al principio del libro, los bebés nacen con múltiples habilidades que les hacen ser potenciales innovadores; cualidades raramente alimentadas. Hasta hora hemos visto lo importante que es que los padres alienten la motivación intrínseca de sus hijos, su curiosidad, su imaginación y la conciencia del mundo que les rodea. Veremos qué otras formas de criar marcan la diferencia en el capítulo 6.

Para acrecentar la innovación en la ciencia, la tecnología, la ingeniería, las matemáticas y en el desarrollo de habilidades de emprendimiento, necesitamos muchos más profesores y mentores como los que hemos conocido hasta ahora, y otro tipo de cursos académicos. Veremos otras formas de enseñar cursos STEM y otras innovaciones docentes en el capítulo 5.

Pero no solo necesitamos innovadores de las áreas STEM. Para mantener nuestro bienestar y mejorar el mundo, cada uno de los jóvenes debe convertirse en un innovador. Cada uno de los jóvenes puede sacar provecho de las distintas formas de enseñar y aprender que les inspira por la forma de hacer de estos profesores y mentores.

En el próximo capítulo profundizaremos en las historias de tres innovadores y emprendedores sociales, cuyos intereses y aspiraciones son, de alguna manera, distintos a los de los cinco jóvenes que acabamos de conocer. Sin embargo, como veremos, la forma de educar de los padres, profesores y mentores que les han permitido convertirse en innovadores, es consistente con lo que los adultos en las vidas de Kirk, Shanna, Jodie, David y Jamien han hecho.

# CAPÍTULO 4.
# INNOVADORES SOCIALES

En los últimos dos capítulos, hemos explorado el mundo de cinco innovadores en las áreas STEM, gente joven con conocimientos de ciencias, tecnología, ingeniería o matemáticas. Pero tal y como dije en el primer capítulo, nuestro mundo necesita innovadores y emprendedores para todos y cada uno de los aspectos del ser humano. En el presente capítulo, nos adentramos en el análisis de tres jóvenes que son «innovadores sociales».

David Bornstein, en su exitoso libro *Cómo cambiar el mundo: emprendedores sociales y el poder de las nuevas ideas*[1], describe a los innovadores sociales como «gente con nuevas ideas que se enfrenta a grandes problemas con un tesón implacable; gente que simplemente no acepta un «no» por respuesta, y que no cesa hasta haber difundido sus ideas todo lo lejos que pueda»[2]. Bornstein señala que la revolución de las comunicaciones ha permitido que mucha más gente tenga un conocimiento más amplio y profundo del mundo. La gente joven, armada de nuevas fuentes de información, crece perfectamente consciente de la destrucción medioam-

---

1    *How to Change the World: Social Entrepeneurs and the Power of New Ideas.*

2    David Borstein, *How to Change the World: Social Entrepreneurs and the Power of New Ideas* (New York Univerity Press, 2004) página 1.

biental existente, de la pobreza, de la injusticia, etcétera. Las mismas tecnologías de la comunicación han dado a los individuos poderosas herramientas para organizarse y coordinar esfuerzos. En el siglo XXI, ya no son solo las élites las que están informadas y, por lo tanto, las que tienen poder.

Desde el entorno de las ciencias y las matemáticas, a los innovadores de las áreas STEM se les ve motivados de una manera distinta a los innovadores sociales, que generalmente provienen de un entorno formativo de humanidades y artes liberales. Efectivamente, la educación, el bagaje y las aspiraciones de los tres jóvenes innovadores que van a pasar a conocer, son bastante diferentes de los otros cinco individuos que han conocido en los últimos capítulos y, a la vez, distintos entre sí. Pero lo que estos dos grupos de innovadores tienen en común es mucho más importante que sus diferencias. El juego, la pasión y la búsqueda de un propósito, han sido igual de importantes en su desarrollo; como también tener unos padres que les apoyasen en sus pasiones, y la influencia de algún profesor o mentor excepcional que dejó huella en sus vidas.

## Laura White

Los innovadores STEM quieren hacer cosas que transformen el mundo y mucha gente comprende perfectamente esa aspiración. Los innovadores sociales, por el contrario, quieren cambiar el mundo y son, por naturaleza, idealistas. También son individuos rompedores y puede ser que, para otros, esas cualidades sean difíciles de apreciar. Así que necesitan apoyo especial por parte de los adultos de su alrededor, tal y como muestra la siguiente historia. Esta historia también nos enseñará el importante papel que juegan las organizaciones sin ánimo de lucro en el fomento de la innovación y el emprendimiento social; así como la historia de una universidad que está intentando reinventarse, dándole la vuelta a la crisis provocada por un desastre natural, y convertirla en una oportunidad para repensar su misión en el siglo XXI.

## Conozca a Laura White

Laura, la hija mayor de Don y Jane White, creció en un barrio de Atlanta, Georgia, donde Don enseña en el programa de ingeniería civil de la Georgia Tech. Cuando tenía unos diez años, Laura se apuntó un equipo de natación en el que llegó a ser bastante buena, quedando la sexta de todo el estado en estilo mariposa a la edad de doce años. Pero cuando alcanzó los catorce, estando en el colegio varios acontecimientos cambiaron la visión de futuro que tenía para sí misma.

El primero de ellos fue hacerse amiga de Tammy (nombre ficticio). Laura solía sentarse con ella a la misma mesa a la hora de comer. Laura se dio cuenta de que Tammy nunca traía comida y de que nunca asistía a ningún evento del colegio. Poco después, Laura supo que Tammy era una «sin techo», y empezó a compartir con ella su almuerzo.

–Conocer a Tammy cambió lo que yo pensaba que era mi responsabilidad en el mundo –me contó Laura–. Comencé a sentir la necesidad de hacer cosas para los demás y no solo natación, que era algo para mí misma. Empecé con labores de voluntariado de forma habitual. Una tarde, haciendo voluntariado en un campamento de niños en riesgo de exclusión de Atlanta, me pidieron que les supervisase durante una excursión de natación a un lago. Ocurrió que unos niños casi se ahogan y tuve que salvar a cinco de ellos; fue una experiencia realmente aterradora. Entonces me di cuenta de que necesitaban urgentemente clases de natación.

Por aquel tiempo, Laura solicitó y fue aceptada en el Consejo Asesor de Servicios Prácticos para Jóvenes de Atlanta, una organización de servicios del área.

–Nos pidieron que asesorásemos a *Hands on Atlanta* sobre programas para jóvenes. Invitamos a ponentes para que hablasen de los problemas y los servicios sociales en Atlanta, e hicimos algunos proyectos. Lo mejor que hicimos fue que cada uno debía planificar un proyecto de un servicio concreto para el Día Nacional y Global de los Servicios a la Juventud. Nunca antes me habían pedido que hiciese algo así; ¡era muy intimidante! Pero mis amigos de natación y yo teníamos ciertas habilidades que podíamos poner en práctica. Así que organicé un día en el que podíamos dar clases de natación a los niños discapacitados de Atlanta.

El verano después del décimo curso (equivalente a cuarto de la ESO) Laura consiguió unas prácticas laborales con *Hands on Atlanta*.

—Mi jefe se marchó de la organización después de seis semanas, así que tuve que asumir una gran responsabilidad para una becaria de dieciséis años. Planifiqué bastantes proyectos de servicios, organicé a los voluntarios, trabajé hasta tarde, incluso los fines de semana. Mientras estuve trabajando allí, otro miembro del equipo me habló de *Youth Venture*. Solicité una subvención a *Youth Venture* y recibí mil dólares para poder continuar con las clases de natación. Me aprobaron el proyecto y así es como nació *Wild Water Swimming* (posteriormente llamada *Swim4Success*). El programa *Youth Venture* es increíble. Ashoka[3] lo empezó después de darse cuenta de que todos sus socios tenían experiencia en liderazgo de proyectos o de empresas. Detectaron que podía ser un paso crítico para la creación de un mundo con más emprendedores sociales y con más gente que provocase el cambio.

La madre de Laura, Jane White, habló de los días en los que ella y Don intentaron apoyar a su hija en su incipiente interés por el emprendimiento social.

—Siempre hemos animado a nuestros hijos a que explorasen las cosas en las que estaban interesados, pero también a dejar de hacerlo cuando ya no les interesaban. Cuando Laura estaba en el instituto, estaba claro que se sentía mu-

---

3    *Ashoka* fue fundada por Bill Drayton en 1980 y es, a día de hoy, la primera organización mundial para el fomento del emprendimiento social, a través sus socios y de numerosos proyectos. Más información sobre *Ashoka* se puede encontrar en https://www.ashoka.org

cho más motivada por los proyectos de servicios comunitarios que por la natación de competición.

Don asintió añadiendo que el «deporte» de Laura era el servicio a la comunidad.

—A algunos nos apasiona la competición, pero a ella la natación competitiva la estresaba. Sin embargo, aprendió disciplina, concentración y a administrar su tiempo, todo gracias a la natación.

»Y cuando tuvo que competir por fondos para su programa de natación, se volcó en ello —observó Jane—. Solo quince finalistas accederían a los fondos y tenían que conseguir gente que votase por su proyecto. Acabó muy por delante de los demás, con más de diez mil votos, mientras que el segundo obtuvo siete mil quinientos. Ella nos puso a todos a trabajar.

»Mandaba *emails* todos los días con enlaces recordando a la gente que podían emitir su voto *online* —añadió Don.

Jane comparó lo que ella y Don hicieron, con la forma de hacer de otros padres:

—Los padres se pasan todo el día conduciendo, llevando a sus hijos a partidos de fútbol y de balonmano. Nosotros intentamos dedicar el mismo esfuerzo y tiempo a apoyar sus proyectos. Ella te dirá que yo me quejaba mucho porque no me gustaba conducir por esas áreas lúgubres de Atlanta, pero lo hicimos de todas formas.

Sin embargo, Laura nunca dijo nada acerca de las quejas de su madre. Al contrario, me dijo:

—Mis padres siempre me apoyaron. Valoraban que fuese bien en el colegio, pero también entendieron que yo era una persona que tenía que hacer las cosas por mí misma. Nunca se metieron demasiado cuando empecé la empresa *Swim-4Success*, no me decían lo que debía o no hacer.

»Mis padres tampoco organizaban mi horario hasta el último minuto. Tenía tiempo para pensar e inventarme mis propios juegos... La mayoría de los padres empujan a sus hijos a que destaquen en deportes o a que vayan a una buena universidad, y no dejan a los niños espacio para explorar, lo que supone una gran diferencia en su proceso de desarrollo.

La primera vez que conocí a Laura tenía diecinueve años y acababa de terminar su primer año de universidad en Tulane. Le pedí que reflexionase y me hablase de su etapa escolar de primaria y secundaria.

—En el instituto trabajé para sacar buenas notas, no porque me interesasen las clases, que eran bastante aburridas, sino para demostrar que podía sentarme y lograrlo. Pero la presión de los numerosos exámenes coartó mi creatividad. Las matemáticas eran la asignatura que menos me gustaba, demasiado abstracta, y no había forma creativa alguna de aplicar lo que estaba aprendiendo o de imaginar cosas con ellas.

»Sin embargo, tuve un profesor en el instituto, el señor Pratt, que me permitió pensar las cosas de manera creativa. Hablaba de hélices de barcos que mataban a los manatíes y consiguió que yo, y el resto de la clase, empezásemos a pensar en cómo resolver problemas de ese tipo.

—¿Cómo fue tu primer año de universidad? —le pregunté.

—Me estoy especializando en política económica que es un grado multidisciplinar de filosofía, economía y ciencias políticas. No me imagino haciendo un grado en una única especialidad.

»Pero hay mucha presión para poder hacer todo el trabajo y no hay tiempo suficiente para explorar otras cosas. Sería fantástico si me diesen créditos por mi trabajo de emprendimiento, o que la creación de mi empresa sirviese para mi tesis final.

—¿Y qué hay de las habilidades específicas, es decir las habilidades que te gustaría estar aprendiendo en la universidad? —quise saber.

Su inmediata respuesta fue:

—La identificación del problema. Es súper importante. Cuando empecé *Swim4Success*, no sabía cuál era el problema esencial sobre el que tenía que trabajar. Después de un par de años me di cuenta de que no era solo la prevención del ahogamiento. Tener voluntarios que venían de distintos entornos socioeconómicos, poder acceder a las piscinas de las sedes universitarias, tener la oportunidad de llegar a ser bueno en un deporte, e incluso poder conseguir una beca de estudios, eran todas las formas en las que el programa ofrecía oportunidades a los jóvenes con discapacidad. Hubiese sido de mucha ayuda si alguien me hubiese enseñado a pensar en los problemas de forma sistemática.

Laura y yo hemos mantenido el contacto desde la primera vez que nos vimos hace dos años. (De hecho, me ha estado ayudando con la investigación que he necesitado para este libro). Ya no está involucrada en *Swim4Success*; otros estudiantes de Tulane llevan el programa ahora. Es un proyecto más pequeño y depende de Tulane, en lugar de la gran organización sin ánimo de lucro que era su visión original. Hace poco me escribió un *email* contándome lo que había aprendido de esa experiencia:

—Hace dos años hubiese pensado que era un fracaso porque no éramos una gran organización. Pero ahora me doy cuenta de que las soluciones locales están bien. Algunas veces es mejor trabajar a través de otras organizaciones ya existentes, porque es más eficiente. Poder moverme entre distintas metodologías es fundamental. Lo importante es ser hábil y encontrar los mejores métodos para provocar el cambio.

## Universidad: retos, oportunidades y un profesor que dejó huella

En julio de 2011, mientras Laura estaba comenzando su último año en Tulane, hablamos acerca de algunos de los proyectos en los que había participado allí, de lo que había aprendido y de sus posibles siguientes pasos. Nuestra conversación evidenció que su carácter de emprendedora social se había expandido. Pero también estaba claro que el reto de cumplir con sus obligaciones universitarias mientras trabajaba como innovadora social, era cada día más difícil.

### White y la Universidad de Tulane

—Estoy sumamente interesada en la idea de generar experiencias de aprendizaje que permitan desarrollar habilidades para la innovación social. Así que he estado trabajando con Carol Whelan, que enseña Educación y Sociedad Diversa (el primer curso que los alumnos cogen para obtener el título de graduado en Educación) para añadir un componente social, empresarial y de liderazgo a sus clases. Esta parte de la clase la dan los alumnos, puesto que se pretende que desarrollen habilidades no académicas, como la creatividad y el trabajo en equipo. La clase se probó el otoño pasado y los alumnos vinieron con varias ideas de cambio social; seis de las cuales todavía están en marcha.

»Un ejemplo fue un alumno de música de Tulane, que trabajaba con un profesor de música para un colegio público de Nueva Orleans, y que se enteró de que el programa del coro no tenía suficientes recursos financieros y que necesitaban voluntarios. Así que propuso que los estudiantes de música de Tulane fuesen a trabajar con los alumnos del colegio para ensayar y dar conciertos juntos, con el objetivo de recaudar fondos para el programa. Otro alumno estaba trabajando en un colegio centrado en mejorar los resultados de los tests oficiales de los alumnos con dificultades, mientras que no hacían nada con los alumnos que sí obtenían buenos resultados. Así que desarrolló todo un programa de enriquecimiento y motivación para esos otros alumnos.

»Durante casi todo el último año, aproximadamente, he formado parte de un grupo llamado *Citizen Circles*. La idea es juntar a gente para trabajar en algún problema local, en un proyecto o en una necesidad que se haya detectado, y luego compartir lo que han aprendido durante el proceso de generación del cambio. He aprendido más en este trabajo de mi colega Alan Webb que todo lo que he aprendido de la mayoría de mis profesores en Tulane.

»También he ayudado a Alan y a otra persona, Jeff Bordogna, con la idea de un 'certificado de vida' digital, como una forma de que la gente pueda documentar el trabajo realizado como innovador social en una comunidad y tener evaluaciones de las personas con las que haya trabajado. Como parte de esto, hemos estado trabajando con Tulane para desarrollar la evaluación de los programas de innovación social.

Creo que mi habilidad de diseñar mi propia educación está creciendo. El pasado invierno, Tulane me otorgó una beca para un viaje de estudios en Europa, que preparé y planifiqué yo sola. Visité un gran número de universidades y escuelas que tenían programas excepcionales de aprendizaje sobre el emprendimiento social. Esta ha sido una de las mejores experiencias educativas que he tenido en la universidad, hasta ahora.

»Acabo de regresar de la 'Semana de los Agentes del Cambio' de Ashoka en París y me ha quedado claro que se necesita identificar un marco teórico y una secuencia sobre las habilidades y competencias de los agentes de cambio que colegios, empresas y organizaciones sin ánimo de lucro puedan utilizar. Quiero investigar este tema en profundidad como parte de mi tesis de final de carrera del año que viene. Deloitte-Francia fue uno de los patrocinadores de la conferencia y uno de sus socios directivos me invitó a comer.

Me dijo que Deloitte necesitaba estas competencias. Quiere que cada uno de sus empleados sea un agente de cambio, un *changemaker*.

»Cuando vuelva a Tulane en otoño seguiré trabajando en que haya más clases dirigidas por los alumnos, así como en el fomento de un grado en innovación social. También estoy interesada en trabajar con la organización *Peer 2 Peer University* para crear un departamento de innovación social en colaboración con *Citizen Circles*. Será una comunidad *on line*, *open-source*, que organice trabajos en grupo sobre temas como resolución de conflictos y gestión de proyectos para innovadores sociales.

»Estoy un poco estresada respecto al año que viene y a lo que pueda pasar después. Es difícil ser estudiante y conseguir los créditos necesarios para graduarme y estar, a la vez, haciendo todos estos proyectos diferentes... Me gustaría continuar con un postgrado universitario para aprender a identificar, enseñar y evaluar las competencias necesarias para ser un innovador social; pero no sé si hay algún programa de postgrado que enseñe todo esto.

Laura me dijo que hubo dos personas en Tulane que la apoyaron significativamente en su trabajo. Stephanie Barksdale es la ayudante del presidente de *Iniciativas para el Emprendimiento Social* y ha trabajado con Laura en numerosos proyectos.

—Básicamente, lo que he hecho es darle a Laura 'permiso' para hacer todos los proyectos que le apasionaban —me contó Stephanie—. Algunas veces se muestra dubitativa pero le digo: «Venga, creo que puedes hacerlo». Le das permiso y florece. Por ejemplo, ella quería dar una conferencia TEDx en Tulane. No hice nada por ayudarla excepto decirle: «Sí, puedes hacerlas». Ella se buscó la financiación, consiguió la acreditación de TED y organizó la conferencia[4].

–Veo a muchos estudiantes que temen fracasar, y eso les limita intentar hacer otras cosas –añadió Stephanie.

El otro mentor de Laura es el Dr. John Howard, su tutor universitario.

–Me apoya totalmente en todo lo que quiero aprender –me dijo Laura, añadiendo que si no hubiese sido por el Dr. Howard, se habría cambiado de universidad.

**White habla sobre su mentor**

John Howard es doctor en filosofía por la universidad de Tulane y actualmente es director adjunto del instituto Murphy, desde donde gestiona el grado en política económica. Aparte

---

4    TED es un organización sin ánimo de lucro que patrocina conferencias de gente que tiene «ideas que merece la pena trasmitir al mundo» (*Ideas worth spreading*). Los TEDx son conferencias independientes y locales que tienen el permiso de TED para utilizar el nombre de la organización. Más información sobre TED y los vídeos de las presentaciones se pueden encontrar en el sitio web http://www.ted.com/

de su trabajo dentro el instituto, está involucrado en numerosos proyectos relacionados con la innovación y el emprendimiento social. Como respuesta a los devastadores efectos del huracán Katrina en Nueva Orleans, el presidente de la universidad de Tulane, Scott Cowen, instauró los servicios a la comunidad como requisito necesario para obtener un grado. John enseñaba un curso llamado «Servicio Público y Liderazgo Cívico», en el que los estudiantes, en grupo, escribían un trabajo de fin de grado de análisis político interno, relacionado con el desarrollo y la mejora de algunos aspectos específicos del requerimiento del servicio comunitario.

–Creo sinceramente en el currículo universitario dirigido por el alumno –me dijo John–. Pero creo que necesita tener cierta estructura. Así que les doy el resultado, que en este caso es un informe de la Administración relacionado con la mejora del programa de aprendizaje del servicio comunitario, aunque los estudiantes tienen que decidir cómo llevar a cabo la investigación y cuál será el contenido de lo que llamamos *Green Paper*. Es muy raro que en el entorno universitario tengan la oportunidad de trabajar en un proyecto real como este. Mi meta es hacer a los estudiantes partícipes activos de su propio aprendizaje, dándoles el poder para provocar cambios. Por ejemplo, un grupo de estudiantes de mis clases recomendó que los cursos se montasen alrededor de actividades específicas de aprendizaje del servicio comunitario; en lugar de que los estudiantes tuviesen que averiguar, una vez que el curso había empezado, cuál era el servicio comunitario que iban a aprender. Pero, desafortunadamente, la Administración ha ignorado siempre las recomendaciones de los estudiantes. La preocupación era que ese sistema sería muy difícil de organizar en cuanto al proceso de selección y registro en las clases.

Más recientemente, John se ha involucrado en el trabajo de Stephanie Barksdale en la Oficina de Iniciativas para el Emprendimiento Social. Puesto que reporta directamente al presidente de la universidad, «la cadena de mando es mucho más directa» explicaba John, «y nuestras ideas tienen más probabilidad de ser escuchadas. Así que, este semestre, hemos lanzado un programa nuevo de socios de la innovación social para gente como Laura, que quiere promocionar los programas de emprendimiento social y las oportunidades para otros alumnos. El programa no está viciado por la resistencia que provoca, entre algunos miembros del claustro de profesores, el requisito del aprendizaje de servicio comunitario, y es transcendental para un gran número de alumnos. Y, en estos momentos, estamos incorporando a muchos estudiantes en el diseño del programa como parte de lo que llamamos «Centro de Enseñanza y Aprendizaje Comprometido». Básicamente, lo que queremos montar es un claustro de alumnos todavía no graduados.

Le pregunté a John sobre su trabajo con Laura.

—Conocí a Laura por primera vez hace tres años, cuando eligió política económica como especialidad. Está decidida a ser muy competente en muchas áreas diferentes. Ella pensaba que, para poder hacer su trabajo, necesitaba saber ciencias políticas, economía, filosofía e Historia; que son las áreas que nuestra especialidad de política económica abarca. Nuestro programa también atrae a otros alumnos como

Laura que tienen fuertes habilidades cuantitativas y cualitativas. Muchas veces, debido al sistema tradicional de especialización de la universidad, intentamos especializar a los alumnos demasiado pronto en sus carreras universitarias; y puede que, al final, no sea en eso en lo que están más interesados.

»El semestre pasado empezó a escoger cursos de educación. Prácticamente, en la tercera semana del curso, ya estaba co-enseñándo. Carol Whelan, la profesora, reconoció valientemente la gran experiencia que Laura tenía. Laura dio ejemplo de un tipo de alumno que ella nunca antes había visto. Esta es la forma en que debería ser; no nos deberíamos mantener al margen de las ideas e innovaciones de los alumnos.

»Reconozco el coraje de Laura, su franqueza, su habilidad para declarar sus ideas al momento. Pero no es una persona que imponga; no levanta la voz ni fanfarronea. No te va a convencer de que tiene una buena idea por medio del marketing o de las relaciones públicas, sino por el poder de sus ideas. Su compromiso con la justicia social es muy auténtico. No es un pasatiempo o algo para rellenar el currículo.

»Laura es un ejemplo de democracia social, en la que la gente individualmente asume riesgos y alcanza objetivos increíbles, gracias a su habilidad de inspirar a otras personas. Es una líder estudiantil enorme y un activo para la universidad.

»Es alguien que va a dejar huella en términos morales, en lugar de en términos económicos o políticos. Tenemos un trofeo, el *Heisman Trophy*, que damos al mejor jugador de fútbol americano universitario de este país. Si hubiese un

Heisman Trophy nacional por servicio público, Laura sería, sin duda, la ganadora. Nunca quiere oír que algo no se puede hacer y eso que es muy pragmática y se niega a bajar el listón.

—¿Cómo creamos y apoyamos a más «Lauras Whites»? —le pregunté a John. Su respuesta me ayudó a entender mejor los comentarios de Stephane Barksdale acerca de Laura y de otros de su generación que a veces necesitan «permiso» para seguir sus pasiones:

—Primero tenemos que saber apreciar a esa gente joven que está por ahí fuera. Hay una tendencia en el claustro 'más sofisticado' a tratar la franqueza como algo naif; y ven a los que creen en la justicia social como gente alejada del mundo real. Es muy perjudicial tratar a los alumnos de esta forma.

»Por el contrario, necesitamos animar a los estudiantes a que hablen de sus creencias y ayudarles desde su empatía intrínseca y en su compromiso con la justicia. Hay muchos estudiantes que podrían ser como Laura, pero no han tenido la oportunidad de crecer en esa dirección porque alguien les ha dicho que no están suficientemente informados o que son demasiado sensibles. Muchos más estudiantes de los que pensamos creen en los bienes públicos. He pasado la mayor parte de mi tiempo buscando destellos de estas cualidades en los alumnos para luego intentar hacerlas crecer.

»Una de las maneras en que les traslado esta forma de pensar como profesor es que, en lugar de ponerles exámenes, tengo 'conversaciones' escritas con mis alumnos en las clases. Los alumnos escriben ensayos de 750 a 1.000 palabras cada semana, y luego yo les escribo de vuelta otro ensayo de la misma longitud. También dejo parte del tiempo de las clases para que los alumnos compartan sus ideas y sus progresos entre ellos, sin ningún tipo de interferencia por mi parte. Creo que dar a los alumnos esta responsabilidad de ayudarse unos a otros contribuye a desarrollar su empatía.

—¿Eres profesor titular de la universidad o estás en camino de serlo? —le pregunté.

—Soy empleado, y nunca seré titular. No soy ningún erudito, ni investigador. Valoro esas cosas, pero eso no es lo que yo soy. Soy un profesor y mi trabajo en el aula consiste en interactuar con los alumnos. Cualquier cosa fuera de esto, para mí, es una imposición. Pero no recomiendo a otros que sigan este camino para labrarse una carrera. He sufrido y he estado sin trabajo mucho tiempo. Tengo mucha suerte de tener el trabajo que tengo.

»La titularidad está basada en 'enseñar, investigar y en el dominio de un tema'. Pero estas tareas se afrontan de manera muy convencional para que el proceso sea más fácil de gestionar. Con relación a la enseñanza, ¿qué pasaría si las universidades dijesen?: 'Lo que buscamos es evidencia sobre innovaciones de éxito. Danos algo que nos muestre tu habilidad única para inspirar a los alumnos'. Si quieren jugar seguro a través de las publicaciones, que lo hagan; pero que no jueguen seguro dentro de una clase. O quizás deberíamos tener un claustro investigador que apenas interactúe con los alumnos y un claustro docente que no tenga que preocuparse de las publicaciones. Podría ser un problema, podría ser difícil, pero creo que los estudiantes recibirían mejor servicio.

## «Creciendo» como un innovador social

Los padres de Laura la animaron de niña a explorar de múltiples formas, como un tipo de juego. Como ella me contó: «Mis padres no organizaban mi horario hasta el último minuto. Tenía tiempo para pensar e inventarme mis propios juegos». Don y Jane White también desafiaron las formas convencionales de su barrio de ser padres, y apoyaron firmemente a Laura en su decisión de dejar la natación de competición para concentrarse en el servicio público. Durante sus cuatro años de instituto, la animaron a seguir su pasión relacionada con el emprendimiento social, ayudándola a recaudar fondos para su ONG, incluso asumiendo riesgos como llevarla en coche hasta las zonas más lúgubres de Atlanta para trabajar en proyectos de servicio público.

También observamos claramente cómo la pasión de Laura se está transformando en la búsqueda de un propósito relacionado con entender cuáles son las habilidades que necesita un agente del cambio y cómo éstas se pueden enseñar y evaluar mejor. Su camino hacia ese objetivo no está claro porque las preguntas que se está planteando son muy nuevas. Ella tiene que adaptar o inventarse la educación que necesita y quiere. El curso que más le enseñó sobre creatividad y sobre cómo plantearse buenas preguntas, tal y como me contó, fue el de escribir teatro.

En varios aspectos fue más difícil ser un innovador social, como Laura, que lo que lo fue para nuestros cuatro innovadores STEM. En primer lugar, como puntualizó John Howard, la gente tiende a ver el idealismo juvenil y la preocupación por la justicia como algo «naif». Creo que esa forma generalizada de responder de los adultos en nuestra sociedad ayuda a explicar por qué Laura, a veces, se ha mostrado dubitativa acerca de algunas de sus propias ideas. Nuestro sistema educativo no anima a los que asumen riesgos, y penaliza los errores. Y muchos padres y profesores creen que una carrera profesional más «segura», como empresariales, derecho o medicina, es a lo que los jóvenes deberían aspirar, en lugar de hacer algo para «cambiar el mundo».

En segundo lugar, la enseñanza basada en la resolución de problemas y en la práctica tiene pocos precedentes dentro de las artes liberales. En un *email* reciente, Laura escribió: «Aparte de las clases de servicio social, no hay otras clases que se basen en proyectos para los estudiantes de artes liberales, como las hay para los estudiantes de ingeniería o de arquitectura». A Laura le gusta y quiere aprender la teoría relacionada con la innovación social y el cambio, pero cree que se podría hacer desde la perspectiva de un proyecto práctico. En una de las escuelas que investigaba durante su viaje a Europa, la Kaos-Pilots, los estudiantes comienzan con proyectos reales y luego aprenden la teoría esencial de sus proyectos.

«Creo que todo en la universidad debería estar diseñado en torno a las experiencias, los trabajos y los retos de los alumnos —me explicó—. Quizás esto requeriría mucho más tiempo de los profesores y les obligaría a adoptar un rol distinto. La presión para publicar y conseguir ser titular, también es un gran problema. No creo que se dediquen a investigar acerca de los retos y desafíos que sus estudiantes quieren explorar». Para Laura, los cursos de estudio independiente que creó con la ayuda de John Howard, fueron las únicas oportunidades reales que ha tenido de obtener créditos para sus muchos proyectos y de lograr conectar la teoría con la realidad; pero el número de estos cursos independientes, que los alumnos pueden coger como parte del grado, se reduce a dos.

La meta de John Howard, como la de los otros profesores que hemos conocido hasta ahora, es retar a sus alumnos. Se desvive por desarrollar la opinión individual de cada uno de ellos y su motivación intrínseca; mientras estructura proyectos en los que los alumnos trabajan grupalmente, utilizando múltiples disciplinas para entender los problemas del mundo real. Es un profesor muy innovador, como los otros profesores STEM que conocimos anteriormente. Desafortunadamente, John Howard es el último miembro en incorporarse al club de «los atípicos que jamás serán titulares».

## Bajando de la «torre de marfil»: una nueva «moral» para una universidad

Hemos visto, una y otra vez en nuestras historias, cómo la cultura académica y los requisitos tradicionales para la titularidad chocan con el desarrollo de otras formas de enseñanza, basadas en la práctica y en los problemas reales, que es lo nuestros jóvenes innovadores necesitan. El mundo académico cree que su misión es crear y transmitir conocimiento «puro», separado de cualquier clase de aplicación o desarrollo de habilidades específicas. Es por ello que a las universidades se las denomina «torres de marfil». Sin embargo, bajo el liderazgo visionario del presidente Scott Cowen, Tulane está buscando nuevas formas de servir a las necesidades tanto de la comunidad de Nueva Orleans como de sus estudiantes en la universidad.

—El huracán Katrina casi destruyó nuestra ciudad y nuestra universidad —me contó Scott—. Una vez pasado, comencé a pensar en el futuro de la universidad, en lo que había aprendido de la catástrofe y en si debería haber un cambio de moral en la universidad, mientras lográbamos salir adelante; un nuevo diseño de la misión de la institución.

»Como universidad investigadora, nuestra misión se basa en la investigación, la docencia y el compromiso con la comunidad. Pero el compromiso con la comunidad había sido la hermana pequeña de la investigación y de la docencia. Si tenías algún compromiso comunitario, estaba 'bien' y puede que alguien escribiese un artículo sobre ti, pero no estaba reconocido dentro de nuestro sistema. El compromiso con la comunidad no estaba relacionado ni con los resultados docentes ni con los resultados de la investigación. Llegamos a la conclusión de que deberíamos elevar el estatus del compromiso comunitario para que fuese equivalente al de la investigación y la docencia, y que deberíamos buscar formas más contundentes de enlazar las tres. Y definimos esto como nuestro objetivo moral para el siglo XXI.

»Llamamos a la iniciativa *Tulane Empowers*. Nuestra estrategia tiene ahora siete pilares básicos. Comenzó con dos iniciales que eran la educación pública y la asistencia sanitaria de la comunidad, aquí en Nueva Orleans. Ambos sistemas fueron destruidos por el huracán. Empezamos trabajando con varias organizaciones de la comunidad en el desarrollo de nuevos planes para proporcionar asistencia sanitaria y educación pública; todos ellos se están llevando a cabo actualmente.

»El tercer pilar de nuestra iniciativa se centra en la próxima generación de ciudadanos y líderes comprometidos. Queríamos inculcar un mayor sentido del servicio público y la innovación social, así que nos convertimos en la primera gran universidad investigadora del país en integrar el servicio público obligatorio dentro de nuestro currículo.

Cowen pasó después a explicar brevemente sus otros cuatro pilares básicos: respuesta ante el desastre y resiliencia; revitalización física de la ciudad y de las artes culturales; el Centro de Enseñanza y Aprendizaje Comprometido; y la innovación social.

—Queremos reforzar en nuestros estudiantes la idea de que su papel es buscar soluciones a problemas sociales difíciles —explicaba Cowen.

Le pregunté a Scott cuáles fueron, para la universidad, algunos de los desafíos planteados por el desarrollo de esta nueva visión:

—Había muchísimos. Al principio, el claustro de profesores no comulgaba con nuestras ideas, en parte porque decidimos algunas de estas cuestiones durante el semestre en el que la universidad estuvo cerrada por las inundaciones, de forma que no pudieron tener un papel activo en el proceso de decisión como lo hubiesen tenido en condiciones normales. Con el paso del tiempo, mucha de esta resistencia se ha disipado. El segundo de los retos fue incentivar al claustro a que participase y así encontramos muchas fórmulas distintas, desde otorgar gratificaciones a aquellos que transformasen sus cursos en aprendizaje social hasta establecer cátedras en innovación social.

»El tercero de los desafíos era comunicar las cosas que estábamos haciendo entre nuestros accionistas, y lo conseguimos con el tiempo. Cuando empecé a hablar de estas ideas, algunos académicos me miraban con cara de asombro y me decían, ¿Qué somos ahora, la *United Way*[5]? ¿Qué ha pasado con la investigación y la docencia? Desde estas conversaciones iniciales, hemos aprendido lo importante que era tener preparada la defensa del trabajo que estábamos desarrollando. Nos llevó varios años encontrar la manera de explicar que esta nueva moral fortalecería nuestra comunidad, la universidad y ayudaría a la siguiente generación de jóvenes a ser ciudadanos más efectivos y comprometidos.

—Los estudiantes que solicitan plaza hoy en Tulane, ¿están motivados de manera distinta? —le pregunté.

—Sin lugar a dudas. Las solicitudes se han más que duplicado en los últimos cuatro años y cuando leemos las redacciones de aquellos que quieren entrar, más del ochenta por ciento dice solicitar plaza porque el compromiso de la universidad con la comunidad es algo en lo que creen. Esto ha mejorado el ratio de alumnos que se quedan en nuestra

---

5    Organización norteamericana equivalente a la Cruz Roja (N.d.T.)

universidad y de sus notas, también, porque los alumnos que llegan ahora lo hacen por las razones adecuadas, en lugar de venir a la universidad simplemente para 'disfrutar' de la ciudad de Nueva Orleans. Y ha pasado algo más que no había previsto: un mayor número de profesores y mejor cualificados está solicitando plaza aquí, debido a nuestra nueva misión.

—¿Y qué hay de los criterios de admisión de los estudiantes? Sé que el *ranking* que alcanzan las universidades depende mucho de la nota media de los exámenes SAT/ACT[6] de los alumnos que son admitidos, pero en base a mi experiencia, estos resultados no nos dicen nada de las habilidades que los estudiantes puedan tener para poder contribuir de manera significativa a la innovación social o al servicio comunitario. ¿Qué estáis haciendo al respecto?

—Esto me preocupa a diario —reconoció Scott—. Sé que los resultados de esos tests no tienen gran significado, pero es una de las métricas que *US News* y *World Reports* utilizan, así que no podemos ignorarlos. Tengo este dilema constante acerca de los tests y de cómo utilizarlos aquí, pero no he encontrado todavía la solución.

—¿Cómo ves el futuro? ¿Dónde quieres que esté esta iniciativa dentro de cinco años?

—Estamos trabajando para ofrecer la innovación social como una segunda posible especialidad en el currículo de los grados de toda la universidad. Espero tenerlo listo dentro de dos años. El año pasado establecimos cinco cátedras en em-

---

6    Exámenes púbicos de acceso a la universidad (N.d.T.)

prendimiento social. Para los próximos cinco años, nos gustaría aumentarlas hasta veinticinco; veinticinco individuos que sean modelos a seguir por sus colegas de toda la universidad. La investigación académica tradicional sigue siendo lo más valioso dentro del sistema, pero poco a poco estamos pidiendo experiencias de innovación docente y servicio a la comunidad como requisitos para la obtención y revisión de la titularidad. También queremos hacer participar a nuestros colegas en discusiones con otras universidades selectas para elevar la importancia del compromiso con la comunidad.

## La influencia de Ashoka

Los esfuerzos para promocionar esta visión de una universidad más comprometida dieron un salto en el otoño del año 2008, cuando Ashoka lanzó un nuevo programa llamado *Ashoka U*. El objetivo era «aunar esfuerzos entre las universidades para mejorar la docencia, la investigación y las oportunidades de emprendimiento social, tanto en el campus universitario como en las comunidades locales y globales en las que trabajamos». Tulane es una de las diez universidades «agentes de cambio» en Estados Unidos que participa en el programa. El programa reúne a profesores y líderes estudiantiles de diez universidades para trabajar juntos en una variedad de programas; y Laura fue seleccionada para formar parte del equipo de estudiantes que participarían en la asociación Ashoka U/Tulane, cuando se lanzó en el 2009.

## Sobre el liderazgo de Laura y Ashoka U

Según Laura, «el programa de *Youth Venture* y *Ashoka U* han sido lo que más me ha influido y contribuido a definirme tal y como soy hoy». Le pedí que me dijese de qué maneras Ashoka la había ayudado y ella escribió:

«Primero fue el voto de confianza puesto en mi habilidad para provocar el cambio, invirtiendo dinero en *Swim4Success* y tutelándome en ese proyecto. Después me hicieron embajadora del programa *Youth Venture*, que me llevó a Washington, D.C. para la primera conferencia de *Youth Venture* y me permitió conocer a otros embajadores de *Youth Venture* de todas las partes del mundo.

»La asociación con *Ashoka U* me ha acercado a la educación en el emprendimiento social, lo que se ha convertido en mi pasión. He asistido a las dos conferencias de *Ashoka U* en las cuales he encontrado a gente fascinante relacionada con la enseñanza del emprendimiento social, incluido Alan Webb, el que comenzó conmigo en *Citizen Circles*. También me han dado una red de apoyo y acceso a las mejores prácticas para *Citizen*

*Circles*, para mi investigación y para cualquier otra cosa que haga relacionada con la enseñanza del emprendimiento social.

»Lo mejor de Ashoka es con quién te conectan y a mí me han puesto en contacto con gente estupenda; por ejemplo, he conocido a François Taddei, un socio de Ashoka que realiza educación científica y creativa. Me llevó a Beijing para otra conferencia y me invitó a unirme al grupo de educación en la Semana de los Agentes del Cambio, en París, el mes pasado.

»El que me invitasen a París fue muy importante para mí también. Una vez más, pude conocer a gente estupenda y se me dio la oportunidad de presentar mis ideas y las de Alan. Fue mi presentación la que me permitió conectar con más gente, incluso con un ejecutivo de Deloitte.

Laura se ha beneficiado, sin duda alguna, del fuerte apoyo recibido de sus padres. Sin embargo, creo que el aliento que ha recibido de dos individuos esenciales en Tulane, la posibilidad de convertirse en líder en una universidad que quiere ser el centro de la innovación social, y las oportunidades de aprendizaje recibidas de Ashoka, ha sido, todo ello, determinante en su desarrollo. Afortunadamente, un mayor número de universidades ofrecen cursos de emprendimiento social y el número de organizaciones que apoyan la innovación social y el emprendimiento ha crecido exponencialmente en la última década. Muchas de estas organizaciones, pequeñas y grandes, están jugando un papel crítico ayudando a jóvenes individuos como Laura que quieren ser agentes de cambio. En las próximas historias, conoceremos los sistemas de apoyo que tienen otros dos emprendedores sociales.

## Syreeta Gates

En los años sesenta, el psicólogo mundialmente famoso, Abraham Maslow, escribió prolíficamente sobre su teoría de la «jerarquía de las necesidades». En la base de lo que él llamó «la pirámide de las necesidades humanas» están las necesidades fisiológicas: alimentos, agua y sexo. En el siguiente nivel está la «seguridad»: la necesidad de sentirse seguro, en orden y estable. Todas juntas representan las necesidades físicas para la supervivencia. Solo cuando estas necesidades están satisfechas, sostiene Maslow, los seres humanos se empiezan a preocupar por sus necesidades psicológicas. Y solo cuando los seres humanos han satisfecho sus necesidades de amor, de pertenencia a un grupo y de autoestima, pueden llegar a la cima de la pirámide: a la autorrealización.

Si la teoría de Maslow fuese cierta, deberíamos encontrar a la gente joven que proviene de entornos económicamente desfavorecidos mucho más preocupada por su supervivencia física que por saber cómo puede dejar huella en el mundo. Pero tal y como hemos aprendido de la historia de Jamien, (y veremos también en la historia de Syreeta Gates), no son solo los niños de familias privilegiadas los que quieren dejar huella en el mundo, convertirse en innovadores y emprendedores sociales. Como Jamien, Syreeta creció en una familia monoparental que luchaba por sobrevivir.

Syreeta, una mujer afroamericana de veintitrés años, nació en Queens, Nueva York. Es la única hija de una madre soltera que se ha jubilado recientemente de una larga carrera como trabajadora social de la ciudad. En el año 2007, Syreeta fundó la organización *SWT Life* (pronunciada *sweet* —dulce— vida), la cual, según Syreeta «se dedica a cultivar y maximizar el potencial de éxito de la gente joven. *SWT Life* les proporciona asesoramiento empresarial, entrenamiento sobre desarrollo personal y exposición a profesionales que influyen y guían a la 'generación del milenio'». Syreeta actualmente sigue sus estudios de grado en Estudios Únicos e Interdisciplinarios, en la universidad de Nueva York; un programa para estudiantes que quieren diseñar su propia especialidad y que les otorga algunos créditos por experiencias vitales. La especialidad de Syreeta es la «cultura urbana juvenil» y está cogiendo cursos de estudios urbanos, antropología social, introducción a la cultura hip-hop e introducción a la publicidad. También está preparando una carpeta en la que documenta la experiencia del trabajo comunitario que ha realizado, por el cual recibirá quince créditos lectivos[7]. Finalmente, Syreeta está editando un conjunto de ensayos titulados *Just BE Cause*[8], que es una guía al emprendimiento social para la 'generación del milenio' y que contiene más de treinta trabajos. Tiene intención de auto-publicar el libro en Amazon.

---

7    La carpeta de Syreeta se puede ver en http://sgclifeexperience.wordpress.com/

8    *Solo por la causa*, juego de palabras con la palabra «porque» (N.d.T.)

## Conozca a Syreeta Gates

Brenda Gates, la madre de Syreeta, me contó que Syreeta comenzó «jugando» a ser emprendedora en primaria.

–La recogí del colegio un día cuando estaba en segundo curso –me explicó Brenda–. Cuando nos íbamos, el bedel le dijo: 'Vale, cariño, no te olvides de mí'. Me volví hacia y mi hija y le dije: '¿De qué está hablando?'. Él me oyó y me explicó que Syreeta andaba vendiendo palomitas en el colegio. Estaba vendiendo a cuatro dólares palomitas que yo compraba en Costco por un dólar cuarenta y cinco.

»Más tarde, empezó a hacer marca-páginas que yo vendía en mi trabajo por un dólar. Luego mi tía le enseñó a hacer tartas, y yo se las vendía. En el instituto compraba parches de telas que cosía a la ropa y luego los vendía a otros niños.

»Pero siempre ha estado pensando en ayudar a otros, también. Un día, me preguntó por los hombres que veíamos sentados en los bancos día y noche. Quería saber qué es lo que ella podía hacer. Le expliqué que hay gente que se queda atrapada, pero que debemos tratarles con dignidad y respeto. Y que tú debes perseguir tus propios sueños y quizás ser un ejemplo para otros. Y no solo puedes soñar algo... Y de repente tuvo un 'momento eureka' en el instituto, cuando trabajaba en un comedor de beneficencia.

## Brenda Gates sobre cómo criar a Syreeta

—El comedor de beneficencia fue una experiencia chulísima —me dijo Syreeta—. Me gustaba, especialmente, hablar con la gente de allí. Conocí «a gente sin techo» y a otros con trabajo pero que simplemente necesitaban una comida. Una de las mejores cosas del comedor social era que hacía el voluntariado con mis amigos. Desde entonces, me di cuenta de que el servicio público podía ser algo divertido y no aburrido.

Esta experiencia fue el primer destello de una pasión para Syreeta, pero el camino desde sus días en el instituto hasta donde está ahora no ha sido nada fácil.

—En el instituto era uno de los miembros del «Club de las Dos y Media», lo que significa que estaba fuera del colegio a las dos y media —me contó Syreeta—. Casi no consigo el graduado escolar ni el bachillerato. Las únicas clases que me gustaban eran las de empresa, las de matemáticas para la empresa y las de comunicación.

»Me gradué en el 2005 y fui directa a la universidad City Technical College de Nueva York. Pero después de un año la abandoné y me expulsaron a la vez. No dejaba de suspender matemáticas.

## El voluntariado como un camino para la búsqueda de un propósito

—Como progenitor, he tratado de dar a Syreeta orden, a la vez que le he dejado encontrar lo que le apasionaba y le he dado el espacio para explorar esa pasión —me explicó Brenda—. Descubrió que City Tech no se parecía en nada al instituto. Vino al final del primer año y me dijo: «No estoy lista». Yo le dije: «Vale, pero tienes que hacer algo mientras tanto». Y así es como empezó con el voluntariado.

Syreeta continuó:

—Cuando comencé con el voluntariado es cuando empezó realmente mi vida. Primero trabajé para una organización llamada *Team Revolution*. Luego trabajé para *Public Allies*, un programa de AmeriCorps, durante un año. Al principio, yo era el enlace de los padres con la comunidad para el proyecto *Reach Youth*, un programa de prevención del SIDA, pero no me gustaba el puesto en el que estaba. Así que me fui a trabajar a un programa de adolescentes y me encantó. Me encantó estar en el mismo entorno que los adolescentes. Mi primer proyecto fue con un grupo de mujeres jóvenes. Eran niñas al comienzo de secundaria y les ayudábamos en su transición hacia el instituto.

## Syreeta y los «asesores de sueños»

—El segundo proyecto en el que trabajé fue un mural de prevención del SIDA. El coordinador del programa, Daniel Silber-Baker, era fantástico. Me animó y me dio libertad para crear el programa.

Cuando le pedí a Syreeta que me nombrase a algunos profesores que le hubiesen sido de especial ayuda, me dijo que no hubo ninguno. Pero lo que sí me dijo es que un número de individuos fuera del colegio la animaron y tutelaron de muchas formas positivas, y Daniel Silber-Baker fue uno de los que mencionó.

## Los mentores de Syreeta

## Tutelando a Syreeta

Daniel tiene el título de graduado en Estudios Americanos por la universidad de California en Santa Cruz, y empezó a trabajar con jóvenes cuando estaba en octavo curso (equivalente a 2º de la ESO).

–Dejé de ir al colegio durante un tiempo –me contó Daniel– así que mis padres me metieron en un programa de entrenamiento de consejeros en la YMCA. Me encantó trabajar con jóvenes desde el principio. –Ahora, con veintisiete años, Daniel es el director del proyecto Educación Sanitaria Adolescente de la organización *Reach Youth*, un programa financiado por el hospital Brooklyn Lutheran HealthCare. Daniel dirige una serie de programas cuyo objetivo es crear una cultura sanitaria juvenil más sana y segura. Comenzó a trabajar con Syreeta hace tres años.

–Soy muy protector con respecto a quién trabaja con la gente joven, pero en seguida vi lo buena que ella era con los adolescentes. Cuando acabó su práctica en *Public Allies*, inventaba puestos para poder «quedármela». Y todavía está involucrada en nuestros programas. Ella dio el discurso de apertura en la graduación de nuestro proyecto SAFE hace unos meses» (un programa que entrena a la gente joven entre 14 y 19 años a dar valiosa información a sus compañeros a través de talleres, actuaciones y de la divulgación en la Comunidad)».

Le pedí a Daniel que me describiese algunas de las formas en las que había intentado apoyar a Syreeta.

–Al principio, le ayudé a encontrar el espacio para realizar su sueño. Cuando comenzó a trabajar con nosotros, vino y me dijo: «Quiero hacer un mural de prevención de SIDA para los niños». Otros dentro de mi organización pensaron que sería solo un grafiti y no quisieron apoyar su proyecto. Le dije que me encargaría de toda la burocracia. Así que organizó un grupo de chicos entre catorce y diecisiete años. Estuvieron cuatro semanas aprendiendo de un grafitero y luego pintaron el mural en un lado del edificio. Y toda la comunidad reconoció lo valioso que era porque ¡nadie ha pintado ningún grafiti encima!

»En el último año, más o menos, he intentado apoyar su decisión de volver a la universidad. Le he ayudado a buscar las clases y a construir su especialidad en base a estudios independientes. También hemos trabajado juntos en unos cuantos proyectos. Uno fue el Día Mundial del SIDA, en el que su idea era hacer de ello toda una campaña, no solo un evento de un día. En lugar de *«fresh to death»* (expresión de la calle que significa «algo muy bueno»), se le ocurrió *«fresh to life»* («algo muy bueno para la vida»). Organizó una campaña en la que los niños, vía Facebook y Twitter, añadían a una lista una cosa que podían hacer cada día para estar seguros, es decir para proteger su vida. Tuvo una enorme respuesta.

»Esta pasada primavera organizó una conferencia para juntar a los niños de Brooklyn con la gente de la comunidad y me reclutó como entrenador y asesor.

Erica Ford ha sido otro de los mentores importantes de Syreeta.

—Cuando empecé a trabajar en la organización *Team Revolution*, hace tres años —me dijo Syreeta—, Erica me preguntó cuál era la huella que quería dejar en el mundo; cuál sería mi legado.

Erica es la directora del campamento LIFE (siglas de *Love Ignites Freedom Through Education* —el amor enciende la libertad a través de la educación—), una organización sin ánimo de lucro que, en palabras de Erica «ayuda a salvar y a construir vidas, enseñando a la gente joven a ser emprendedores en la música y el diseño, como alternativa a la vida de las bandas callejeras». Por haber crecido en South Jamaica, en Queens, en la época de la epidemia del crack de los años ochenta, Erica vio mucha gente joven a su alrededor que terminó asesinada o en la cárcel. Decidió trabajar con los jóvenes para ayudarles a buscar otras cosas a lo que podrían dedicar sus vidas.

Erica sabe lo importante que es enganchar a un joven a una pasión, pero también reconoce la importancia de enseñar a los jóvenes urbanos a salir por ellos mismos.

—Han sido entrenados para no pensar, para no superarse, para quedarse en la mediocridad —explicaba Erica—. Tienen talento e inteligencia, pero son vagos. Y la gente, dentro de la comunidad, acepta esto. Syreeta llegó con palabras grandilocuentes, como si supiese muchas cosas, pero yo le dije: «Te voy a empujar». Hago esto con todos los chicos. Si me dices que sabes jugar al béisbol, te lanzaré la bola. Si me dices que sabes rapear, te buscaré un micrófono. Si me dices que sabes diseñar ropa, te encontraré una máquina de coser. La he empujado constantemente. El mes pasado le dejé ir a una casa de acogida de niños en el Bronx para que les hablase de su trabajo y de cómo podrían obtener becas de estudios.

»Trabajar con los niños de la calle implica que tienes que vencer su forma de pensar. Tenemos que hacerles ver que sus condiciones económicas no tienen por qué definir quiénes son. Tienen que entender la grandeza que hay dentro de ellos y que, si son fieles a sí mismos, pueden superar las barreras.

## La importancia de la pasión y la búsqueda de un propósito en la vida de Syreeta

Según la web creada por Syreeta para la conferencia de jóvenes de comienzos de 2011, *The SWT LIFE CONVO* es un programa piloto que proporcionará a treinta adolescentes neoyorkinos (entre los 14-17 años) un claro entendimiento de cómo tener una pasión, fortalecerla y conducir, desde ahora y con éxito, su desempeño en la escuela y en la vida. En sesiones individuales con asesores de la vida de adolescentes y astrólogos, y a través de talleres con líderes del milenio de distintas industrias, los adolescentes formarán parte de un desafío que durará treinta días diseñado para extender su imaginación, sus habilidades y desarrollar la creencia en sí mismos[9].

Cuando le pregunté a Syreeta por qué creía que eran importantes «la pasión, la fortaleza y la búsqueda de un propósito». Ella me contestó:

—En el instituto te dicen que trabajes mucho y te dicen en lo que eres malo. Pero para mí, era tan importante descubrir en lo que era buena y en encontrar mi pasión, que no pude volver a la universidad hasta no saber lo que me apasio-

---

9    Consultado el 9 de julio de 2011 en http://dreammgmt.wordpress.com/theswtlife/

naba. Esto cambia a medida que tú te desarrollas y te haces mayor, pero conocer tus pasiones hace que tengas un propósito y, moverte hacia la búsqueda de un propósito hace que ya todo tenga sentido.

Brenda Gates también habla de lo importante que fue que Syreeta encontrase su pasión.

–Está apasionada con lo que hace. Sabe acertar, tiene la confianza y las habilidades para influir verdaderamente en la gente joven. Mi deseo y mi sueño es que se apasione con todo lo que sea que acabe haciendo.

–¿Por qué crees que la pasión es tan importante? –le pregunté.

–Cuando Syreeta se apasiona con algo, y es algo que realmente disfruta haciendo, entonces te da el 110 por ciento; y lo hace pase lo que pase. Si se apasiona, tendrá éxito, no necesariamente porque gane dinero, sino porque será feliz. Mucha gente tiene muchísimo dinero y no es feliz. El dinero no aporta felicidad a tu vida.

Syreeta cree que la gente joven debe entender cómo su cultura juvenil modela sus valores, sus creencias y sus comportamientos. No solo se enseña a los jóvenes desfavorecidos de la calle a conformarse con muy poco, como observó Erica, sino que piensan que eso es lo que «mola» más. No «mola» estudiar o tomarse en serio el colegio. «Mola» saltarse el colegio y pasarse el día en las calles. Es como si mucha gente joven, que ha crecido en entornos empobrecidos, quisiera creer que la injusticia de la sociedad es algo que ha escogido libremente y que prefiere. Los colegios a los que asisten son terribles, así que lo que más «mola» es no ir para nada, no preocuparse por nada.

## Gates y la cultura pop

−Ella entiende el significado de lo que «mola» mucho mejor que nadie que yo haya conocido −me dijo Daniel−. La fuerza que guía a la gente joven, así es la llave de su entendimiento y es así como vas a lograr engancharlos. Syreeta es consciente de cómo le afecta la cultura y de cómo ella puede influir en esta última. −Este don de Syreeta me lo explicó ella un poco más, en un *email* reciente:

> «Siguiendo la visión de Syreeta y entendiendo por qué lo que 'mola' domina las vidas y decisiones de la gente joven, la SWT Life (la organización sin ánimo de lucro que Syreeta creó) sirve de motor y paraguas; es la fuerza que pone a trabajar junta a los miembros de las comunidades y a las organizaciones, creando programas, conferencias, murales y actividades de servicio comunitario que permiten a la gente joven provocar cambios positivos en sus comunidades, a la vez que re-diseñan las fronteras de lo que 'mola'. La forma de actuar de Syreeta es imaginativa y profundamente práctica. Encuentra su base en las necesidades físicas más urgentes y concretas de las comunidades y las soluciones en los sueños más

bonitos y creativos de la gente de esas mismas comunidades. Syreeta se rodea de la gente más ignorada, más silenciada, la que lleva las peores cargas, y consigue sacarles las acciones más efectivas que provocan el cambio social».

—A mucha gente le enseñan que la imaginación tiene sus límites —me explicó Daniel más adelante–. Syreeta rechaza esta lógica; ella cree, firmemente, que la forma en que se imagina el mundo puede ser real. Tiene la habilidad de soñar con un mundo más justo, libre y que «mole».

Recientemente, Syreeta ha alcanzado gran reconocimiento por su talento y por sus logros. Ha sido galardonada con el premio «A las 20 mujeres más increíbles de menos de 25 años» de la revista Glamour, en el acto de entrega de los premios *Anual Glamour Women* del año 2010. También ha sido nombrada miembro del *StartingBloc*, lo que le permite asistir al programa de cuatro días del Instituto para la Innovación Social[10].

—Fui a un taller de ayuda al plan de negocio en Harlem, patrocinado por StartingBloc y Goldman Sachs. —Syreeta me explicó cómo llegó a formar parte de ese programa–: Empecé a hablar con una mujer, Margaret Moore. Estaba leyendo el libro de Malcom Gladwell, *The Tipping Point*, y le empecé a hablar de lo que estaba haciendo. Más tarde supe que ella también había sido miembro de StartingBloc y que trabajaba

---

10    Más información sobre StartingBloc y sus programas se puede encontrar en su página web http://www.startingbloc.org/institute, consultado el 9 de julio de 2011

para Goldman. Me ayudó con la solicitud del programa y me pagó los gastos de inscripción. Estoy de verdad muy agradecida de haber podido participar en él. Había gente de empresas sin ánimo de lucro, de empresa privadas, del gobierno y del sector de la empresa social. La red de jóvenes profesionales es alucinante.

No hay ni que decir que Syreeta no ha llegado hasta aquí, sin problema alguno. Mientras que espera terminar la universidad en año y medio, me ha contado que lucha por pagar los costes universitarios y que muchas veces no sabe cómo pagará el siguiente recibo de la universidad. Vive con su madre para ahorrar dinero. A Daniel, que le ayuda con su trabajo universitario, le preocupa que pueda impacientarse cuando tiene que rellenar el papeleo de solicitud de ayuda financiera y otros aspectos burocráticos de la universidad. Es fácil para ella decir: «Y ¿qué más da?», pero yo creo que es muy importante que complete sus estudios.

## Algunas similitudes y diferencias importantes

Las similitudes entre las historias de Laura y Syreeta son notables. Ambas mujeres jóvenes se beneficiaron enormemente de unos padres que les animaron a seguir sus pasiones para logar dejar huella en el mundo. Ambas encontraron el instituto poco inspirador y para ambas la universidad fue una mezcla de cosas. Mientras que ambas encontraron o crearon cursos que les interesaban a través de los programas de estudios interdisciplinarios, las dos estaban más comprometidas con el trabajo que estaban haciendo fuera de las aulas. Sus metas eran las mismas: retar a las personas y darles las herramientas necesarias para ser agentes de cambio.

En las vidas de ambas mujeres, el apoyo recibido por las organizaciones sin ánimo de lucro que trabajan con jóvenes emprendedores sociales, ha sido determinante. Finalmente, el juego, la pasión y la búsqueda de un propósito han sido igualmente importantes y motivadores para Syreeta y para Laura. «Conociendo tu pasión, te mueves hacia la búsqueda de un propósito», me dijo Syreeta.

Esta comparación, sin embargo, no pretende minimizar las diferencias que existen en sus vidas. Crecer en una familia que difícilmente conseguía seguir a flote, financieramente hablando, hizo que Syreeta tuviese que economizar y luchar; algo que Laura no tuvo que hacer. Y aunque Syreeta no lo dijese, creo que Daniel y Erica han sido más que sus mentores intelectuales; han sido sus modelos a seguir. Ambos hacían el tipo de trabajo que Syreeta se imaginaba haciendo y le ayudaron a desarrollar la disciplina y la perseverancia que necesitaba para lograrlo.

Creo que el papel de la pasión y de la búsqueda de un propósito en las vidas de estas dos mujeres es distinto, también. Para mucha gente joven de clase media que ha crecido en la sociedad post-industrial, descubrir lo que le apasiona en la vida le otorga sentido, y la búsqueda de un propósito le lleva a trabajar más duro de lo que lo habría hecho y a crear importantes innovaciones. Si bien esto es igualmente cierto en los jóvenes de la calle, la pasión y la búsqueda de un propósito tienen un papel más importante aún en sus vidas. Descubrir su pasión les permite tener una alternativa a la vida en la calle y se convierte en algo esencial para su supervivencia. Solo descubriendo lo que más quieren y que solo necesitan decir sí para hacerlo, pueden decir «no» a todas las cosas de su entorno que amenazan con hundirles y destruirles. En palabras de Syreeta, lo que más «mola» es pasar de *«fresh to death»* («algo muy bueno») a *«fresh to life»* («algo muy bueno para la vida»).

Sin una razón, sin una pasión y un propósito, mucha gente desfavorecida simplemente no puede con el aburrimiento que le provoca el colegio. La pasión y la búsqueda de un propósito es lo que les da esperanza, les enfoca hacia un camino, y les da una razón para adquirir las habilidades y conocimientos necesarios para logar el éxito.

Sin embargo, no solo los estudiantes de las minorías están «en desventaja» con respecto a la educación. Alumnos que aprenden de otra manera también son, de alguna manera, desfavorecidos, tal y como veremos en la historia de Zander.

## Zander Srodes

Zander Srodes, de veintiún años, ha recibido el reconocimiento internacional a su labor con las tortugas marinas en extinción. Ha impartido presentaciones en cientos de colegios de infantil y primaria en Estados Unidos y alrededor del mundo, y ha sido invitado como ponente en conferencias de conservación en India y Japón. Cuando tenía catorce años, Zander escribió un libro de actividades de veinte páginas para los niños de infantil llamado *Turtle Talks*, ilustrado por

Linda Soderquist, artista y profesora de infantil. Después contrató a estudiantes de instituto para que tradujesen el libro al español y al francés. Posteriormente el texto fue traducido a otras tres lenguas y, a día de hoy, se han distribuido 250.000 copias gratuitas en veinte países.

Zander trabaja actualmente en una novísima estación de investigación y rescate de las tortugas marinas, en el pequeño pueblecito de La Baronna, situado en la parte más al sur de Guatemala, en el océano Pacífico. El pequeño grupo al que Zander se ha unido está llevando a cabo una experiencia pionera trabajando con los cazadores furtivos, educándoles en la importancia de donar un 15 % de los huevos que encuentran a la estación de rescate. El equipo Azakul pidió a Zander que se uniese a ellos por su experiencia e interés en educar a la gente sobre las tortugas marinas. Además de la obligación de rescatar e investigar en circunstancias físicamente muy exigentes, la estación enseña a los niños por qué salvar a las tortugas es bueno para ellos, para su economía y para su ecología.

**Conozca a Zander Srodes**

Así es como Zander explicó en una reciente conferencia de TEDx-Adolescentes en Nueva York, cuál fue el catalizador de su trabajo actual[11]:

«Todo empezó en el año 2001, cuando yo tenía once años. Estaba una noche en la playa lanzando cohetes para impresionar a mis amigos. Una mujer mayor se me acercó gritando diciéndome que las luces interferían con la visión de la luna que tenían las tortugas marinas, y que así no serían capaces de retornar al agua. Y, como un niño mocoso de once años delante de sus amigos, le contesté: 'Vete de aquí vieja'.

»A la mañana siguiente me levanté y estaba en mi casa, hablando con mi madre, cuando me di cuenta de que me había metido en un problema. Salí cuando ella se había ido y mi madre me dijo: 'Tendrás que ir a hablar con ella. Es la encargada de proteger a las tortugas marinas de esta parte de la playa'. Y pensé: 'Vale, estupendo, encima es alguien importante, así que sí que voy a tener problemas'.

»De forma que fui a su casa esperando una bronca de esa cincuentona que me iba a decir todo lo malo que había hecho. Pero, cuando me hizo pasar dentro, me empezó a hablar de las tortugas marinas. Y no me estaba gritando. Me estaba educando sobre esos animales en extinción.

---

11    Su presentación puede verse en http://www.youtube.com/watch?-v=hZR214wjIfA/

»Lo que yo estaba haciendo con esos cohetes era estorbar a esas criaturas que habían estado en la tierra durante sesenta y cinco millones de años y que son parte integral del coral en el que habitan. Y no sé lo que pasó, pero algo me azotó. Nunca antes me había importado nada. Y de repente me encontré preguntándole: '¿Qué puedo hacer yo para ayudar a proteger a las tortugas marinas?' Y ella me dijo: 'No hay muchos jóvenes que hagan nada por proteger a las tortugas marinas'. Después de ese día no ha pasado ningún día en que no piense en estos animales.

## La evolución de un joven medioambientalista

Zander me contó el resto de su historia en una conversación:

—A Linda y a mí se nos ocurrió la idea de hacer presentaciones en los colegios. Supe de un programa de subvenciones para niños, escribí una propuesta con la ayuda de mi madre y de Linda, y obtuve mil doscientos dólares de la Fundación VENICE (ahora denominada *Gulf Coast Community Foundation*). Adquirí un portátil, preparé la presentación en *Power Point* y pedí prestado el proyector de la oficina de mi padre. Hice un disfraz para que los niños se lo pusiesen y así explicarles la anatomía de la tortuga marina y utilicé una caja de arena, con la forma de una tortuga, para que los niños pudiesen enterrar réplicas de los huevos. También tenía un modelo a tamaño real de una tortuga.

»Con la ayuda de Linda empecé a llamar a profesores e ir a colegios cerca de mi casa, en Florida. Cuando empecé con el proyecto, no me habría imaginado ni en un millón de años que los profesores me querrían en sus clases para hablar a sus alumnos, porque nunca fui un gran estudiante y nunca tuve un profesor al que yo le gustase. Pero a los profesores realmente les gustaba mi presentación, les gustaba la idea de que un niño de once años fuese a sus clases y hablase con sus alumnos. Y creo que conseguí sensibilizar a los chicos porque el que hablaba era uno de su misma edad.

»Después de hacer presentaciones durante tres años, y más y más cada año, Linda y yo empezamos a hablar de cómo llegar a aquellos alumnos a los que yo no podía ir a ver, y así es como surgió la idea de *Turtle Talks* que escribí durante el verano de 2004. Linda hizo las ilustraciones, mientras yo contrastaba todos los hechos y empezaba a solicitar subvenciones. La primera edición del libro fue de cinco mil ejemplares y empezamos a mandar copias a los colegios de Florida y luego de Georgia, y Carolina del Norte, donde tienen una población de tortugas marinas ponedoras.

»Pero las tortugas marinas se enfrentan a un mayor peligro de extinción en los países caribeños, así que comenzamos a mandar libros a Trinidad y a Bahamas. Luego comencé a trabajar con el club de español de mi instituto para traducir el libro al español. También empecé a recibir subvenciones para mis viajes. Fui a Trinidad y di charlas en los colegios, y establecimos programas con colegios hermanos, juntando a colegios de Estados Unidos con colegios de Costa Rica, Bahamas y Panamá. Este año he sido invitado a hacer una presentación en el Simposio Internacional de Tortugas Marinas, que se ha realizado en la India, y así el libro se ha traducido a dos dialectos hindúes. He continuado solicitando subvenciones para producir más libros e intentar traducirlos a muchas más lenguas.

—¿Cuánto dinero has recaudado con tu proyecto hasta ahora?

—Unos doscientos cincuenta mil dólares.

Zander no ha mencionado los numerosos premios juveniles que ha recibido por su trabajo, incluido el *Florida Wildlife Federation's Youth Conservationist Award* y el *Earth Island Institute's Brower Youth Award* en el año 2005; el *Presidential Environmental Youth* y el *Prudential Spirit Community Award* en 2007; y el *Volvo for Life Award* en 2008. Zander ha donado los 25.000 dólares recibidos del premio *Florida Mote Marine Laboratory*, cuyos científicos le ayudaron en la investigación y con los materiales necesarios para hacer la primera de las presentaciones a colegios. Tampoco me dijo que su foto y su biografía ha aparecido en 25 millones de bolsas de patatas Doritos, como parte del premio *Do Something Award* del año 2008. He sabido todo esto de los numerosos artículos que han sido escritos sobre él.

—¿Y qué viene ahora? —le pregunté a Zander.

—He escrito otros dos libros de actividades, uno de las tortugas de tierra y otro de las tortugas de agua dulce. Gracias al proyecto, he desarrollado una gran cantidad de contactos con gente de la comunidad conservadora de las tortugas marinas. Soy estudiante en prácticas en el *Sea Turtle Conservancy*, la organización más antigua del mundo de conservación de las tortugas marinas. Hacen eco-turismo y llevan a niños de Estados Unidos a Costa Rica, México y Trinidad para hacer voluntariado con los nidos de las tortugas marinas. El pasado verano lideré un viaje a Costa Rica y este verano lideraré otro.

Brad Nahill es el director de marketing y cofundador de *SEE Turtles*, el grupo para el cual Zander lideró su primer viaje de eco-turismo. Le pregunté sobre cómo había evolucionado el trabajo de Zander dentro de la organización.

—El primer contacto que tuve con Zander fue en el año 2007, en una reunión en el *Sea Turtle Symposium*, en Myrtle Beach, Carolina el Sur. Su existencia llegó a mis oídos a través de un colega, el Dr. Wallace Nichols, uno de los líderes conservacionistas de tortugas de hoy en día. El Dr. Nichols, en una de sus sesiones de trabajo, tuvo a Zander hablando de su libro y trabajando en un grupo. Solo tenía dieciséis o diecisiete años, por entonces, y tuvo que ponerse delante de conservacionistas que llevaban haciendo su trabajo durante mucho tiempo. Pero estuvo muy elocuente y había creado un libro fantástico. He visto muchos materiales, pero este es uno de los mejores. No se suele ver a muchos chicos por estas reuniones, puesto que, normalmente, son presentaciones científicas muy densas. Reconocí que podría ser un gran líder de campo.

»Estuvimos en contacto durante un año, más o menos. A medida que la organización *SEE Turtles* fue desarrollando un programa educativo más intenso, sentí que era importante tener la perspectiva de una persona joven y, hace dos veranos, hice a Zander una oferta laboral como becario. Nos dio *feedback* de los planes de estudios para los profesores, lo que permitió que éstos mejorasen. Zander también me ayudó a construir una base de datos sobre los clubs de medioambiente que existían en los colegios y las universidades. Es un recurso muy valioso para poder involucrar a más colegios.

»Decidimos ofertar un tour por Costa Rica a estudiantes que lideraría Zander. Nos ayudó a promocionarlo y a definir el itinerario. Es uno de los jóvenes universitarios más motivados que he conocido, y eso que todavía es muy joven. Y yo estaba allí y le vi interactuar con seis alumnos, muchos de los cuales eran mayores que él. El *feedback* recibido por los participantes fue magnífico. Muchos están deseando volver al siguiente viaje que lidere Zander.

—¿Qué es lo que le hace ser tan eficiente? —le pregunté.

—Es una combinación de carisma personal y entusiasmo desmesurado. Cuando está en la universidad, con una gran cantidad de cosas encima, puede llegar a sentirse dubitativo o inseguro. Pero en la playa está en su terreno y demuestra gran confianza. Zander no va de experto por ahí, pero lleva ya tanto tiempo en esto, que tiene una base de conocimiento muy sólida. También es muy bueno haciendo sentirse bien a la gente de su alrededor. Yo he liderado otros viajes, y siempre hay una variedad de gente. Algunos muy entusiastas, otros algo intimidados porque no saben mucho y temen hacer algo equivocado. Zander tiene la habilidad de ayudarles a superar esos miedos iniciales, a sentirse a gusto y a hacerles sentir que son parte del trabajo de investigación y conservación.

## Un estudiante con dificultades y unos colegios que no ayudaron

Si no hubiese sido por el apoyo incondicional de Linda Soderquist y Jean Srodes, la madre de Zander, el gran talento que tiene Zander habría pasado desapercibido, y ninguna de sus contribuciones a la conservación de especies habrían ocurrido. Al contrario que la mayoría de los otros jóvenes innovadores, que brillaron en sus colegios, Zander consiguió resultados con muchas dificultades. Jean Srodes me lo explicó en un email:

> «Zander ha tenido muchas oportunidades y apoyos para poder seguir sus pasiones e intereses. Sin embargo, nunca diría que el sistema educativo le apoyó.
>
> »Siempre digo que todo lo que ha aprendido, lo hizo en la etapa infantil. Su profesora de infantil, que también lo fue en primero de primaria, le cautivó. Siempre decía que no creía que todos los niños estuviesen cortados por el mismo patrón. Supo dejar a Zander levantarse y trabajar, si lo necesitaba, y moverse por la clase. Hizo que fuese fácil el aprendizaje en el colegio. Pero muchos de sus profesores posteriores estaban tan inmersos en su propio estilo de dar clases, que los días en el colegio para él eran duros.
>
> »El mundo de los deberes, la gran cantidad de trabajo y estar sentado callado en su pupitre, hizo que el colegio fuese difícil para nuestra familia.

Quizás debimos haberle medicado. Sabíamos que, si le analizaban, le pondrían medicación TDA (trastorno de déficit de atención). Pero no queríamos ahogar su espíritu creativo.

»Durante el instituto, en un colegio público de Englewood, Florida, ni siquiera muchos profesores reconocieron su trabajo de conservación. Y es en esa época en la que recibió numerosos premios. El último curso, en el acto de entrega final de premios, se olvidaron de mencionar que había recibido el *Prudential Spirit of Community Award*. Nunca respondieron a la carta en la que el organismo les pedía que recogiesen la placa para entregársela.

Linda Soderquist y Zander se conocieron cuando él tenía once años. Linda nunca cuestionó que él quisiese seguir su propia visión, aunque solo fuera un niño. Siempre le tomó en serio y apoyó sus intereses. Si no hubiese sido por las brillantes ilustraciones de los libros de actividades que Zander había escrito, el proyecto nunca habría salido adelante. Linda jamás ha pedido, ni esperado, pago alguno por su trabajo artístico.

—Así que desconozco la respuesta sobre si los colegios son lugares de encuentro para hacer florecer la creatividad en los alumnos. Habría escolarizado a Zander en casa, pero él quería ir al colegio por motivos sociales. No se imaginaba a sí mismo quedándose en casa mientras el resto iba al colegio. Hoy pienso que el colegio fue un lastre para su aprendizaje.

»Ahora soy profesora sustituta en un colegio público de West Virginia. Y veo el mismo tipo de docencia que mi hijo recibió: plana, aburrida, llena de normas. Solo estuve un mes trabajando en una clase de educación especial, al inicio de secundaria. Trabajé con cinco chicos catalogados como problemáticos, pero si mirabas bajo la superficie, todos tenían algún talento. Tienen planes de educación especiales, según distintos diagnósticos. Pero, ¿qué pasaría si alguien les hubiese dejado encontrar una pasión y hubiesen apoyado sus intereses? No tendría ninguno de ellos que tenerme a mí detrás, asegurándome de que no perturban las clases. Todos podían hacer el trabajo, pero vivían tal y como estaban catalogados. Ahora hago una sustitución en las clases de primero de primaria y, de verdad, me preocupan aquellos chicos de secundaria.

Linda Soderquist se retiró en junio de 2010, después de haber enseñado a niños de primaria durante cuarenta y dos años. Ella también ha sido muy elocuente y franca acerca de la situación de estudiantes como Zander:

—Muchos colegios no aceptan alumnos con trastornos de déficit de atención o con problemas de comportamiento en los programas de niños superdotados. Yo tengo la visión contraria. Muchas veces, esos son los alumnos más apasionantes de enseñar; saben que quiero que piensen libremente, sin ataduras. Demasiados niños «superdotados» solo quieren saber las «respuestas correctas», pero a muchas de las preguntas que yo les hacía, no había una respuesta correcta. Un alumno como Zander, estaría de pie, caminando por la clase y vendría con un montón de ideas. Siempre tenía una idea con la que se emocionaba; los niños dotados son así. Demasiados profesores esperan de los niños que se sienten y se comporten. Creo que los profesores tienen que entender que, porque un niño sea un trasto, no significa que no tengan nada interesante que ofrecer. Los profesores deben averiguar cómo sacarles adelante.

»Estoy encantada de haberlo dejado. En el último colegio donde enseñaba este año, si era martes, todos los alumnos tenían que estar en la página veintiuno. Resulta que tenía mucha más flexibilidad cuando estaba enseñando a niños superdotados. Podía hacer mis temas más importantes, más integrados y más interdisciplinarios. Y, antes de cada clase, explicábamos lo que íbamos a ver. También les recordaba que los empleadores buscan gente con ideas creativas, y que la respuesta correcta no siempre va a estar ahí fuera. Pero hoy, si no es algo relacionado con el examen, no te permiten enseñarlo en clase. Algunos directores vienen y te dicen: 'No vamos a enseñar ciencias este semestre porque no se evalúa hasta quinto curso'. De verdad asusta.

## Soderquist y el futuro de la educación

Zander quiere ser biólogo marino, pero después de dos intentos fallidos en universidades públicas, no me queda claro si va a conseguir el título requerido. En el instituto, Zander fue pasando con poco esfuerzo.

—Lo mejor de ser un estudiante normalito en un instituto típico —me contó—, es que podía saltarme clases para hacer presentaciones en cualquier momento, y a nadie le importaba. Siempre puse mi trabajo de conservacionista por delante de mis clases. Tenía amigos que estaban en clases avanzadas y en el bachillerato internacional, y nunca habrían podido hacer lo que yo hice. Pero en la universidad, la cosa es muy distinta.

—Necesito alguien que me otorgue un grado de honor —me dijo, medio en broma—. La universidad es el obstáculo más grande de mi vida; se interpone en todo lo que quiero hacer. Odio ir a clase. Consigo hacerlo bien en las clases que me gustan y si me gusta el profesor; pero si no es así, me resulta casi imposible salir de la cama.

Le pregunté a Jean Srodes cómo veía el futuro de Zander:

—En algún momento acabará la universidad. No me preocupa. Siempre puedes volver a la universidad, pero ¿puedes siempre encontrar tu pasión? Zander dejó el colegio para irse a Panamá durante un mes, cuando tenía diecisiete años. Mucha gente me dijo: «No puedo creer que le dejes hacer eso». Sentía que no era justo no dejarle ir. Quizás debería preocuparme, pero le veo viviendo su propia vida y funciona.

—¿Cómo se siente tu marido con del trabajo de Zander?

–Está muy orgulloso de él. Pero es duro para él, que tiene setenta y dos años, y espera que cuando haces un trabajo sea por dinero; aunque Zander piensa que, aunque sus prácticas no son remuneradas, son su «trabajo».

## El peligro de las etiquetas y el reto de las credenciales

Una vez más, vemos una pauta de comportamiento familiar en el desarrollo de un joven innovador: padres que animan a sus hijos a encontrar y perseguir sus pasiones, y un profesor fuera de lo común, en este caso un profesor de infancia, que reta a sus alumnos a que exploren y descubran en la clase, y que hace lo mismo como mentor fuera del colegio.

Para Zander, hacer presentaciones a la edad de once años era, inicialmente, una forma de juego creativo, que muy pronto creció hasta convertirse en una pasión. La pasión de Zander se ha transformado en la búsqueda de un propósito. Sin embargo, no está claro cómo va a ganarse Zander la credibilidad que necesita para seguir ese propósito en el futuro. Vivimos en la sociedad de las credenciales, especialmente en la comunidad científica. Brad Nahill, el mentor de Zander, compara su lucha por obtener credibilidad con la de Zander. «Con un grado en economía, en lugar de en biología, al principio, me fue muy difícil que me tomasen en serio los científicos. Sin título alguno, será un grandísimo reto. Zander puede que lo logre, pero será mucho más duro».

Mucha gente es como Zander, sobre todo entre el colectivo de individuos económicamente desfavorecidos. Las etiquetas que les ponen: hiperactivo, TDA, TDAH[12], necesidades especiales, y demás, puede que describan algunos síntomas, pero demasiadas veces esos «diagnósticos» se convierten en un estigma, una marca para el niño, que no nos dice nada de quién es, de lo que es capaz y de lo que necesita para triunfar. Lo que es común en muchos a los que he enseñado, es que no son de «aprender del libro». Aprenden haciendo. Y son capaces de hacer grandes contribuciones a la sociedad, si se les dan las oportunidades correctas para aprender y desarrollarse; tal y como hemos visto en Zander.

## Sroder y el TDAH

Amy Smith, la profesora de Jodie Wu en el MIT, entiende el problema desde un punto de vista muy personal:

—Estoy segura de que si ahora mismo fuese estudiante, me diagnosticarían TDA —me contó—. Hay todo un grupo de gente que se cree que tiene un trastorno, en lugar de una forma distinta de pensar. Y se les droga porque son difíciles de controlar o de enseñar. Yo era muy tímida, por lo que no me metía en muchos problemas, pero no podía aprender cosas

---

12    La conjunción de ambas (N.d.T.)

a través de la lectura. No las retengo. Las palabras en una página no llegan hasta mi cerebro si no consigo visualizarlas o hacer realidad lo que estoy leyendo. Pero la gente que se hace profesor, aprende de una determinada manera, y toda la base de la educación se asienta en la lectura. Las distintas formas de pensamiento creativo están marginadas en los colegios. Así que esos niños no consiguen llegar a carreras que permiten fomentar la creatividad.

**Smith y los estilos de aprendizaje**

No tengo la respuesta para Zander ni sé cómo acabará su historia. No creo que todos los estudiantes tengan que continuar hasta el grado de cuatro años. Como dijo Amy, necesitamos valorar distintos tipos de creatividad y las muchas maneras en las que la gente puede ser altamente innovadora sin la necesidad de los cuatro años universitarios. En Finlandia, uno de los países más innovadores del mundo, casi la mitad de los alumnos de instituto eligen la formación profesional práctica y otros programas vocacionales y se gradúan con buenas ofertas de trabajo en puestos innovadores. Conoceremos algo más de sus innovaciones docentes en el próximo capítulo.

## Algunas observaciones finales

No todos los innovadores sociales sufren con los estudios universitarios, como les ha pasado a Syreeta y a Zander. Muchos de los estudiantes con más talento que he conocido durante mi investigación aspiran a ser emprendedores sociales, y son buenos estudiantes; Laura White es un ejemplo de ello. Independientemente de su entorno socioeconómico o de su grado de éxito universitario, lo que todos los jóvenes innovadores tienen en común es la importancia que tienen en sus vidas el juego, la pasión y la búsqueda de un propósito. Estas motivaciones intrínsecas les conducen a lograr cosas y a perseverar, y da sentido a sus vidas. En las muchas conversaciones con la gente joven que he tenido para este libro, ni una sola vez ninguno mencionó como meta ganar dinero u obtener la fama. Ellos quieren y necesitan dejar huella y, por supuesto, quieren algún tipo de reconocimiento por ello. Eso es humano.

Pero la pasión y la búsqueda de un propósito son más importantes en la gente joven que procede de entornos desfavorecidos, que han luchado contra la pobreza y los prejuicios. Para este grupo, tener un fuerte sentido de la pasión y de la búsqueda de un propósito les habilita para tener coraje, disciplina y tenacidad, para superar sus circunstancias y su entorno, y les da esperanzas, encaminándolos hacia su futuro. Y los mentores han jugado un papel todavía más importante, alimentando sus pasiones y la búsqueda de un propósito en la gente joven que procede de entornos desfavorecidos, tal y como hemos visto. Consideremos los muchos mentores que han ayudado a Syreeta y a Jamien, de muchas formas muy significativas. No necesitas ser el padre o el profesor de alguien para impactar la vida de un joven. Pero lo que sí necesitas hacer es escucharle con atención, y luego, alimentar ese primer destello de pasión.

Algunos de nuestros jóvenes innovadores han tenido éxito en la universidad, mientras que otros no. Pero incluso los que tuvieron más éxito en sus estudios universitarios, solo se beneficiaron de uno o dos profesores, y todos esos profesores desafiaron, de una u otra manera, la forma convencional de hacer de sus escuelas o de sus universidades. Las organizaciones sin ánimo de lucro y otras redes informales con las que nuestros innovadores se han involucrado, parecen ser, por lo menos, igual de importantes para su desarrollo personal que cualquier instituto o experiencia educativa universitaria.

Afortunadamente, muchos educadores valientes están llevando a cabo de muchas maneras su propia innovación docente en todos los cursos, desde infantil hasta la universidad. Ya hemos conocido en este libro a un número importante de esos profesores, a través de los perfiles de los ocho jóvenes innovadores. En el próximo capítulo, entraremos a analizar en profundidad los tipos de cambios educativos más necesarios para «crear» muchos más jóvenes que sean curiosos, creativos y comprometidos para ser agentes de cambio o *changemakers*.

# CAPÍTULO 5.
# EDUCACIÓN Y APRENDIZAJE
# INNOVADORES

## Los desafíos de la enseñanza y el aprendizaje en el siglo XXI

Las instituciones educativas son profunda e inherentemente conservadoras. Y lo son especialmente en los niveles de instituto y de grado universitario por algunas importantes y válidas razones. Nuestro sistema educativo tiene como misión fundamental la «conservadora» labor de preservar y transferir el «capital» de nuestro conocimiento a la siguiente generación. Estos conocimientos son esenciales para la «alfabetización cultural», (término acuñado por E.D. Hirsch), de cualquier adulto educado, a la vez que pueden ser una fuente de gran satisfacción personal. El conocimiento es también esencial para poder innovar. Se necesita formación de base para ser capaz de discernir sobre lo que se puede y debe ser mejorado o cambiado.

Sin embargo, un problema de la educación tradicional es que la forma en que los contenidos académicos se enseñan es, a menudo, inútil: demasiadas veces se reduce a un mero proceso rutinario de transmisión de información de memoria, con pocas oportunidades para que los alumnos puedan preguntar o puedan descubrir cosas por sí mismos;

algo esencial para la innovación. Como resultado, la curiosidad innata de los estudiantes queda minada, «expulsada (de ellos) por el sistema educativo», tal y como Sir Ken Robinson y otros han denunciado. Adicionalmente, muchos trabajos de investigación han demostrado, repetidamente, que demasiados alumnos se gradúan en nuestras universidades de élite con muy poco o casi ningún entendimiento conceptual de las ciencias o de las matemáticas que han estado estudiando durante cuatro años. Han aprendido los hechos, pero no entienden las ideas que hay detrás de ellos[1].

Otro problema del modelo tradicional, igualmente grave, es el crecimiento exponencial de la información. Es imposible cubrir todos los contenidos académicos de un área dada. Cuanto más intenta hacerlo un profesor, más se convierte su asignatura en una marcha rápida y superficial por todo el material. La consecuencia es que demasiados alumnos se gradúan en institutos y universidades sabiendo cómo superar los exámenes, pero nada motivados a aprender, y completamente faltos de capacidades esenciales.

Cada vez más, en el siglo XXI, lo que sabes es menos importante que lo que puedes hacer con lo que sabes. El interés en algo y la habilidad para crear nuevas formas de resolver distintos problemas es la capacidad más importante que los alumnos deberían dominar hoy en día. Todos los innova-

---

1   Véase, por ejemplo, las extraordinarias vídeo-entrevistas de los graduados de Harvard y del MIT que luchan por explicar conceptos básicos como las razones por la que existen cuatro estaciones o cómo se completa un circuito eléctrico, producidos por el centro de Harvard-Smithsonian Center for Astrophysics, Science Education Department, Science Media Group. Consultado el 17 de octubre de 2011 en http://www.learner.org/sphider/search.php?search=1&query=private+universe&x=0&y=0

dores de éxito han adquirido la capacidad de aprender por sí mismos «en el momento» y luego han sabido aplicar esos conocimientos de forma novedosa.

Este capítulo está dedicado a analizar las muchas formas en las que los educadores, de manera individual o trabajando en conjunto dentro de una institución, están explorando las soluciones a los desafíos que plantea el aprendizaje en el siglo XXI. Comenzaremos con el perfil de dos profesores de instituto: uno que trabaja con alumnos en riesgo de exclusión social y otro que lo hace con alumnos altamente motivados y cualificados para las ciencias. Ambos docentes enseñan a sus alumnos, literalmente, «fuera del tiesto», lo que les permite motivarles y desarrollar en ellos las capacidades necesarias para la innovación.

## Scott Rosenberg

Scott Rosenberg, productor de cine autodidacta, fundó la empresa *Art Start* en 1991. Es una organización sin ánimo de lucro cuyo objetivo es «alimentar las voces, los corazones y las mentes de los jóvenes en riesgo de exclusión de Nueva York, dándoles los recursos y enseñándoles la salida para lograr cambiar sus vidas a través del proceso de la creatividad»[2]. Su eslogan es «El Arte Salva Vidas» y en el caso de Chris «Kazi» Rolle, no es una exageración.

—Crecí en Virginia —me contó Scott—. Mis primeros amigos fueron labradores que vivían en sucias chabolas. Por

---

2    Cita literal de la página web de Art Start, consultada el 9 de julio de 2011 en http://art-start.org/

ello nunca conseguí sentirme a gusto en la búsqueda de la satisfacción de mis intereses artísticos si con ello no lograba tener algún impacto social. Llegué a Nueva York para estudiar producción de cine y, posteriormente, fundé *Art Start*. Comencé a ir a refugios de «gente sin techo» para ver si podía ayudar a esos niños. Mi objetivo era extraer sus ideas, sus historias y visiones a través del arte, y darles la estructura necesaria para que ellos pudieran crear algo. Esos niños estaban en colegios especiales o en refugios, no tenían casa, no tenían nada; ningún tipo de atadura. Anhelaban tener algún sentido de conexión e identidad. Les di la oportunidad de explorar su voz, les preguntaba: «¿Qué es importante para ti?» «¿Qué tienes que decir?»

»Empecé a trabajar en un currículo de conocimientos básicos sobre arte y medios audiovisuales. En 1994, encontré uno de esos colegios especiales (de último recurso, un colegio alternativo al que los alumnos iban tras abandonar o ser haber sido expulsados de otros, *The Reportary Company High School*) que me permitió ir y enseñar en una clase. Vimos películas como *Menace II Society* (una película premiada, de 1993, que retrata la vida oculta de Los Ángeles) y escuchamos piezas de música de Biggie Smalls, un icono atemporal de la cultura rap que fue asesinado una semana antes de que saliese a la luz su segundo álbum. Llevé al productor de la película *Philadelphia* (la primera película de Hollywood que trató el tema del SIDA).

»Empujé a los chicos a que pensasen en lo que estaban viendo y oyendo: '¿Cuál es aquí la metáfora?' '¿Es eso lo que veis o pensáis?' Era un proceso de reflexión riguroso. Esos chicos ya eran expertos en el consumo de medios, pero no los entendían correctamente. Los chicos estaban tan motivados que venían después de terminar el colegio para hablar de estos temas.

»Mi manera de proceder fue la siguiente: si yo acudía a una reunión y no estaba preparado, y no tomaba en serio a mis compañeros, sabía que no duraría mucho en el negocio. Así que me acerqué a esos chicos como si fuesen colegas o compañeros profesionales, yendo a donde ellos estaban, respetándoles y mirándoles directamente a los ojos. Me encantaba oír lo que tenían que decir. Les hice ver anuncios y desmenuzarlos. Llegaron a comprender muy bien cómo funcionaban. Les propuse como meta crear su propio anuncio de un servicio público, pero tenían que hacerlo en grupo. Los chicos tenían que lanzar una idea sobre un anuncio de un servicio público para toda la clase. Tuve chicos que fueron a una agencia de publicidad a buscar la manera de lanzar ideas. Algunos dijeron que el anuncio de un servicio público debería versar sobre el abuso infantil, otros sobre el abuso sexual.

»En mi segundo año en el colegio, noté que los alumnos improvisaban bailes en el hall; siempre alardeando entre ellos. Así que les reté y les dije: «Veamos qué podéis hacer con un micro y una batería». Empezamos a reunirnos a la hora de comer. Era impresionante ver cómo esos chicos despertaban a la vida. Dominicanos, afroamericanos, todos con estilos y maneras de hacer diferentes. Esto acabó siendo un ritual, aparte de mis clases. Pero Ellen (la directora del colegio), un día me dijo: 'Te queremos, pero no puedes hacer esto en el colegio. Esto no es arte y los alumnos están molestando e insultando a otros profesores. No lo podemos permitir más'.

»El colegio no nos dejaba quedarnos ni que hiciésemos esa actividad después de clase porque no tenían presupuesto para pagar un guardia de seguridad. Pero esos chicos querían seguir trabajando. Tardaban una hora en ir y volver del colegio y no había ningún club de actividades o equipo de fútbol para ellos. Así que nos reuníamos en locales de venta de pizzas, en cafés o en los parques. Trabajaban hasta las seis, siete u ocho de la noche. Trasladamos el lugar de trabajo a mi apartamento, hasta que encontramos un lugar para montar un estudio. Lo que más me impresionó fue ver cómo encontraron formas de afrontar su situación y de expresarse con cierta complejidad lingüística, con matices, con destreza y con originalidad.

»Decidí que este trabajo podría ser una de las nuevas partes de *Art Start*. Ya no hacíamos arte en los refugios. Ahora teníamos todo un proyecto centrado en los medios, en escuchar música, en ver películas, en estudiar las imágenes mediáticas, y en deconstruirlas y crear anuncios de un servicio público. Y de esa forma lo que se llamó 'proyecto hip hop' pasó a ser la tercera pata de *Art Start*.

Uno de nuestros estudiantes era Chris «Kazi» Rolle. Cris me dijo que había sido un «sin techo», de los que vagabundeaba por las calles, cuando se topó con las clases de *Art Start*. Debido a su extraordinario enfoque de enseñanza, Cris encontró la motivación para quedarse en el colegio y se graduó, en 1996, en el *Repertory Company High School*.

Después de una breve estancia en una institución de formación profesional (los llamados *community colleges*), comenzó a dar clases en los proyectos de medios de *Art Start* y lideró un proyecto de hip hop.

—El proyecto de hip hop me ayudó a creer en mí, en mi propia creatividad y a desarrollar la confianza en mí mismo, así como a desarrollar mis propias ideas —explicó Cris—. Aprendí a superarme, a tener una visión y a centrarme. Ahora quiero devolver algo a cambio—. Hoy Cris, «Kazi», como se le conoce, continúa trabajando con jóvenes desfavorecidos a través de una variedad de proyectos, mientras que sigue una carrera de éxito como actor y cantante de hip hop. También da conferencias a adultos afroamericanos sobre el reto de mantener a las familias unidas. La historia de su vida fue objeto de una película documental, *The Hip Hop Project*, que ha sido producida por Scott, y cuyos productores ejecutivos son Bruce Willis y Queen Latifah. La película se estrenó en todo el país en el año 2007 y ha ganado numerosos premios.

—Estos chicos son absolutamente heroicos —dijo Scott—. Yo no habría resistido todo lo que ellos han tenido que resistir. Y están deseando abrirse a los demás, que les tomen en serio y ser útiles. Creo que nuestro trabajo es buscar los hilos para dirigirles, plantar las semillas y proporcionarles las herramientas necesarias y las estructuras adecuadas para que puedan ser útiles. Alguien que tenga un propósito o una razón, puede resistir muchísimo. Ahí es donde falla, totalmente, nuestro sistema educativo. ¿A quién le gustar pasar por todo ese trabajo rutinario y memorístico sin razón alguna?

## No dejar a ningún niño atrás. Tener un motivo para aprender y para hablar

La pregunta de Scott es la pregunta acertada. Él animó a sus alumnos a que desarrollasen una pasión y buscasen un propósito que les permitiese encontrar una razón para aprender. Empezó por observar su «juego» en el hall y luego les retó a que se tomasen más en serio ese juego. Utilizó sus formas de jugar, el amor por la música y por la cultura juvenil como punto de partida de un aprendizaje basado en el cuestionamiento de las cosas. A través de esa forma de tutelar, muchos de ellos fueron desarrollando, poco a poco, la auto disciplina necesaria para lograr el éxito, mientras que el juego se convertía en una pasión; lo que, con el tiempo, se transformaría en un fuerte propósito.

Syreeta se habría beneficiado enormemente si hubiese tenido un profesor como Scott en el instituto, alguien que se tomase en serio la cultura juvenil y que ayudase a los jóvenes a entender la fortaleza de dicha cultura, así como las maneras en que esa misma cultura les limitaba; alguien que, como Scott, enseñase a sus alumnos a utilizar sus experiencias para crear su propia cultura. En línea con los profesores altamente innovadores que hemos conocido en este libro, Scott también trabajó para crear un entorno de aprendizaje basado en la práctica, en la interdisciplinariedad y el trabajo en equipo; un entorno que le permitiese descubrir y cultivar la motivación intrínseca de los alumnos a aprender. Y como los otros, fue un profesor poco convencional en su colegio y llegó a tener que llevarse una parte importante de su trabajo fuera de las aulas.

El éxito que tiene Scott con sus alumnos nos sirve de claro ejemplo sobre lo importante que es establecer relaciones con la gente joven basadas en un profundo sentido del respeto mutuo. No simplemente les «miró a los ojos», como nos dijo. Les escuchó durante mucho tiempo y con gran atención. Procuraba aprender de ellos. Y, por encima de todo, Scott les ayudó a dar voz a sus pensamientos, ideas e inspiraciones. Cuando das a la gente joven voz, algunas de las cosas que tienen que decir son arriesgadas, incluso disruptivas, tal y como descubrió Scott. Pero si de verdad somos serios en lo de «no dejar a ningún niño atrás» y queremos procurar que todo joven se convierta en un innovador, tenemos que asumir estos riesgos.

## Amanda Alonzo

Tom Friedman, en su columna del New York Times del 20 de marzo de 2010, *El Sueño Real Americano*, contó su experiencia de pasar una tarde con los cuarenta finalistas del concurso *Intel Science Talent Search* (Búsqueda de Talento en las Ciencias patrocinado por Intel) de 2010. Es el concurso nacional más antiguo y prestigioso de ciencias, pre-universitario, en el que más de seiscientos alumnos de instituto y bachillerato presentan sus proyectos originales de ciencias para intentar obtener una beca universitaria[3]. La columna de

---

3    La columna de Friedman se puede encontrar en http://www.nytimes.com/2010/03/21/opinion/21friedman.html

Friedman me presentó a Amanda Alonzo, por entonces una profesora de ciencias de treinta años del instituto Lynbrook High School, en San José, California. Ella era la profesora de dos de los cuarenta finalistas del concurso Intel del 2010.

## Alonso sobre las ciencias en el instituto Lynbrook

Amanda creció en Vacaville, una ciudad rural de California y fue al colegio público de allí. Cuando me entrevisté con ella por primera vez en junio de 2010, acababa de terminar su octavo año como docente.

—No tenía intención de estudiar ciencias en la universidad —me contó—. Quería especializarme en danza, pero mi padre me dijo que no me pagaría la universidad para acabar graduándome en danza. Mi primera clase de ciencias en la universidad la impartía una bióloga, Meg Mathais, y ella fue la que realmente me inspiró para acabar especializándome en ciencias. Sabía que quería enseñar, pero gracias a Meg, decidí centrarme en el nivel de instituto con el objetivo de lograr que más mujeres se introdujesen en el mundo de las ciencias.

---

Más información sobre el concurso de ciencias se puede obtener de http://www.intel.com/about/corporateresponsibility/education/sts/index.htm

Fui a la universidad de Stanford para obtener un máster en educación y tuve la suerte de tener a Susan Schultz, una profesora de ciencias de instituto que estaba en Stanford sacándose el doctorado, como mi tutora y orientadora de mi currículo. (La mayoría de los catedráticos de las facultades de educación no tienen experiencia docente a nivel de primaria o secundaria). Hicimos mucho trabajo práctico de aprendizaje del alumno fundamentado en el cuestionamiento, y esa es la base de mi forma de enseñar. En mi primer año como profesora en Lynbrook, me pidieron que participase en el programa «Academia de profesores» patrocinado por Intel, para formarme como profesor asesor del concurso de ciencias. Todo el resto de profesores a los que se les había pedido lo habían rechazado, pero yo sentí que no podía decir que no al ser mi primer año como profesora allí. Era bastante reacia a acudir al programa porque mis experiencias anteriores en las ferias de ciencias no habían sido positivas; lo que había visto no era realmente ciencia, no había aprendizaje real detrás, y los padres hacían casi todo el trabajo.

»Sin embargo, la academia me impresionó. Cerca de cien profesores de todo el mundo iban a aprender cómo involucrar a un mayor número de sus alumnos en las ferias de ciencias. Cuando volví, solicité una subvención para lanzar un programa en nuestro instituto y en secundaria, y recibimos veinte mil dólares de la empresa Intel. Inicialmente, la idea era empezar con un programa de verano para alumnos que fuesen a comenzar el noveno grado (equivalente a 3º de la ESO), en el que se les enseñaría el método científico y, hacia el final del verano, cada alumno debería escribir una propuesta de investigación sobre la que trabajarían el otoño siguiente. Pero como soy una científica observé que, después de dos veranos, los alumnos no estaban allí por deseo propio. Los padres les habían obligado a asistir y ellos no lograron seguir con el programa, puesto que la investigación científica requiere de mucho tiempo, energía y pasión. Cambié el programa y ahora tenemos una serie de seminarios, durante todo el año escolar, en los que nos reunimos a la hora de comer y después del colegio. Los seminarios son una serie de sesiones generalistas, llevadas a cabo en el otoño, en las que se introduce al alumno en los procesos científicos y, a principios de enero, nos reunimos individualmente con cada alumno para ayudarles a iniciar su investigación.

»He trabajado con unos cuarenta alumnos este año, lo que me consume una enorme cantidad de tiempo, pero es una actividad que me encanta. Lo hagan bien o no en los concursos, ellos aprenden muchísimo y creo que les hace ser mejores personas. Miran el mundo como un lugar lleno de problemas, que les abre los ojos a lo que están heredando de nuestra generación; pero salen de ahí con el sentimiento de que pueden hacer algo para resolver esos problemas. Por ejemplo, uno de mis alumnos de este año vino con la idea novedosa de crear combustible de hidrógeno a partir de un alga. Están aprendiendo mucho más de este trabajo que lo que aprenden en de sus clases de ciencias.

—¿Qué diferencias hay entre lo que haces en tus seminarios y lo que haces en las clases ordinarias de ciencias? —le pregunté.

—En mis clases, tengo unas directrices sobre lo que tengo que enseñar, que se centra, casi exclusivamente, en conocimientos teóricos. Por ejemplo, tienen que saber que la mitocondria fabrica energía. Mientras que, en mis seminarios, les enseño a averiguar cómo produce energía la mitocondria. Resolución de problemas. Formular preguntas. Encontrar soluciones novedosas. Desafortunadamente, en mi clase siento que no tengo tiempo suficiente para poder hacer este tipo de actividades porque tengo un montón de rígidas directrices y contenidos que he de cubrir de cara a unos *tests*.

—Tenemos esos tests oficiales porque las autoridades creen que necesitamos más estudiantes con conocimientos científicos que acaben yendo a la universidad a especializarse en alguna de las áreas STEM —puntualicé—. Pero tú sugieres que esta política está teniendo resultados indeseados. ¿Qué es lo que crees que deberíamos hacer diferente?

—Para ser un buen profesor de ciencias, tienes que hacerlas divertidas. Tienes que conseguir que los niños hagan suyas las ciencias, es decir que sean dueños de su propio aprendizaje. Eso es lo que les motiva. El problema es que los profesores piensan que, para poder cubrir unos contenidos, tienen que dar a los alumnos todas las respuestas, en lugar de hacer a los alumnos encontrar sus propias respuestas. Lo más importante es permitir a los alumnos que pregunten y darles espacio para encontrar las respuestas. Retendrán más información en su cabeza si aprenden de esta manera.

## Alonzo sobre la innovación, la pasión y la búsqueda de un propósito

—¿Y qué hay de los cursos avanzados de ciencias[4]? —me preguntaba—. ¿Has pensado en enseñar clases más avanzadas y, si es así, serían de alguna manera distintas?

—Me he resistido a enseñar en cursos avanzados de ciencias por varios motivos —contestó Amanda—. Primero, porque me gusta trabajar con niños que tienen intereses diversos; me encanta enseñar a los de noveno grado (3º de la ESO), y ellos no cogen esos cursos avanzados. Todavía sienten curiosidad, hacen muchas preguntas, están dispuestos a asumir riesgos, piensan de manera distinta y no siguen las normas. También creo que en los cursos avanzados les hacen «engullir» los conocimientos. Memorizan una gran cantidad de contenidos para los tests y nunca llegan a aplicar nada de lo que han aprendido. También se presiona mucho a esos niños. Hacen que pierdan el amor por la ciencia. Y últimamente, estos cursos tampoco preparan muy bien para la universidad. He visto a chicos que han sacado cinco en sus exámenes de los cursos avanzados (la máxima nota que se

---

4    Cursos pre-universitarios (N.d.T.)

puede sacar) y eso les libera de tener que coger el curso de introducción a la biología en la universidad, pero han acabado sufriendo horrores en el siguiente curso de esa especialidad. Sus cerebros no se han desarrollado lo suficiente como para poder aplicar lo que han aprendido al nivel requerido en esas clases.

## Alonzo y el valor del fracaso

–Está claro que estás enseñando de una manera diferente. ¿Ha sido difícil para ti?

–Ha sido duro. Me he sentido bastante sola. Al final de curso, durante los primeros cuatro años, quería dimitir. Tradicionalmente, el colegio había logrado siempre muy buenos resultados en los tests; por lo que había una enorme resistencia a hacer nada distinto. No me sentía apoyada y mi creatividad no era valorada. Pero mereció la pena por los niños; a pesar del enorme esfuerzo y de la dedicación.

Le pedí a Amanda que me diese más detalles y supe que los seminarios sin créditos lectivos que ella enseña le llevan unas seis horas a la semana cada otoño. Pero cuando los estudiantes comienzan a trabajar en sus proyectos individuales en enero, les dedica una media de ¡cuatro horas al día fuera de la jornada escolar! Ella hace todo este trabajo además de su carga docente, que es a tiempo completo. Y recibe un extra salarial de 1.800 dólares al año por todo ese trabajo adicional.

Recientemente he contactado con Amanda por *email* y le he preguntado qué tal les ha ido a sus alumnos en la competición de ciencias de Intel del año 2011. Ninguno de sus alumnos ha estado entre los cuarenta finalistas de este año, me dijo, pero tuvo cuatro dentro de los doscientos semifinalistas, dos de las cuales eran chicas; sus primeras alumnas que consiguen reconocimiento en una competición. Estaba muy contenta con esos resultados.

También le pregunté si había incorporado alguna novedad docente y me escribió diciendo que estaba experimentado con la «enseñanza invertida». En el año 2004, Salman Khan comenzó a hacer vídeos, que subía a Youtube, para ayudar a su sobrino a entender algunos conceptos matemáticos. La idea cuajó y la Academia Khan hoy en día ha producido más de dos mil setecientos vídeos tutoriales cortos (de 10 a 20 minutos) sobre cualquier tema relacionado con las matemáticas, las ciencias, las finanzas y la historia. Según Khan, más de un millón de alumnos al mes ven entre cien y doscientos mil vídeos al día, y ¡gratis[5]! Amanda está seleccionando los vídeos más apropiados para que sus alumnos los vean como deberes, y así el tiempo de clase lo puede uti-

---

5    Según palabras literales de Salman Khan en su presentación de Ted Talks, consultado el 22 de octubre de 2011 en http://www.ted.com/talks/ salman_khan_let_s_use_video_to_reinvent_education.html

Más información acerca de la Khan Academy se puede encontrar en su sitio web, www.khanacademy.org

lizar en proyectos y tutorías que ayuden a los alumnos a aplicar los conocimientos que han aprendido y a entender más profundamente los contenidos.

## La «carrera hacia la cima»[6] frente a la «responsabilidad 2.0»[7]

Amanda Alonzo, es sin lugar a dudas, una de las profesoras de ciencias más eficientes e innovadores que he conocido nunca. Sin embargo, el mejor juez de su efectividad como profesora, no son los resultados que han obtenido sus alumnos en los tests oficiales de California. Tampoco lo son el número de hitos científicos que esos han aprendido, sino lo que sus alumnos pueden *hacer* con lo que saben; eso es lo que le hace a ella ser una profesora extraordinaria. Los alumnos de Amanda no solo conocen el método científico, sino que saben cómo *utilizarlo*. Saben cómo preguntar y continuar redefiniendo sus preguntas, saben diseñar y ejecutar experimentos y saben analizar los resultados. Saben cómo *ser* científicos, y los trabajos que llevan a cabo son la mejor evidencia de ello. Amanda motiva a sus alumnos con la fórmula que ya es familiar para los lectores de este libro: hace que la ciencia sea divertida, y reta a sus alumnos a seguir proyectos que les interesen de verdad. Su éxito se ha logrado gracias a poner el juego, la pasión y la búsqueda de un propósito en el centro de su actividad docente. Ella se niega a enseñar en las clases

---

6    Iniciativa *Race to the Top*.

7    Iniciativa *Accountability 2.0*.

avanzadas porque dice que «hacen que los alumnos pierdan el amor por la ciencia».

La iniciativa de educación de la administración Obama, denominada la «carrera hacia la cima», ha recibido fuerte respaldo de los dos principales partidos políticos. Uno de los elementos centrales del plan es pedir a los estados que diseñen programas para evaluar a los profesores basándose en lo bien que sus alumnos responden en los tests oficiales. Aunque el papel del gobierno central con respecto a la educación vaya a ser menor en el futuro –como parece que va a ser–, la idea de evaluar la efectividad de los profesores en base a los resultados de los tests ha sido muy bien acogida y probablemente persistirá. Estoy de acuerdo con que los programas actuales de evaluación en muchos colegios públicos son totalmente inútiles; pero la respuesta no está en juzgar a los profesores por los resultados de esos tests oficiales, que no nos dicen nada sobre lo que los alumnos pueden hacer con lo que saben. Debemos mirar el trabajo que los alumnos consiguen realizar para poder evaluar la efectividad de la enseñanza, y no solo en las ciencias. Podemos ver lo que el alumno escribió para una clase de inglés o de Historia, en septiembre, y luego, en junio, evaluar su progreso en cuanto a comprensión y comunicación.

La iniciativa «carrera hacia la cima» es una carrera hacia la mediocridad. Necesitamos la «responsabilidad 2.0», un sistema de responsabilidad y rendición de cuentas que incentive el tipo de docencia que Amanda imparte en su club de ciencias y que se basa en el juicio del individuo en su conjunto, en vez de en unos resultados informáticos, de manera que se pueda evaluar la calidad del trabajo de los alumnos y la efectividad de sus profesores. Creo que todos los alumnos deberían tener un «portfolio digital», comenzando desde primero de primaria, que les acompañe durante toda la escolaridad, que contenga sus mejores trabajos, y que sirva, periódicamente, para demostrar lo que el alumno sabe. El progreso desde una etapa académica a otra, digamos de secundaria al instituto, debería basarse en la evidencia del dominio de las habilidades orales y escritas del trabajo realizado por el alumno. Pensemos en esto como en un sistema de «condecoraciones de méritos» sobre el aprendizaje y la rendición de cuentas o responsabilidad. Necesitamos evidencia clara de que, con el paso del tiempo, los alumnos progresan en el desarrollo de las capacidades más esenciales; algo que los tests de respuesta múltiple no nos permiten conocer. ¿Cuántas grandes empresas toman importantes decisiones de contratación o promoción basados en tests por ordenador? Si la valoración personal del candidato es necesaria para el mundo empresarial, entonces debería, mediante el trabajo aplicado, serlo también para la educación.

Amanda lleva a cabo su excelente actividad docente en un mundo que ella ha creado basado en todo lo que queda fuera de las fronteras convencionales del aula y del currículo de ciencias; muy parecido a lo que Scott Rosenberg hizo con el proyecto hip hop. Los dos enseñan fuera de las normas. Hasta ahora, Amanda ha mantenido su libertad para hacerlo gracias al extraordinario éxito obtenido en los concursos Intel y por su disposición a trabajar un gran número de horas extras, por las que le pagan una miseria. Pero, con las crecientes presiones que el sistema actual de rendición de resultados —a través de los tests informatizados— impone al profesor, me temo que, los profesores más entregados e innovadores como Amanda y Scott, acabarán abandonando la profesión. ¿Querrías enseñar en un sistema que mide tu valía como educador por cuánto de lo aprendido pueden replicar tus alumnos en un examen de respuestas múltiples y que ha reducido casi todos los contenidos del currículo a ejercicios preparatorios para dichos tests?

La iniciativa «carrera hacia la cima» también, puede traer consigo otra grave consecuencia indeseada. Según un artículo del *New York Times* del 4 de febrero de 2011, la participación de los alumnos de instituto en las ferias de ciencias, como a las que acuden los alumnos de Amanda, está disminuyendo. ¿La razón? Según un artículo de *The Times*: «Muchos profesores de ciencias dicen que el problema es... la política de educación de la administración de Obama que pide cuentas a los colegios de los resultados solo en matemáticas y lectura, a coste del tipo de creatividad y análisis individual que se requieren para poder hacer los proyectos de las ferias de ciencias[8]».

## Repensando la universidad

Sin embargo, lo que impide que Amanda Alonzo pueda innovar en las aulas de los institutos, no es la última reforma

---

8    Amy Harmon «Puede que sea el 'momento Sputnik', pero las ferias de ciencias están quedándose atrás», New York Times 4 de febrero de 2011, consultado el 17 de octubre de 2011 en http://www.nytimes.com/2011/02/05/us/05science.html?_r=3&hp

legal. El desafío está en los orígenes del currículo impartido en los institutos y en el tipo de docencia que predomina en ellos. Una amplia mayoría de alumnos de instituto de nuestro país escoge cursos y aprende de la forma y conforme a la práctica que dictamina la demanda universitaria. Los contenidos de los exámenes oficiales, como los que Amanda debe preparar con sus alumnos, están determinados, en su mayor parte, por la percepción de lo que los alumnos necesitarán al entrar en la universidad. Las materias que se enseñan en los institutos, y los propios sistemas de enseñanza, también están profundamente influenciados por el mandato, casi universal, de que todos los alumnos de los institutos deben «estar preparados para entrar en la universidad»; lo que significa que deben haber cogido y aprobado todos los cursos académicos necesarios para ser admitidos en ella. En mi libro *La brecha del rendimiento global*, describí el perfil de tres colegios, muestra de aquellos que están llevando a cabo una labor de repensarse la forma tradicional de enseñar en los institutos. El High Tech High, en particular, y la cadena de colegios New High Tech, son ejemplos sobresalientes de cómo educar mejor a nuestros alumnos para que desarrollen sus habilidades de innovación en secundaria. Pero este tipo de colegios son, todavía, muy escasos.

La organización de estudios académicos de los institutos, llamada Carnegie Unit System, data del siglo XIX, cuando el presidente de la universidad de Harvard, (por aquel entonces Charles W. Eliot) hizo numerosos esfuerzos por homogeneizar el currículo de todos los colegios de secundaria. Hoy, más de cien años después, casi todos los institutos de América organizan su currículo de acuerdo a un sistema que apenas ha sido modificado desde entonces. Igualmente, las técnicas de enseñanza de muchos profesores de instituto siguen basadas en clases magistrales para cubrir los contenidos teóricos, que fueron introducidas en Harvard durante el mandato de Eliot. Finalmente, los padres y los profesores han llegado a la conclusión de que los estudiantes de instituto deben escoger cuantos más cursos avanzados (cursos pre-universitarios) mejor, para ser admitidos en sitios como Harvard; a pesar de que esos cursos no enseñan las habilidades necesarias para ser un innovador o para tener éxito en ninguna de esas elitistas escuelas; tal y como demostré en *La brecha del rendimiento global.*

Así que, si queremos transformar los institutos de América para que eduquen mejor a la gente joven y lograr una economía dirigida por la innovación, necesitamos empezar por repensar la universidad: el currículo, los métodos docentes y los procesos de admisión.

La evolución de la universidad tiene una larga historia; aunque recordarla en este libro no es esencial. La manera más sencilla de entender la universidad tradicional es ver que su último propósito es crear y transmitir conocimiento. La investigación es la fuente principal para crear conocimiento y las clases existen para transmitir ese conocimiento y para reclutar a alumnos prometedores que continúen con los cursos de postgrado y puedan generar aún más conocimiento.

La universidad moderna, sin embargo, se ha desviado bastante de esta forma de pensar. En un artículo de opinión muy influyente del *New York Times*, Mark C. Taylor, director del departamento de estudios religiosos de la universidad de Columbia, escribió: «La educación a nivel de grado es el Detroit[9] de la enseñanza superior. La mayoría de los grados de las universidades americanas producen un producto para el cual no hay mercado (candidatos a puestos docentes que no existen), y desarrollan habilidades para una demanda cada vez menor (investigar en subáreas de subáreas y publicar en revistas científicas leídas por nadie más que los colegas del mismo área); y todo ello a un coste cada vez mayor (a veces por encima de los 100.000 dólares en créditos a estudiantes)»[10].

Peor aún. Recientes investigaciones sugieren que muchos estudiantes se están endeudando enormemente para ir a la universidad, y encima no están aprendiendo mucho en los cursos de grado. La deuda universitaria, hoy en día, excede a la de las tarjetas de débito y de crédito en América, con una media de deuda del universitario de casi 30.000 dólares[11].El libro reciente, *Academically Adrift*[12], presenta un estudio que demuestra que, tras dos años en la universidad, casi la mitad de los alumnos no logró ninguna mejora en las habilidades de razonamiento complejo, pensamiento

---

9    Ciudad en quiebra de los Estados Unidos. (N.d.T.)

10    Mark C. Taylor, *End of the University as We Know it* (El fin de la universidad tal y como la conocemos), New York Times, 26 de abril de 2009, consultado el 19 de julio de 2011 en http://www.nytimes.com/2009/04/27/opinion/27taylor.html?scp=1&sq=the%20end%20of%20the%20university%20as%20we%20know%20it&st=cse

11    Consultado el 7 de agosto de 2011 en http://www.cbsnews.com/news/debt-in-america-students-buried-in-education-loans/

12    *A la deriva académica* (N.d.T.)

crítico o expresión escrita[13]. El nuevo libro, *We're Losing Our Minds: Rethinking American Higher Education*[14] de los autores Richard Hersh, (antiguo presidente de Hobart and Smith and Trinity Colleges), y de Rochard Keeling, es una dura crítica a las escuelas y universidades de nuestro país. En una reciente conversación, Dick Hersh me dijo que la universidad, cada vez más, se ha convertido casi en una especie de «mecanismo de clasificación y credencialización. Lo que consigues de la universidad es, en la mayoría de los casos, fruto de un accidente: consigues entrar en el programa adecuado o consigues los profesores adecuados o tú tomas tus propias iniciativas. Es irracional que haya tantas cosas que queden al azar, cuando sabemos que es un aprendizaje esencial. Es una manera muy ineficiente de dar a la gente una educación con un esfuerzo muy costoso».

Con el rápido desarrollo de distintos tipos de *wikis* y de otras formas de colaboración, hoy tenemos otras maneras de crear conocimiento y compartirlo más extensamente. Por ejemplo, hace más de un siglo, el ejército americano pidió a varios estrategas veteranos que escribiesen manuales sobre cómo dirigir una guerra. Hoy estos manuales son escritos como *wikis* por soldados de todos los escalafones, desde rasos hasta generales, que contribuyen y revisan sobre la marcha lo aprendido en el campo de batalla. El *New York Times* señala que un creciente número de académicos universita-

---

13    Richard Arum y Josia Roska, *Academically Adrift: Limited Learning on College campuses*, (Chicago: Chicago University Press, 2011)

14    *Estamos perdiendo la cabeza: repensando la educación superior* (N.d.T.)

rios está desafiando el «monopolio que tiene la evaluación de los compañeros en la admisión a las publicaciones científicas y, como consecuencia de ello, al exclusivo círculo de los profesores titulares. Argumentan que, en la era digital, hay otra forma mejor de evaluar la calidad del trabajo. En lugar de dejarlo en manos de unos pocos expertos, seleccionados por las publicaciones más importantes, abogan por el uso de Internet como medio de exposición del pensamiento y el trabajo académico para que sea inmediatamente juzgado por un colectivo mucho más amplio y con intereses mucho más variados»[15]. Dan Cohen, director del Centro para la Historia y los Nuevos Medios de la universidad de George Mason, señala que «académicos importantes se están preguntando si las instituciones académicas, que han existido durante décadas, incluso siglos, no se están quedando obsoletas»[16].

Finalmente, la presión para repensar el propósito que debe tener la universidad nace porque, en Internet, la manera en que la información se transmite, está constantemente cambiando. Mucha parte del conocimiento que institutos y universidades enseñan está ahora disponible y sin coste alguno. Tal y como hemos aprendido de la historia de Amanda Alonzo, la Academia Khan ofrece sin cargo más, de dos mil setecientas lecciones magistrales de muchos de los cursos avanzados que se enseñan en secundaria. Como me dijo un profesor de ciencias en un colegio privado de élite: «¿Por qué

---

15   *Scholars Test Web Alternative to Peer Review*, New York Times, 24 de agosto de 2010, consultado el 19 de julio de 2011 en http://www.nytimes.com/2010/08/24/arts/24peer.html?_r=1&pagewanted=all

16   Ibid.

debo hacer que mis alumnos escuchen mi clase de química si pueden ver una mejor en sus ordenadores cuando les apetezca?». El MIT lidera la forma en que las universidades están volcando, gratuitamente, muchos de los contenidos de sus clases para que estén disponibles en la red.

Paul Bottino, el mentor de David Sengeh en el Centro de Tecnología y Emprendimiento de Harvard, habla de los nuevos desafíos de las universidades sucintamente:

—El valor de la información explícita está cayendo a cero rápidamente —me dijo—. Hoy, el verdadero valor añadido es lo que *puedes* hacer con lo que sabes. Y es en el *hacer*, en el sondear el universo, en la búsqueda de un interrogante, donde tiene lugar el verdadero aprendizaje.

**Bottino y el valor de hacer**

Paul también apuntó que la complejidad de la mayoría de los problemas económicos, medioambientales o sociales de hoy en día, requieren una educación muy distinta.

—El tipo de preparación que los alumnos están adquiriendo es muy especializada, pero cuando intentan aplicar su conocimiento a un problema, necesitan ver y pensar mucho más ampliamente.

La directora de talento de Google, Judy Gilbert, dijo algo similar cuando le pregunté por lo que las universidades deberían hacer para preparar mejor a los alumnos para puestos de trabajo en compañías innovadoras:

–Necesitamos eliminar las líneas separadoras entre materias. Un enfoque de aprendizaje más interdisciplinar prepararía mejor a los individuos para el tipo de problemas que tendrán que afrontar. Los alumnos también necesitan más experiencia en la resolución de problemas de forma colaborativa.

¿Entonces cómo debería ser una universidad diseñada para poder resolver estos nuevos desafíos y preparar a la gente joven para ser innovadores? ¿Una universidad que busque desarrollar habilidades colaborativas que fomenten el entendimiento interdisciplinar de problemas y el aprendizaje a través de la práctica, en lugar de impartir clases magistrales? ¿Un programa que busque el reto intelectual de la toma de riesgos y la motivación intrínseca? En la investigación llevada a cabo para este libro, he descubierto justo ese lugar: una nueva universidad llamada Franklin W. Olin College of Engineering.

## El Olin College

Olin es una pequeña escuela universitaria de grado de Needham, Massachusetts, con un total de 350 alumnos, de los cuales el cuarenta y cinco por ciento son mujeres. El Dr. Richard Miller, fundador de Olin y actual presidente, me describió la historia del nacimiento de la escuela en una reciente conversación:

–Al final de los años ochenta, había un creciente descontento sobre la educación que estaban recibiendo los ingenieros. La fundación Olin se comprometió a resolver ese problema. Habían recibido fondos para construir ochenta nuevos edificios en cincuenta campuses universitarios, en un periodo de cincuenta años, y estaban decepcionados con la falta de resultados. Empezaron a pensar en crear una nueva escuela de ingeniería en una universidad que no tuviese ya una. Pero si haces eso, heredas la cultura ya existente, es decir las mismas métricas y las mismas expectativas. La única alternativa era empezar de cero. Eligieron el lugar porque estaba junto a la universidad Babson College, que había lanzado un programa muy conocido y muy bien valorado sobre emprendimiento. El reto era crear un conjunto de habilidades y formas de pensar para que los ingenieros fuesen capaces de pensar en términos de emprendimiento.

La fundación lanzó la escuela en 1997, con un presupuesto de 460 millones de dólares; una de las mayores subvenciones en la historia americana de la educación superior. Durante el curso académico 2001-2002, mientras se construía el campus, el recién contratado claustro «trabajó con treinta alumnos 'asociados' en la creación y prueba de un currículo innovador, que fusionase la formación rigurosa en ingeniería, con la formación en empresa y emprendimiento, junto con el arte, las humanidades y las ciencias sociales. Desarrollaron un enfoque práctico interdisciplinar que refleja mejor la actual profesión de los ingenieros»[17]. La primera

---

17   Página web de Olin College, consultada el 17 de julio de 2011 en http://olin.edu/about/

promoción fue admitida en el otoño del año 2002; y Olin ha graduado a 350 alumnos desde entonces. Hoy, Olin aspira a «redefinir la ingeniería como una profesión de innovación que abarca: (1) la consideración de las necesidades humanas y sociales; (2) el diseño creativo de los sistemas de ingeniería; y (3) la creación de valor a través del esfuerzo emprendedor y de la filantropía».

## Miller sobre los orígenes del Olin College

Rick Miller me explicó el enfoque singular de Olin:

—La profesión de ingeniero consiste en crear nuevas cosas y hacer lo que sea necesario para ese proceso. Así que nuestros alumnos tienen que empezar por dirigir, en grupo, una empresa, como requisito para poder graduarse. Olin también busca la creatividad. Otro requisito es un curso práctico denominado *design thinking* (pensamiento desde el diseño) en el cual los estudiantes tienen que trabajar en grupo para crear un nuevo producto o servicio basado en una investigación de mercado.

»Estamos intentando enseñar a los alumnos a tener iniciativa, a transmitir actitudes, motivaciones y comportamientos, en vez de meros conocimientos —continuó Miller—.

Hoy en día, no se trata de lo que sabes, sino de hacer las preguntas correctas. Veo tres estadios en la evolución del aprendizaje: el primero es el basado en la memoria, el enfoque de tests de respuestas múltiples que todavía hoy está muy extendido; luego hay un aprendizaje basado en proyectos, en el que el problema a resolver está determinado; y finalmente hay un aprendizaje basado en el diseño, en el que tú tienes que definir el problema. Esta forma de aprender es parte de cada una de las clases de aquí. Estamos intentando enseñar a los alumnos a cómo enmarcar los problemas, en lugar de repetir las respuestas.

**Miller sobre el enfoque de Olin y la motivación**

–¿Hay un sistema de titularidad del profesorado aquí? –le pregunté–. El profesorado se contrata por un período de tres años, y después de un proceso de revisión, se les puede hacer un contrato de seis años más. (Más tarde supe que el profesor aspirante debe, entre otras cosas, dar una clase y ser entrevistado por los alumnos). No tenemos un sistema de titularidad, pero se espera que el profesorado contribuya a la «vitalidad intelectual» de su campo. El trabajo de Ben Linder es un buen ejemplo. Es un apasionado de la sostenibilidad y ha cofundado la Cumbre Internacional de Desarrollo de Diseño con Amy Smith (profesora de Jodie Wu en el MIT). Su trabajo puede que no haya sido reconocido como investigación por el MIT, pero aquí es muy valorado, porque impacta en las vidas de las personas.

Miller habló del desencuentro entre lo que es importante para el mundo global y para los estudiantes, y lo que el mundo académico tradicional valora.

—El criterio para ser admitido en la Academia Nacional de Ingeniería (el mayor reconocimiento para los mejores ingenieros) no es el número de artículos de investigación publicados o lo que han conseguido tus alumnos de doctorado. Es cómo has logrado cambiar el campo de la ingeniería.

Los profesores moldeados a la antigua son, esencialmente, leales a la comunidad investigadora de fuera de la universidad. Pero la enseñanza es inherentemente local y está enfocada hacia el interior. Una razón por la que la docencia no está valorada igual que la investigación, es porque es algo que no es transferible.

»La elección de investigar y escribir artículos académicos es también fuente de potencial influencia en tu campo de estudio para las generaciones venideras. Pero, hoy en día, no es la única forma en la que puedes influir sobre la gente y cambiar el curso de la Historia. También puedes hacerlo a través de las ideas y las relaciones; y la importancia de este tipo de influencias está aumentando gracias al impacto que generan las redes sociales, impacto que no se consigue a través de publicaciones en revistas científicas que solo son leídas por unos pocos académicos.

»Después de mi conversación inicial con Rick, me pasé la mañana como observador en las clases de Olin.

Me senté en la clase de Fundamentos de la Empresa y de Emprendimiento, impartida por Steve Gold, un físico. Me contó que su clase solía ser un curso más de empresa, pero que, ahora, su enfoque se centra en enseñar comportamientos de emprendimiento y habilidades para la vida, específicamente: (1) pensamiento estratégico; (2) ingenio; (3) y comunicación efectiva. De los treinta alumnos en la clase, casi la mitad son mujeres. Los alumnos tienen que trabajar en grupo y empezar un negocio con fondos de la universidad específicos para las *start-ups*. Esta mañana, grupos de alumnos estaban realizando presentaciones cortas para convencer a otros de sus ideas. Estaban practicando distendidamente las habilidades comerciales que en el futuro deberán aplicar al negocio real que crearán.

La primera presentación trataba de seducir a la audiencia para que probase el nuevo deporte de «planchado extremo». El lema del grupo era: «La emoción del peligro del planchado extremo con la satisfacción de una camisa perfectamente planchada». Mostraron en un *Powerpoint* fotos de compañeros y especialistas en planchado en lugares extremos, cimas de montañas, alas de aviones, etc. La siguiente presentación, «abrazando la bondad de la manzana», vendía la idea de poner zumo de manzana en los cereales Apple Jacks. Su demostración práctica terminaba con una pregunta para la audiencia: «¿Por qué poner solo leche en tus cereales?».

La siguiente fue Historia de la Tecnología, impartida por Robert Martello. Comenzó la clase preguntando a los alumnos: «¿Cuáles son algunas de las buenas lecciones que se extraen del desastre nuclear de la planta Three Mile Island?». Era un debate sobre las lecturas que los alumnos habían leído como deberes. Algunas de las respuestas de los alumnos fueron:

- Sistema de comunicación entre usuario y máquina.
- Cadena de errores que se convierte en problemas mayores.
- La seguridad era la prioridad número dos.
- Prioridades en competencia: tecnología, seguridad, el público.
- Necesidad de diseñar sistemas tanto para fallos como para aciertos.
- Coste de los despidos.
- Las fechas tope llevaron al personal a fracasar.
- Las empresas necesitan obtener un beneficio monetario.
- Las fechas tope son arbitrarias.
- La tecnología es una carrera.

El debate puso de manifiesto que no había una única respuesta correcta. Seguidamente, un grupo de alumnos hizo una presentación sobre dos de las lecturas adicionales del día, que eran estudios de casos sobre el desastre del Challenger y sobre la explosión del dirigible rígido R101 el día de su viaje inaugural desde Reino Unido a Francia en 1930. La clase vio dos vídeos que los alumnos habían elegido. Los estudiantes preguntaron luego al resto de la clase: ¿Quién tuvo la culpa de cada uno de los desastres? ¿Qué consideraciones éticas surgen?

Lynn Andrea Stein y Shannon Bator formaban el equipo docente de la siguiente clase a la que asistí como observador: Conexión Humana y Diseño. Distintos grupos de alumnos habían estado analizando diferentes tipos de problemas humanos. Entre otros, se incluía cómo una atareada familia coordina sus complicados horarios; cómo distintos tipos de personas toman notas de forma única para diferentes propósitos; y cómo lograr que la transitada oficina de información sea más útil. Después de definir el problema, los grupos tenían que crear un arquetipo de persona usuario de su servicio o producto, como medio para ser capaz de evaluar la utilidad de los distintos diseños que se desarrollarían a lo largo del curso. Lynn y Shannon iban por la clase comprobando el trabajo de los distintos grupos y pidiéndoles que describiesen su arquetipo en detalle, mientras que los demás equipos seguían trabajando en sus proyectos.

Lynn y yo hablamos después sobre algunos de los desafíos de la docencia «según Olin». Había enseñado anteriormente en el MIT, donde estaba muy bien valorada como docente, según me dijo, pero en Olin se considera «una del montón».

Me explicó:

—Tienes que tener una distinta noción de ti misma y de tu papel aquí. Ser el «sabio en el escenario» es problemático cuando estás intentando fomentar la motivación intrínseca y animando a los alumnos a que sean dueños de su propio aprendizaje. Una cosa que distingue a los emprendedores es que creen ser «dueños de su destino y que pueden tomar decisiones que dejarán huella», pero eso no es lo que la educación ha fomentado en el pasado. Sin embargo, es difícil hacer el cambio hacia «el guía a tu lado». Dar el control es un gran problema para muchos profesores que están acostumbrados a la manera antigua de enseñar.

La última clase que observé fue Análisis de Fallos y Prevención, impartida por Jon Stolk, uno de los catedráticos fundadores de la universidad. Grupos de cuatro alumnos debatían sobre distintas partes de un artículo que les había sido previamente asignado. Su tarea, establecida por el profesor al principio de la clase, consistía en extraer las «perlas del conocimiento» de la parte del artículo que les había tocado y resumirlas para el resto de la clase con los puntos que consideraban más relevantes. Después de que todos los alumnos realizasen sus breves presentaciones, los estudiantes debatían el caso de una mujer que había fallecido en una atracción de feria. En primer lugar, a los grupos de alumnos se les pidió que analizasen las causas del fallo y luego que propusiesen soluciones. Después, un alumno de cada grupo debía ponerse en pie y presentar su análisis y las soluciones propuestas, soluciones que iban desde rediseñar la atracción, a mejorar el sistema de frenos de las atracciones, o cambiar la forma de sujetar a los individuos en éstas. El profesor terminó la clase con una breve explicación de un nuevo proyecto, para el que los estudiantes tendrían que elegir un ejemplo de fallo, analizarlo individualmente, y presentarlo a la clase.

Jon Stolk y yo hablamos después de la clase. Jon tiene un doctorado en Ciencia de los Materiales e Ingeniería por la universidad de Texas, en Austin, una gran experiencia profesional y ha sido docente en la universidad de Bucknell, antes de llegar a Olin. Le pregunté por qué solicitó empleo en Olin.

—Bucknell era un sitio estupendo, pero me aburría un poco. El currículo de ingeniería era el tradicional y se impartía de la forma en que se imparte en la mayoría de las universidades de la lista *Research One*: clases magistrales y laboratorios. Era el mismo curso una y otra vez. A los alumnos les encantaba la clase y yo tenía muy buenas evaluaciones, quizás porque tenía muchas historias que contar de mi experiencia profesional. Pero yo tenía el control, determinaba los contenidos y hacía todas las preguntas. Los laboratorios eran igual: sabía las respuestas, los problemas y las preguntas que me harían los alumnos.

»Estaba un poco abrumado cuando comencé en Olin. Por primera vez estaba trabajando con un claustro que sabía de educación y que quería colaborar, y el reto era crear algo innovador, audaz, nuevo, es decir algo que tuviese un impacto en la formación en ingeniería. A dieciséis de nosotros se nos encomendó esa gran tarea. En aquel tiempo, pensaba que yo era un mal fichaje porque no sabía demasiado.

—¿Cómo conseguiste superar el sentirte abrumado? —le pregunté.

—Intenté ser muy concienzudo. Solía hacer investigación de campo en Ciencia de los Materiales. Ahora mi investigación es en Educación. Estoy interesado en el problema de cómo desarrollar la motivación intrínseca, la auto-dirección, y el aprendizaje a lo largo de la vida. Las clases tradicionales se basan en el control por el instructor. Les dices a los alumnos lo más importante que deben saber y el porqué, y luego les evalúas. He llegado a la conclusión de que mucha de la responsabilidad y de las decisiones se deben volcar en el estudiante. En la clase de Fallos y Análisis que mencionaste los alumnos se auto-dirigen. Ellos eligen los temas, preguntan y responden, y desarrollan hipótesis. No les doy una nota numérica como evaluación. En lugar de ello les hago un escrito valorativo de la competencia que desarrollan. (En el curso de Análisis de Fallos y Prevención las cuatro competencias son comunicación, análisis cuantitativo, análisis cualitativo y diagnóstico). También les pido mucha auto reflexión y auto evaluación y los miembros de un grupo dan *feedback* sobre el trabajo del resto, como parte del proceso de evaluación.

»Cuando comencé a acudir a congresos a presentar ponencias sobre educación en ingeniería, recibí duras críticas por decir cosas como 'la motivación intrínseca es importante, tanto como dejar a los alumnos que se planteen sus propias cuestiones'. Los profesores, durante años, han basado su profesionalidad en lo que ellos saben frente a aquello que facilita el aprendizaje. Es un gran cambio. Me llevó muchos años conseguir centrarme en cómo diseñar experiencias de aprendizaje y creación conjunta con los alumnos.

Stolk y sus colegas, hoy en día, son cada vez menos frecuentemente atacados cuando presentan sus ponencias en los congresos. Por el contrario, el interés sobre el enfoque de aprendizaje de Olin es creciente por la calidad de sus graduados, tal y como veremos.

Alyssa Levitz, alumna de Olin de la promoción 2011, me dio un pequeño *tour* por el campus y me llevó a la cafetería a comer. Hablamos durante el camino.

—¿Por qué decidiste venir aquí? —le pregunté.

—Estaba bastante segura de que no quería ir a una escuela de ingeniería. Me daba miedo abandonar mi interés por los estudios sociales y las humanidades, pero Olin cambió mi parecer. Vine el fin de semana de puertas abiertas para mujeres, y me cautivó. Me encantó el proyecto en grupo que vi en el que había que conectar una serie de planchas de gomaespuma para crear algo que consiguiese mover el agua. Todos los profesores, los estudiantes, los alumnos que allí conocí eran inteligentes, interesantes y apasionados con lo que hacían. También sentí un ambiente de comunidad en Olin, la gente se ayudaba una a otra. Ese sentimiento de comunidad fue la gota final, y encima pude seguir con mis estudios sociales y de humanidades.

Alyssa es músico y también le encantó oír que la universidad tiene, lo que se denomina, una «orquesta sin director». («Ni siquiera» —dice la broma por el campus— «tiene un semiconductor»). También quedó muy impresionada por el hecho de que la universidad obligue a escoger, como mínimo, veintiocho créditos para desarrollar, en el último curso, un proyecto de fin de grado sobre humanidades y arte. Los estudiantes de Olin pueden seguir algunos cursos en la universidad de Babson, para el área de empresa; en la universidad de Wellesley, para humanidades; y también en la universidad de Brandeis, pero pocos lo hacen porque está algo lejos.

Le pedí a Alyssa que me describiese su clase favorita. Era una clase obligatoria de diseño, en la que la idea era inspirarse en la naturaleza para diseñar.

—En la primera mitad del curso los alumnos tenían que diseñar algo que deseasen. El segundo proyecto en grupo consistía en construir un juguete de agua basado en un animal marino. Los proyectos fueron evaluados por alumnos de cuarto de primaria.

Alyssa ha diseñado su propia especialidad en ingeniería medioambiental. A los alumnos se les anima a diseñar sus propias áreas de especialización y por lo menos un tercio de los alumnos así lo hacen. La universidad también ofrece un número de especialidades interdisciplinarias como Bioingeniería que son cada vez más populares entre los alumnos.

—¿Que estás haciendo para tu proyecto SCOPE? (acrónimo de *Senior Capstone Proyect in Engineering,* que es el proyecto final obligatorio en el que los alumnos trabajan en grupo en un problema real de ingeniería proporcionado por algunas de las empresas que tienen convenios con la universidad)[18].

—Seis de nosotros estamos trabajando con la empresa Lexmark International. Les estamos intentando ayudar a reconfigurar su sistema de impresión. Las empresas compran impresoras individuales a medida que los distintos departamentos las van necesitando, en lugar de mirar las necesidades transversales de toda la compañía. Estamos creando un sistema automatizado que detecta las impresoras que están

---

18    Más información sobre los requisitos del SCOPE se puede encontrar en http://scope.olin.edu/about/

actualmente funcionando, su tipo y localización, en lugar de las que debería haber. La idea es poder reducir los residuos.

También le pedí a Alyssa que me describiese su proyecto final de arte y humanidades, el *Senior Capstone Proyect*.

—He seguido muchos cursos, en Wellesley, sobre política medioambiental, Historia y economía, y estoy escribiendo una tesina sobre la sostenibilidad de las ciudades internacionales en Wellesley. Estoy analizando distintos factores relacionados con la sostenibilidad. Soy la primera alumna que está haciendo su tesina en Wellesley, y mis profesores están encantados con ello y me están animando.

Durante sus próximas vacaciones de enero, Alyssa irá a la India a estudiar la calidad y las políticas sobre el agua. Trabajará con una ONG local utilizando un *software* avanzado para detectar el origen de las enfermedades provocadas por la mala calidad del agua, y para analizar las causas de la polución medioambiental y su impacto en la pobreza de determinadas áreas.

—Es una oportunidad para experimentar una cultura distinta, sus valores, sus dificultades, y para entender mejor cómo los problemas varían según los países y las diferentes poblaciones. De esta forma detectamos que muchos de los problemas que se dan en otras partes del mundo no pueden solucionarse simplemente trayendo «recetas americanas». Creo que esta experiencia me abrirá los ojos —me dijo.

—¿Y qué harás después acabar el grado universitario?

—Puede que vuelva a estudiar leyes y políticas medioambientales, pero antes me gustaría encontrar un trabajo en una consultora medioambiental. Quiero contribuir al análisis de cómo interactuamos con el medioambiente y cómo esa interactuación puede impactar en la salud y en el cambio climático.

—¿En qué cosas te sientes mejor y peor preparada?

—Mis clases de Olin me han enseñado a pensar. También nos dan una gran cantidad de conocimientos y profundidad en los mismos. Sé cómo plantear los problemas desde distintas perspectivas. He aprendido a asimilar cosas nuevas por mí misma, a enseñarme a mí misma.

Alyssa no pudo pensar en ninguna cosa en la que la universidad le hubiese podido preparar mejor en relación a la carrera profesional que piensa proseguir, pero le preocupa cómo su bagaje y su currículo pueden ser vistos por las personas de recursos humanos de las empresas.

—Mi especialización interdisciplinar me ha dado muchas formas distintas de mirar los problemas de la contaminación. Pero la gente de recursos humanos busca palabras clave en los currículos. No soy una ingeniera medioambiental; no tengo una especialidad en política pública. No encajo en ningún modelo claro del mundo real. Pero estoy contenta con mi elección. No renunciaría a nada de esto, aunque me espere una búsqueda de trabajo difícil. —Alyssa también me contó que le preocupaba la pequeña minoría de mujeres que llegan a ser ingenieros de profesión, solo el diez por ciento, en contraposición a Olin, donde las mujeres son el cuarenta y cinco por ciento de todo el alumnado.

Durante la comida me senté a la mesa de algunos alumnos y charlé con ellos. Les pregunté por qué habían elegido ir a estudiar a Olin. A Neil le atrajo el proyecto SCOPE y trabajar en asociación con una empresa. A Scott lo que realmente le gustó fue que casi todo el aprendizaje está basado en proyectos, cuyo énfasis se sitúa en la parte práctica. A Jenny le gustó que el foco se pusiese en los trabajos en grupo y en la colaboración.

—No es tan duro como el MIT —añadió—. No tienes que competir por atraer la atención del profesor y hay un énfasis puesto en la investigación a nivel del grado.

—Me gustó la idea de que aquí no tenía que seguir clases aburridas antes de poder llegar a las clases divertidas —añadió Andy, y luego me explicó cómo su experiencia en Olin ha condicionado su forma de pensar sobre su profesión—. Quiero encontrar un trabajo que me permita crear cosas nuevas, en lugar de tener una tarea para hacer durante ocho horas y luego marcharme a casa. Todos creamos cosas aquí. Y nos gusta hacer cosas que requieran múltiples actividades e interactuar con el resto de la gente.

—¿Qué es lo que más os ha gustado de vuestra experiencia aquí? —le pregunté al grupo.

—La emoción colectiva. Todo el mundo está aquí emocionado.

—La posibilidad de trabajar con otras personas. Mi comprensión de lo que es el trabajo en equipo ha cambiado radicalmente desde el instituto.

—El *feedback* que nos da el profesorado. La mayoría están aquí porque quieren ser docentes.

—¿Y lo que menos os gusta?

—A veces, la carga de trabajo y estar aquí encerrados. Tenemos los fines de semana libres para disfrutar, pero luego la gente viene diciendo que está bien reunirnos el viernes por la noche... lo que nos acorta el tiempo de fin de semana.

–El tamaño pequeño de la universidad también puede ser un problema. Cuando algo va mal socialmente, ¡va muy mal!

–¿Alguna cosa os gustaría que fuese distinta?

–Que hubiese más clases de arte y humanidades.

–Mejor transporte hacia la ciudad.

Hablé brevemente con Rick Miller y Lynn Andrea Stein sobre los esfuerzos que la universidad está realizando para evaluar la eficiencia de la metodología poco convencional de Olin.

–Solo hemos graduado a cinco promociones; trescientos cincuenta chicos –contestó Rick–. Así que no tenemos muchos datos todavía. Nuestros resultados en el Estudio Nacional de Compromiso del Estudiante, que damos en el primer y cuarto año, van por delante en los gráficos. Los datos de Olin están por encima del noventa por ciento en todas las métricas. (Este estudio se utiliza comúnmente para establecer la percepción que los estudiantes tienen sobre la calidad de lo que aprenden durante sus cuatro años universitarios).[19]

Las áreas en las que nuestros alumnos encuentran más dificultades son los procesos de admisión a los programas de doctorado de las universidades tradicionales. A pesar de ello, más de un tercio de nuestros alumnos continúan en programas de postgrado. Y de ese grupo, más del veinte por ciento ha ido a Harvard, Stanford o el MIT, y un diecisiete por

---

19 Más información relativa al estudio se puede encontrar en http://nsse.iub.edu/html/about.cfm

ciento ha obtenido una beca de la Fundación Nacional de las Ciencias.

–También hemos enviado encuestas a los directores de las compañías que han contratado a nuestros graduados y nos responden que los alumnos se comportan como si hubiesen estado ya trabajando en el mundo real de tres a cinco años, y que nuestros graduados tienen exactamente la capacidades que ellos necesitan.

–Puede que sea difícil para el primer graduado de Olin llegar y ser aceptado por recursos humanos –añadió Lynn–. Pero nunca es difícil para el segundo. Microsoft contrató tres graduados de nuestra primera promoción; el año siguiente contrató siete, y el tercer año, diez.

Volví a Olin en mayo de 2011 para participar en un coloquio titulado, «Educar en la Innovación». Rick Miller, que había escrito y distribuido un interesante Libro Blanco sobre el tema de ese día, comenzó explicando que el objetivo de las presentaciones y los debates era entender mejor cómo reconocer y cultivar a los potenciales innovadores. Luego vino un informe de cómo había sido gastado el dinero del Fondo Especial para la Innovación. El Fondo, establecido en el año 2010 para promover la innovación curricular en Olin, había permitido el fomento y el desarrollo de numerosos cursos interdisciplinarios.

Jon Stolk y Rob Martello me explicaron brevemente la evolución del curso «Cosas de la Historia», un curso que se centra en la intersección entre la historia de la tecnología y la ciencia de los materiales.

—Este curso se imparte por un historiador y un científico de los materiales —explicó Stolk— a la audiencia de administradores, alumnos, profesores, miembros del Comité Asesor e invitados. Aparte de enseñar a los alumnos la historia de la tecnología y la naturaleza de los materiales, nuestro objetivo es desarrollar la motivación intrínseca del alumno para un aprendizaje durante toda la vida, así como sus habilidades de colaboración y comunicación. Todo el trabajo se hace en equipo. Los alumnos deben completar tres proyectos relacionados con los materiales utilizados en distintos períodos de la Historia.

»Para la última parte del curso, con ayuda del Fondo para la Innovación, hacemos lecturas adicionales preparatorias de un nuevo proyecto final. Pedimos a los alumnos que analicen el concepto de la 'Ética en el Diseño' y que consideren el impacto ético y medioambiental de los materiales y de las tecnologías, a la vez que crean un nuevo producto con los materiales actuales disponibles.

Stolk y Martello explicaron que el impacto del nuevo curso va más allá de los alumnos que lo escogen. Mostraron una diapositiva indicando el número de personas, a lo largo del país y del mundo, que han venido a la universidad a aprender más acerca de estas innovadoras prácticas educativas.

La siguiente parte del programa, llamada «Innovación en Acción», era una oportunidad para los alumnos actuales y los recién graduados de compartir parte de su trabajo. Maia Bittner, de la promoción 2011, y sus cinco compañeras de grupo, describieron el proyecto que realizaron para el SCO-

PE *(Senior Capstone Program in Engineering)*. Este grupo trabajó para Autodesk, empresa líder en el diseño en 3-D, en ingeniería y en *software* de entretenimiento (empresa en la que ahora trabaja Shanna Tellerman). Su meta era rediseñar la experiencia del aprendizaje que se realiza con ordenador para los alumnos y profesionales. Tom Cecil, de la promoción 2006 y socio de la firma de abogados Nelson Bumgardner Casto, de Forth Worth, Texas, habló de cómo está aplicando las habilidades de innovación que aprendió en Olin al ejercicio de ley de propiedad intelectual. Susan Fredholm Murphy, también graduada en Olin en el año 2006, fue la ponente final. Es consultora jefe de la empresa PE Americas, una compañía que se especializa en soluciones de *software* y servicios extensivos en el campo de la sostenibilidad. Se detuvo en describir a la audiencia la evolución de su extraordinaria innovación a lo largo del tiempo:

—Siempre me interesó la sostenibilidad. El verano después de mi tercer año en Olin, encontré unas prácticas en SolidWorks. Producen una herramienta de *software* en 3-D llamada CAD que modela distintos productos que yo había aprendido a manejar en Olin. Como becaria, mi responsabilidad era hacer demostraciones del *software* para que los vendedores lo utilizasen con sus potenciales compradores.

»Tuve un mentor excepcional en SolidWorks, Kishore Boyala-kuntla, encargado de la gestión del equipo de ventas tecnológicas. Él me animó a utilizar mis intereses personales en las muestras que estaba creando. Acababa de cursar la clase de Diseño Sostenible en Olin con el catedrático Ben Linder que nos enseñó a evaluar el ciclo de vida de un producto; es decir a cómo pensar en la vida entera de un producto: qué materiales se utilizan en el producto, cómo son extraídos de la tierra, cómo son procesados hasta convertirlos en un producto, cómo se utiliza el mismo y cómo se destruyen. Así que jugué con la idea de añadir un módulo de *software* al programa SolidWorks que permitiese evaluar el impacto medioambiental de los materiales que se iban a utilizar en un diseño concreto, a la vez que el producto se desarrollaba.

»Fui al MIT para cursar un programa máster en Tecnología y Política en Ingeniería y allí aprendí más sobre la evaluación del ciclo de vida. Kishore se mantuvo en contacto conmigo. Llamaba cada seis meses para ver cómo me iban las cosas. Le gusta saber lo que sus ex becarios hacen; es un mentor excepcional.

»En el verano de 2008, después de graduarme del MIT, entré en la empresa PE Americas; quería seguir con la sostenibilidad. Me gustaba la idea de un entorno pequeño. PE Americas tenía una pequeña *start-up* de solo cinco personas cuando me incorporé, pero me pareció menos arriesgada, porque tenía a dos grandes empresas como patrocinadoras: PE International y Five Winds.

»Mi trabajo consistía en ser consultor de evaluaciones del ciclo de vida, lo que me permitió analizar los ciclos de vida de productos de una variedad de compañías. Al mes de haber empezado, Kishore me llamó de nuevo. Me dijo que SolidWorks estaba comenzando a interesarse por la evaluación de los ciclos de vida. La presenté a gente de PE Americas. En una reunión, en el otoño posterior, con los directores de SolidWorks y de PE Americas, empezamos a pensar en una posible colaboración entre las dos empresas.

»Muchas decisiones críticas se toman muy temprano en la vida de los productos. Nuestra meta era ayudar a los diseñadores desde el principio. Sabíamos que este grupo no quería otra tarea añadida, que no estaban necesariamente interesados en el medioambiente. Así que tuvimos que hacer fácil e intuitiva la evaluación del ciclo de vida de un producto potencial. La información debía estar dentro del diseño del *software* de SolidWorks; una ventana a la derecha de la pantalla que se actualizase automáticamente si la huella medioambiental del producto mejoraba o empeoraba, a medida que el diseño cambiaba.

»Las empresas acordaron colaborar para añadir esta habilidad al *software* de SolidWorks y yo era la conexión entre ellos, mientras ambos desarrollaban dicho *software*. El nuevo producto se lanzó en el otoño de 2009. Una versión abreviada de una parte del programa de evaluación del ciclo de vida va dentro de cada copia de SolidWorks Express, y las empresas tienen la posibilidad de adquirir la versión ampliada.

»El *software* ha recibido varios premios, incluido el de Mejor Nuevo Producto de Golden Mousetrap en el 2010 y el *Green Awards Winner* —concluyó Susan.

La mañana terminó con alumnos y graduados respondiendo a preguntas de la audiencia en un debate final.

—De tu experiencia en Olin, ¿qué fue lo más esencial de cara al trabajo que estás haciendo ahora? —preguntó un miembro de la audiencia a dos de los alumnos del panel de debate.

El abogado, Tom Cecil, respondió:

—Poder diseñar mi propia especialidad fue enormemente importante. Tuve la posibilidad de integrar contenidos diversos de distintos cursos. Y también aprendí a plantear los problemas desde múltiples perspectivas.

—La cultura en Olin es fundamental —añadió Susan—. Casi todos mis cursos contienen un proyecto en el que se te anima a elegir algo de tu interés; puedes construir a partir de una idea surgida en una clase y luego fijarte en otro aspecto de ella en otra de las clases. Había también muchos cursos y proyectos interdisciplinarios, oportunidades para elegir cosas en las que estabas interesada y analizarlas de formas distintas. Siempre te están retando a que pienses qué es lo que te interesa, y luego pones todo en común. También hay muchas oportunidades de liderazgo, espacios para ser creativo y para intentar cosas nuevas. En Olin aprendí a no tener miedo de intentar algo nuevo.

—Jon Stolk y Rob Martello hablaron de la importancia de desarrollar en los alumnos la motivación intrínseca. ¿Cuáles fueron las motivaciones que os llevaron a involucraros en los proyectos que habéis descrito? —preguntó otro miembro de la audiencia.

Un componente del equipo que trabajó en Autodesk respondió:

—El proyecto que hicimos fue muy divertido. También sentí que estábamos en la cresta de la ola, en el paradigma de un cambio, que éramos parte de algo más grande al replantear cómo la gente puede aprender mejor.

–Creo que fue muy importante que cada persona dentro del equipo tuviera unas habilidades distintas y que cada uno de nosotros estuviéramos motivados a realizar una aportación única –explicó otro miembro de ese equipo.

Susan Murphy describió su experiencia personal:

–Cuando comencé a trabajar en el *software* de sostenibilidad lo hacía en mi tiempo libre, después de haber finalizado el trabajo relacionado con mi práctica. Trabajaba muchísimas horas extras, pero tenía un mentor que me apoyaba, que creía en lo que yo estaba haciendo. Era muy emocionante. El proyecto fue muy divertido, pero también había algo apasionante en él.

## La visión de un graduado sobre Olin

Tras haber pasado la mañana en Olin, me marché impresionado por la consistencia de valores y el liderazgo de la universidad, del profesorado y de los alumnos. Todos parecían apreciar sinceramente el proceso de la innovación y lo que este puede generar. Un sentido de orgullo, de propósito y emoción, impregnaban las presentaciones de profesores, alumnos y graduados. Claramente, Olin lleva a cabo una manera muy diferente de enseñar y de aprender.

Tal y como vimos anteriormente en este capítulo, la universidad de Olin ha sido diseñada para desarrollar las capacidades de los jóvenes que les permitan convertirse en innovadores. Volviendo al diagrama de Teresa Amabile, vemos evidencias claras de que los estudiantes están ganando sabiduría en las distintas áreas de conocimiento a través de las clases, mientras que adquieren capacidades de pensamiento creativo; además de muchas de las «Siete habilidades de supervivencia» que yo describí en mi libro *La brecha del rendimiento global*. Pero son la tercera de las áreas del diagrama de Amabile, la motivación, junto con la cultura de la universidad, las que creo que merecen ser analizadas más detenidamente. La cultura de Olin es radicalmente distinta de la cultura de la mayoría de los institutos o universidades, debido a cinco aspectos fundamentales:

## El logro individual versus la colaboración

La cultura educativa en América premia el logro individual, a la vez que ofrece escasas oportunidades para una genuina colaboración. Los alumnos se clasifican según sus logros individuales obtenidos en los exámenes oficiales y las notas de clase. Incluso en lo que llaman «trabajo en equipo», que se pueden encontrar ocasionalmente en algún curso de instituto, uno o dos alumnos hacen la mayoría del trabajo, mientras el resto del grupo observa pasivamente. No se espera ni una colaboración verdaderamente seria, ni sostenida, ni por los alumnos ni por los profesores.

Esto no ocurre en Olin, donde entienden que la colaboración y la integración de distintas perspectivas es esencial para la innovación. El énfasis que se pone en la colaboración nace desde el propio proceso de admisión, en el que los alumnos deben hacer un proyecto en equipo como parte de su entrevista personal que se lleva a cabo durante un fin de semana en el propio campus. Cada una de las clases exige trabajo en equipo y colaboración y, tal y como sabemos de los alumnos, aprender a cómo colaborar es uno de los resultados educativos que más valoran, junto con el sentido de comunidad que la cooperación frecuente te permite desarrollar. Cuando le pregunté a los alumnos sentados a mi mesa a la hora de comer qué es lo que más valoraban de su experiencia universitaria, por unanimidad me dijeron: la colaboración. El profesorado también trabaja de manera mucho más colaborativa en comparación con los claustros de la mayoría de otras instituciones educativas, muchas veces desarrollando cursos de forma conjunta.

## La especialización versus el aprendizaje multidisciplinar

Dejemos claro que siempre hay y habrá un papel muy importante para los especialistas y la especialización. Yo estoy contento de haber tenido un especialista en cirugía ortopédica para mis múltiples operaciones, en lugar de un médico generalista; y por supuesto quiero un piloto experto para mi avión y un fontanero experto para arreglar mis tuberías. Los innovadores necesitan tener la suficiente experiencia en un área como para poder entender las posibilidades que hay en ella para la innovación. Está claro que algún grado de especialización y experiencia en contenidos es necesario; pero ello no es suficiente para la innovación.

A lo largo de este libro, hemos oído hablar a profesores universitarios sobre los peligros de presionar al alumno para que se especialice demasiado pronto; muchas veces incluso antes de saber cuáles son sus intereses. Y lo más trascendental, como lo han descrito Paul Bottino y Judy Gilbert, así como otros numerosos individuos entrevistados, es la importancia de desarrollar habilidades para entender los problemas desde múltiples perspectivas. Los problemas del mundo actual son, simplemente, demasiado complejos para resolverlos utilizando las herramientas intelectuales de una única disciplina académica. Y sin embargo, muy pocos graduados tienen experiencia en analizar problemas desde múltiples perspectivas.

En la mayoría de las universidades se espera que los alumnos comiencen a especializarse relativamente pronto en su carrera académica, y además los cursos interdisciplinarios son una excepción. El sistema de organizar el conocimiento, así como el sistema de promoción, titularidad, financiación a la investigación y reconocimiento profesional, todos crean, incentivan y premian la especialización académica. Olin, con la ausencia del sistema de titularidad y con la misión de desarrollar mejores formas de preparar a ingenieros para que puedan innovar, ha creado una estructura de incentivos radicalmente diferente. Los cursos en Olin buscan, en primer lugar y sobre todo, crear mejores «solucionadores de problemas»; y además esta es una de las capacidades que sus graduados más valoran. Como el abogado Tom Cecil decía: «Aprendí a plantear los problemas desde múltiples perspectivas». Alyssa Levitz dijo algo parecido: «Mi especialización interdisciplinar me ha dado muchas formas distintas de mirar los problemas de la contaminación».

**Evitar el riesgo versus la prueba y el error**

El sector educativo sigue atrayendo individuos adversos al riesgo tentados por la promesa de un trabajo para toda la vida y por el hacer tradicional, ya desgastado por el tiempo, de las antiguas instituciones burocráticas. Además mucha parte de la formación de los jóvenes infravalora la importancia de centrar el enfoque educativo en el trabajo propio. En las clases convencionales, la aversión al riesgo de los estudiantes adquiere una forma muy particular. Para lograr una A (equivalente a un sobresaliente) los alumnos aprenden a detectar lo que los profesores quieren, es decir las respuestas «correctas» de cada examen o de cada clase, y a dárselas al profesor. Aunque la educación lleva a cabo un papel conservador y necesario para la sociedad, y no debería ser objeto de distintas modas que van y vienen, la pregunta sigue siendo: ¿Cómo pueden las instituciones educativas tradicionales fomentar la prueba y el error y la toma de riesgos intelectuales, cualidades que son las señas de identidad de los innovadores?

La cultura de Olin, quizás por su misión de desarrollar innovadores y porque es todavía una *start-up*, anima a los profesores a asumir riesgos y a intentar nuevos enfoques en sus clases. Muchos en Olin están constantemente reinventando sus cursos y rediseñando el currículo, tal y como hemos aprendido de la entrevista con Jon Stolk y en la descripción del curso «Cosas de Historia» que continúa mejorando con Rob Martello.

Las compañías más innovadoras celebran el fracaso. El lema de la empresa de diseño IDEO es: «Fracasa pronto y a menudo», y fomentan lo que ellos llaman «prototipos rápidos» como una forma de aprendizaje desde el fracaso; es decir que crean modelos o simulaciones de un producto, muy temprano en su diseño, para probar la viabilidad del concepto diseñado. Pero es raro ver un curso que, verdaderamente, anime a los alumnos a asumir riesgos intelectuales y que fomente el aprendizaje desde el fracaso, en lugar de penalizarlo. Los alumnos de Olin, por el contrario, han sido enseñados a ver la prueba y el error, o el fracaso, como una parte integral del proceso de resolución de problemas. Como me dijo un alumno: «Aquí, ni siquiera pensamos en el fracaso. No es una palabra que utilicemos. En lugar de ella hablamos de iteración.

## Consumir versus crear

En la mayoría de los sistemas educativos tradicionales, el aprendizaje es abrumadoramente pasivo. En los institutos y universidades, los estudiantes de la mayoría de los cursos solo escuchan lecciones magistrales. Los alumnos consumen conocimiento que, a menudo, reciben como trocitos inconexos de información aleatoria. Los estudiantes deben recordar esos conocimientos que han consumido para trasladarlos a los exámenes o a los trabajos que, ocasionalmente, deben realizar. No tienen que utilizar los conocimientos que han adquirido ni tampoco tienen un contexto real en el que poder entender lo que se les ha pedido que aprendan. Por lo tanto no es nada sorprendente que, la mayoría de ellos, al pasar el examen, no recuerden mucho de lo que se les pidió que memorizasen, lo que conlleva que estén muy deficientemente preparados para la siguiente fase de su educación o de su carrera.

En las clases de Olin, el objetivo principal no es la adquisición de conocimientos. El objetivo es desarrollar una serie de habilidades, o en palabras de Jon Stolk, «competencias», mediante la resolución de un problema, la creación de un producto o la generación de un nuevo entendimiento. Los conocimientos son importantes, pero se adquieren como base «necesaria». Son un medio para lograr un fin. Los académicos más tradicionales a menudo critican este enfoque por ser demasiado utilitarista y porque no valora el aprendizaje por sí mismo; pero la evidencia es que los alumnos de Olin están muy bien preparados para ir a cursos de postgrado y todavía mejor preparados para trabajar, ya que las encuestas realizadas por la universidad a los directores de las empresas dicen que los alumnos recién graduados de Olin actúan como si hubiesen tenido una experiencia laboral equivalente de tres a cinco años. Los estudios realizados sobre el aprendizaje muestran que los alumnos entienden y retienen mucho más lo que aprenden cuando han estudiado y aplicado dicho conocimiento en un contexto práctico.

Aparte de estar mejor preparados para los postgrados y el trabajo, los alumnos de Olin tienen experiencia en ser *creadores*, en lugar de *consumidores*. Han sido retados de múltiples formas. En primer lugar, se les anima a crear sus propias especializaciones; una posibilidad que existe en algunas universidades como Harvard, pero que raramente escogen los alumnos debido a la gran burocracia que supone. En segundo lugar, casi todos los cursos de Olin son prácticos y requieren que el alumno cree un producto final y piense activamente cómo el trabajo en una clase se relaciona con el trabajo que ha llevado a cabo en las otras clases. En tercer lugar, los profesores en Olin renuncian a una gran parte del control de sus clases para que éstas sean lideradas por los alumnos, y ponen un gran énfasis en la auto-evaluación y en la evaluación entre los miembros del equipo, en lugar de en la calificación otorgada por el profesor (aunque la universidad tiene un sistema convencional de calificación después del segundo año en el que todos los cursos son aptos/no aptos). Y finalmente, todos los alumnos deben completar dos proyectos: el de fin de grado en su último año, en ingeniería, en el que se les pide que resuelvan en grupo un problema real de una empresa; y otro en artes y humanidades, que les da una oportunidad muy significativa de poder crear algo nuevo.

## La motivación extrínseca versus la motivación intrínseca: juego, pasión y propósito

En las clases académicas tradicionales, los motivadores del aprendizaje se fundamentan en incentivos extrínsecos. El alumno aprende para lograr una buena nota en un examen y así poder tener una buena media (GPA). Aunque los profesores puedan pregonar el valor del aprendizaje por uno mismo, en la práctica se sigue utilizando el tradicional del «palo y la zanahoria» para obligar a los alumnos a acudir a clase y aprenderse el material. Esto lleva a que uno se pregunte: ¿Cuántos alumnos irían a las clases si no existiese una calificación final?

Los fundadores de Olin y los profesores entienden que el deseo de innovar no está, fundamentalmente, dirigido por incentivos extrínsecos. Los profesores de Olin tienen una meta específica que es la de lograr reforzar las motivaciones intrínsecas de los estudiantes para que sean aprendices durante toda la vida, para que sean los arquitectos de su propio aprendizaje, de sus propias carreras, para que logren llegar a ser lo que ellos deseen. Así que los cursos de Olin ofrecen variados y numerosos incentivos intrínsecos para el aprendizaje; los que hemos podido ver a través de las lentes del juego, la pasión y la búsqueda de un propósito, que hemos utilizado a lo largo de este libro.

En las clases en las que me senté, encontré muchos aspectos que tenían un fuerte componente de *juego*. La primera de ellas, en donde los alumnos intentaban persuadir a sus compañeros del valor de realizar actividades extraordinarias, como el «planchado extremo» o verter el zumo de manzana en los cereales, me recordó a Ed Caryer cuando metía alguna «entelequia» en las tareas que mandaba a sus alumnos. La clase de Conexión Humana y Diseño también tenía una gran cantidad de juego y risa, cuando los alumnos fabricaban prototipos de los productos que estaban desarrollando. Y luego estaba la descripción que hizo Alyssa de su clase de diseño, en donde sus proyectos finales eran evaluados ¡por niños de cuarto de primaria! Pero también hay una amplia evidencia, en todas las clases, de que existen formas de juego adulto más serias; el elemento del juego que aparece cuando estás tan metido en un proyecto que pierdes todo el sentido del tiempo, es decir, el sentido del juego que es un elemento integral del entorno de cualquier creador.

La *pasión* que demostraban los alumnos en sus proyectos de clase y en el proyecto final del grado era evidente. El alumno de último año que trabajó en el equipo de Autodesk y Susan Murphy, describió sus proyectos como algo «muy divertido». Pero lo que encuentro más persuasivo es la descripción que hizo Susan de su experiencia general de todos los cursos. Dijo: «Casi todos mis cursos contienen un proyecto en el que se te anima a elegir algo de tu interés; puedes construir a partir de una idea surgida en una clase y luego fijarte en otro aspecto de ella en otra de las clases. Había también muchos cursos y proyectos interdisciplinarios, oportunidades para elegir cosas en las que estabas interesada y analizarlas de forma distinta». En la mayoría de las clases de Olin, las oportunidades para que los alumnos persiguieran sus propios intereses y para descubrir una pasión que, posteriormente, derivase en un sentido profundo de la búsqueda de un propósito, eran las fuerzas motoras del aprendizaje.

Este sentido profundo de la búsqueda de un *propósito*, de una misión, si se quiere, apareció con fuerza en mi conversación con Alyssa y en el trabajo de la gente que intervino en el coloquio. La búsqueda de un propósito de Alyssa y de

Susan Murphy, que consiste en querer contribuir a crear un planeta más sostenible, estaba claro. El equipo de Autodesk esperaba contribuir a un nuevo paradigma del aprendizaje. Y aunque Tom Cecil se ve dedicándole mucho tiempo a su firma de abogados, tiene un claro propósito en mente: realizar un trabajo que contribuya a proteger la propiedad intelectual de los nuevos emprendedores e innovadores.

## STEM frente a la educación en artes liberales para la innovación; la respuesta de Olin

Bill Gates aboga porque los alumnos escojan cada vez más cursos relacionados con las áreas STEM como vía para lograr los mejores puestos de trabajo. El 28 de febrero de 2011 dio un discurso ante la Asociación Nacional de Gobernadores en el que vino a decir que solo aquellos departamentos universitarios que produzcan puestos de trabajo debían ser subsidiados[20]. Justo tres días después, en el discurso de presentación del iPad 2, Steve Jobs, dijo: «Está en el ADN de Apple el que la tecnología no es suficiente; es la tecnología, en matrimonio con las artes liberales, con las humanidades, lo que nos permite tener los resultados que hacen vibrar nuestro corazón, y hoy esto es más cierto que nunca en cualquier dispositivo posterior a la era del PC»[21]. Cuando hablamos de

---

20   Consultado el 22 de octubre de 2011 en http://www.nga.org/cms/home/news-room/audio--video/page_2011/col2-content/main-content-list/2011-winter-meeting-audio-and-vi.html

21   Vivek Wadhwa, *Engineering vs. Liberal Arts: Who's Right- Bill or Steve?* Techcrunch blog de 21 de marzo de 2011, consultado el 22 de octubre de 2011 en http://techcrunch.com/2011/03/21/engineering-vs-liberal-arts-who's-right—bill-or-steve/

educar a jóvenes innovadores, ¿quién tiene razón? ¿Necesitamos alumnos que cojan más clases STEM o más clases de artes y humanidades?

El biógrafo de Steve Jobs, Walter Isaacson, comparó las inteligencias de los dos hombres en un reciente artículo de opinión del *New York Times*: «Bill Gates es súper inteligente, pero Steve Jobs era un súper genio. La principal diferencia, creo, es la habilidad para aplicar la creatividad y la sensibilidad estética al reto. En el mundo de la invención e innovación, eso significa combinar el aprecio por las humanidades con el entendimiento de la ciencia; conectar lo artístico con la tecnología, la poesía con los procesadores. Esta era la especialidad del Señor Jobs. 'De niño, siempre pensé en mí como en un humanista, pero me gustaba la electrónica', dijo él. 'Entonces leí algo que dijo uno de mis héroes, Edwin Land de Polaroid, sobre la importancia de la gente que podía estar justo en la intersección entre las humanidades y las ciencias y decidí que eso era lo que quería hacer'»[22].

Vivek Waadhwa es un emprendedor tecnológico reconvertido en académico. Él y su equipo de investigación de las universidades de Duke y Harvard han estudiado a 652 Consejeros Delegados norteamericanos y a los jefes de producto de 502 empresas tecnológicas, y han encontrado que «el noventa y dos por ciento tenía un título de grado y el cuarenta y siete por ciento poseía un título de postgrado. Pero solo el treinta y dos por ciento eran graduados en ingeniería o in-

---

22    Isaacson, Walter, *The Genius of Steve Jobs*, New York Times, 29 de octubre de 2011, columna de opinión, consultada el 4 de diciembre de 2011 en http://www.nytimes.com/2011/10/30/opinion/sunday/steve-jobss-genius.html?pagewanted=all

formática, y solo el dos por ciento en matemáticas. El resto tenía título de grado en diversos campos como la empresa, la contabilidad, las finanzas, las ciencias de la salud, las artes y las humanidades»[23].

Wadhwa concluye: «Aunque creo que la ingeniería es una de las profesiones más importantes, he aprendido que las artes liberales lo son igualmente. Hacen falta artistas, músicos y psicólogos trabajando mano a mano junto con los ingenieros para fabricar productos tan elegantes como el iPad. Y cualquiera, formado en cualquier campo, puede tener éxito en Silicon Valley... Mi consejo a mis alumnos, y a mis propios hijos, es que estudien lo que más les interesa; que sobresalgan en aquellos campos en los que tengan más pasión y mejores habilidades; que busquen lograr cambiar el mundo a su propia manera y con sus propias condiciones[24].

Saeymon Dukach, el mentor de Jodie Wu y miembro de su consejo asesor, tiene un máster en ciencias informáticas del MIT y ha logrado una carrera de éxito como emprendedor en alta tecnología. A pesar de su formación técnica, Seymon está apasionado con la importancia de la educación en artes liberales de los jóvenes innovadores. «Los seminarios de humanidades en los que la gente tiene ideas y las debate, alimentan la creatividad y la innovación en ingeniería. Para innovar te tienes que cuestionar lo establecido, en un sentido rebelde. Lo mejor de las humanidades es que te enseñan a

---

23   Vivel Wadhwa, *Career Counselor: Steve Jobs or Bill Gates?*, New York Times, 20 de marzo de 2011, columna de opinión, consultada el 22 de octubre de 2011 en http://www.nytimes.com/roomfordebate/2011/03/20/career-counselor-bill-gates-or-steve-jobs

24   Vivek Wadhwa, *Engineering as Liberal Arts*.

cuestionarte todo, y fomentan la creencia en la argumentación y en la lógica. Por ejemplo, cuando sale una nueva interpretación de una obra literaria, la experiencia te permite cuestionar y utilizar tu mente de manera creativa hacia otros entornos».

Una de las lecciones finales más importantes de la historia de Olin es cómo la universidad empuja activamente a sus alumnos a seguir clases tanto de ingeniería como de artes plásticas; no tienen que elegir una sobre la otra. De hecho, Olin exige que sus graduados hayan escogido por lo menos un quinto de sus clases en arte y humanidades para poder completar ambos proyectos finales de grado, el de arte y humanidades y el de ingeniería. Un número de alumnos habló sobre cómo logró un mayor entendimiento de los problemas de ingeniería gracias a sus estudios de humanidades.

Con esta descripción no queremos sugerir que Olin sea la utopía educativa. Todavía hay mucho trabajo por hacer. En un grupo de trabajo que dirigí con algunos profesores, observé que a algunos de ellos les preocupaba que los criterios para la renovación de sus contratos fueran vagos y que comenzaran a parecerse mucho a los criterios de la titularidad del entorno académico tradicional. Jon Stolk y Alyssa Levitz, expresaron su preocupación por la posible caída de Olin en la cresta de la ola en innovación, y varios alumnos dijeron que querían que se ofertasen más clases de artes y humanidades.

Es difícil ir por delante de los demás en cualquier entorno, y especialmente en educación. Las presiones para seguir las normas, o para volver a la forma de hacer establecida, no se deben subestimar. Sin embargo, creo que la universidad de Olin ha conseguido ofrecer un modelo de universidad muy elaborado y exitoso, diseñado para graduar a gente joven capaz de innovar en distintas áreas. Como los mejores «colegios charter» de la educación pública, Olin ha sido, y continúa siendo, un laboratorio de investigación y desarrollo para la educación, y su buen trabajo nos muestra lo que significa, en la práctica, repensar completamente el proceso de enseñanza y de aprendizaje en la universidad.

Ahora imaginemos qué necesitaría hacer un instituto para preparar a sus alumnos para Olin. Algunos alumnos de los colegios High Tech High han entrado en Olin y les ha ido muy bien. Si consultan la descripción que hice de High Tech High en mi libro *La brecha del rendimiento global*, verán grandes similitudes en los sistemas de aprendizaje y enseñanza de las dos instituciones. En resumidas cuentas, creo que High Tech High y Olin ofrecen una visión de lo que ocho años de educación en innovación pueden y deben ser.

**¿Qué es el High Tech High?**

## La innovación en otras escuelas y universidades

Olin no es el único ejemplo de una institución que se ha esforzado en diseñar una educación superior que permite desarrollar las capacidades de innovadores y emprendedores. Algunas de las elecciones de universidad que hicieron nuestros jóvenes innovadores, son otros ejemplos fascinantes de nuevas formas de organizar el aprendizaje. Shanna Tellerman, se acordarán, obtuvo su grado de Máster en Tecnología del Entretenimiento en el *Entertainment Technology Center* de la universidad Carnegie Melon, un nuevo programa independiente patrocinado por la Escuela de Artes Plásticas y la Escuela de Ciencias Informáticas[25]. La meta explícita del programa es promover la innovación y el emprendimiento, algo que sirvió de mucho a Shanna, tal y como hemos visto. Estuvo tres de los cuatro semestres trabajando en un proyecto que acabó siendo parte de su *start-up*. Y David Sengeh eligió el Media Lab del MIT para su formación de postgrado.

—Es el único sitio al que podría haber ido —me dijo— porque no hay clases obligatorias ni notas y tienes oportunidad de construir cosas que la gente realmente necesita.

## El laboratorio MIT Media Lab

En sus veinticinco años de existencia, el Media Lab ha sido creación del catedrático del MIT Nicholas Negroponte y del antiguo presidente del MIT Jerome Wiesner. El objetivo era

---

25    Más información del programa se puede obtener en http://www.etc.cmu.edu/site/program/

crear un nuevo grado interdisciplinar de investigación en laboratorio que «se centrase en inventar un futuro mejor a través de la aplicación creativa de innovaciones tecnológicas digitales»[26]. Sus áreas de análisis han evolucionado hacia nuevos desafíos y oportunidades. Actualmente, mucho del trabajo del laboratorio gira en torno al tema de «adaptabilidad humana»; trabajos que van desde iniciativas para tratar las condiciones de los enfermos de Alzheimer o la depresión, hasta robots sociables que pueden monitorizar la salud de los niños o los mayores, al desarrollo de prótesis inteligentes que pueden imitar, o incluso superar, las capacidades de nuestras extremidades biológicas»[27].

## El laboratorio MIT Media Lab

El laboratorio Media Lab está organizado en torno a varias líneas de investigación, cada una liderada por un profesor. Actualmente, existen más de veinte áreas de investigación distintas; comprenden cualquier cosa desde la neurobiolo-

---

26  Consultado el 28 de julio de 2011 en http://www.media.mit.edu/about/academics/

27  Consultado el 28 de julio de 2011 en http://www.media.mit.edu/about/mission-history/

gía sintética a los medios cívicos o a los robots personales. Los futuros alumnos, en las solicitudes de admisión (que no requieren la entrega de resultados de ningún test oficial), hacen una lista de preferencias de sus áreas de interés. Una vez que son aceptados, el importe de la docencia queda totalmente cubierto, y además también se les da una paga, gracias a los convenios con las empresas que patrocinan la investigación que se lleva a cabo. Los cursos que los alumnos escogen dependen de su área de especialización; no hay un currículo obligatorio.

Pero no es solo *lo que* el Media Lab hace lo que le confiere ese carácter innovador en la educación. También es *cómo* se produce allí el proceso del aprendizaje. Entendí mejor el enfoque educativo y de aprendizaje del Media Lab en una conversación con Mitchel Resnick, catedrático de investigación del aprendizaje y jefe de los programas académicos del laboratorio. Ha impartido docencia allí desde 1992.

—La clave del éxito para el futuro no es lo que sabes sino si tienes capacidad para pensar y actuar de forma creativa —me dijo Mitch—. Aquí en el laboratorio, nos inspiramos en cómo los alumnos aprenden en jardín de infancia, un lugar donde los niños tienen oportunidades para crear, diseñar y construir en colaboración. La mejor forma de desarrollar la creatividad es diseñando y creando cosas en colaboración con otros. También creemos que la gente hace mejor su trabajo cuando trabaja en cosas por las que se preocupa de verdad, es decir, cuando son su pasión. Finalmente, el trabajo aquí normalmente lleva a nuestros alumnos a cruzar barreras académicas. Como en jardín de infancia, donde la pintura con los dedos permite aprender las mezclas de colores, pura ciencia, para que los niños acaben, normalmente, escribiendo una historia sobre su pintura.

»El reto es implementar sistemas que permitan a los alumnos seguir sus intereses. La gente tiende a hablar de la educación como si existiese una dicotomía con el comportamiento del profesor: o está diciendo a los alumnos lo que deben hacer o está sentado esperando a que ellos lo averigüen. Creo que esta es una visión errónea. El problema no es la estructura o la no estructura, sino crear una estructura diferente. Los alumnos necesitan que les expongan a nuevas ideas y aprender cómo persistir. Pero también necesitan apoyo.

La especialización de David Sengeh es un campo llamado biomecánica, que consiste en averiguar cómo la tecnología puede ser utilizada para aumentar las capacidades físicas del ser humano. La página web del equipo de investigación lo explica: «Los aparatos de ayuda permanente son vistos por los individuos físicamente impedidos como algo separado de ellos. Es decir, como un mecanismo sin vida y no como una extensión íntima del cuerpo humano, desde el punto de vista estructural, neurológico y dinámico. El grupo de biomecánica busca tecnologías avanzadas que permitan una mejor fusión entre el cuerpo y la máquina, incluyendo aparatos arquitectónicamente inspirados en el esqueleto y en la musculatura; tecnologías activas que se comporten tal y como lo hacen los músculos; y metodologías de control que actúen bajo los principios del movimiento biológico»[28].

---

28    Consultado el 29 de julio de 2011 en http://www.media.mit.edu/research/groups/biomechatronics

En enero del 2011 visité a David en el Media Lab y hablamos de su primer semestre en el programa:

—El Media Lab me permite trabajar en muchos proyectos distintos a la vez. Algunas de las cosas en las que he estado trabajando son la optimización de la ingesta microscópica de energía de la célula, que analizamos tiempo atrás en el laboratorio de Harvard; un estudio sobre el uso de las mosquiteras de malaria que distribuimos en Sierra Leona; o un programa de microcréditos otorgados a personas que quieren empezar un pequeño negocio en África. Luego estoy trabajando en un par de aparatos médicos para ser utilizados en el Tercer Mundo. Uno es como un tampón que frena el sangrado de las mujeres que acaban de dar a luz.

»Mi proyecto principal es trabajar en cómo conectar las máquinas a los hombres, es decir las prótesis. Aquí, en el laboratorio, podemos fabricar rápidamente prototipos para averiguar qué clase de materiales son más cómodos; como por ejemplo para gente con esclerosis que no quiere llevar su aparato ortopédico porque es muy incómodo. También estoy trabajando con alumnos de postgrado en el desarrollo de una aplicación de móvil con imágenes en 3D de una pierna y una prótesis que se puede ampliar y crear un mapa del dolor para ser enviado al médico o a la persona que vaya a ajustarte tu aparato.

Sabiendo lo importante que fueron las clases de David en Harvard, le pregunté por las clases que hasta ahora había cursado en el laboratorio.

—Ha estado todo muy bien. Escogí una clase llamada «Cómo crear (casi) cualquier cosa», y era muy importante, algo que todo el mundo debería saber hacer, como por ejemplo cómo fabricar rápidamente prototipos. La clase de Creación de Empresas me dio la oportunidad de montar lo que llamamos «La iniciativa africana» que consiste en conectar la tecnología del Media Lab con África de manera más directa, a la vez que consigo gente con talento del continente que puede venir al Media Lab. Y luego estaba la clase de Diseño Para El Desafío donde aprendimos cómo crear distintos tipos de herramientas para la gente que no está interesada en la tecnología pero que les permitirían hacer o arreglar cosas, así como crear cosas con la perspectiva del usuario final en mente.

»Lo que más me gusta es la libertad de poder hacer cualquier cosa que quiera hacer —me dijo David—. Frank Moss, el jefe del laboratorio (que acaba de dejar de serlo después de cinco años en el puesto), siempre dice: 'Traspasa los límites, utiliza la creatividad que te han dado'. Tenemos acceso a todas las herramientas que necesitamos y tenemos todo el apoyo necesario. Un amigo mío creó un violonchelo electrónico, y otro tío hizo una flauta utilizando una impresora 3D; cosas que otra gente pensaría que son locuras o estupideces. Pero sigo jugando al fútbol con el equipo de alumnos de grado del MIT, he entrenado al equipo de fútbol masculino en Harvard y también he enseñado una clase de idioma criollo allí. No creo que pueda tener esta libertad en ningún otro sitio.

La «libertad» que David valora tanto no es la ausencia de estructura, sino distintas estructuras de aprendizaje, tal y como Mitch Resnick nos recuerda. Y la estructura y la cultura que se han creado en el Media Lab son impresionantemente similares a las de Olin, y radicalmente distintas que las que se dan en la mayoría de universidades tradicionales. Aquí, una vez más, vemos un fuerte énfasis puesto en la colaboración (frente al logro individual); en el aprendizaje multidisciplinar (frente a la especialización); en el énfasis en crear cosas y retar a los alumnos (frente al consumo pasivo de conocimientos); en el fomento de la toma de riesgos intelectuales y de la prueba y el error (frente a la aversión al riesgo); y finalmente, en un fuerte énfasis en la motivación intrínseca (frente la extrínseca), con la ausencia de calificaciones y con el interés del profesorado puesto en que los alumnos persigan sus pasiones.

## Entendiendo los obstáculos del aprendizaje innovador

El éxito de Olin y del Media Lab puede dar la impresión de que es fácil innovar en el aprendizaje, cuando de hecho, es una tarea muy difícil por numerosas razones. Olin, el Entertainment Technology Center de la universidad Carnegie Mellon, y el Media Lab del MIT han sido *start-ups* fundadas por visionarios de la educación, que decidieron crear un nuevo tipo de universidad. Es mucho más fácil crear una cultura educativa diferente para profesores y alumnados en una empresa de nueva creación *(start-up)*. Sin embargo, las oportunidades y los recursos para crear nuevas escuelas y universidades son, comparativamente, pocos y por lo tanto debemos entender mejor los desafíos de trabajar dentro de las instituciones académicas ya existentes. La historia del

Instituto de Diseño de Stanford y nuestra conversación con su fundador, David Kelly, nos revelan algunos de los aspectos de la cultura académica tradicional que hacen que la innovación sea especialmente difícil.

David Kelly es catedrático de ingeniaría mecánica Donald W. Whittier en la universidad de Stanford, donde ha impartido docencia desde 1978. Consiguió la titularidad en el año 1991. En 1978, David cofundó una firma de diseño que se fusionó con algunas otras compañías para formar la empresa IDEO en 1991. IDEO está clasificada como una de las diez empresas más innovadoras del mundo. David luego fundó el Instituto de Diseño Hasso Plattner en Stanford en 2005; más comúnmente conocido como el d.school.

## Kelly sobre el d.school de Stanford

Actualmente el d.school no es una escuela universitaria en el sentido tradicional. No admite a sus propios alumnos, no contrata a sus profesores ni otorga títulos de grado. Por el contrario, la escuela patrocina clases y proyectos que atraen a alumnos y profesores de todas y cada una de las otras facultades y escuelas de la universidad. La meta del d.school es enseñar habilidades de innovación mientras que se plantean algunos de los problemas más desafiantes del mundo, aquellos relacionados con la sostenibilidad, el desarrollo del Tercer Mundo y la educación, entre otros. Las clases más recientes que se han incorporado son: Diseño para la innovación en servicios; Diseñando la abundancia sostenible; Diseño para el cambio: la pobreza en América; d.Media: diseñando medios que importan; y d.medical: pensando desde el diseño para una mejor salud. Uno de los cursos se titula «Desde el Juego a la Innovación» y «es una clase centrada en resaltar el proceso de la innovación con alegría. Investigaremos el estado humano del juego para entender sus atributos esenciales y cómo es de importante para el pensamiento creativo. Analizaremos el comportamiento del juego, su desarrollo y sus bases lógicas. Luego aplicaremos estos principios a través del pensamiento desde el diseño para promover la innovación en el mundo empresarial. Los alumnos trabajarán con compañeros del mundo real en diseñar proyectos con extensas aplicaciones»[29].

El método de aprendizaje del d.school se parece mucho al de Olin, donde el profesorado y los alumnos trabajan juntos para entender un problema particular y crear conjuntamente las posibles soluciones. La forma de aprender y enseñar en ambas escuelas ha sido profundamente influenciada por la filosofía de «pensar desde el diseño» o *design thinking* y por los pioneros métodos de innovación de IDEO, descritos por Tom Kelly (hermano de David Kelly y director general de IDEO) en varios libros y por Tim Brown, conseje-

---

29    La lista de cursos del d.school se puede encontrar en http://dschool.
stanford.edu/classes/

ro delegado de IDEO, cuyo artículo cito en el capítulo 1. Así es como el d.school describe su enfoque:

«En el d.school aprendemos haciendo. No pedimos a nuestros alumnos solamente que resuelvan un problema, les pedimos que definan cuál es el problema. Los alumnos empiezan en el terreno práctico, donde desarrollan empatía por las personas para las que diseñan y lo hacen descubriendo las necesidades humanas que quieren atender. Luego prueban iterativamente para obtener un rango de posibles soluciones inesperadas y crean prototipos de prueba para llevarlos de vuelta al terreno práctico y probarlos con gente real. Nuestra orientación es hacia la acción, seguida de la reflexión sobre los hallazgos personales obtenidos en el proceso. La experiencia se mide a través de la iteración: los alumnos prueban cuantos más ciclos puedan de cualquier proyecto. Cada ciclo ofrece más información y más posibles soluciones inesperadas».

Un artículo del 9 de febrero de la revista *Fast Company* de la periodista Linda Tischler ofreció una biografía extensa de David Kelly, en que describió su objetivo a la hora de fundar el d.school:

—Creo sinceramente que he sido puesto en este planeta para ayudar a otra gente confiar en su creatividad. No tengo veintisiete agendas. No soy el tipo de la sostenibilidad, o el tipo del mundo en desarrollo. Mi contribución consiste en enseñar a toda la gente que pueda a utilizar las dos partes de su cerebro, de forma que para cada problema, para cada decisión de sus vidas, piensen en soluciones creativas además de en soluciones analíticas»[30].

El artículo sigue describiendo la fundación del d.school.

—Cuando David estaba preparando la defensa del d.school en Stanford —cuenta Tom Kelley— fue a Hennessy (presidente de la universidad John) y le dijo: «Mira, somos muy buenos en profundidad. Tenemos premios Nobel profundizando en temas esotéricos. Pero, ¿qué pasa si hay problemas que no pueden resolverse con profundidad, sino con amplitud? Deberíamos apostar por la amplitud. En aquel clima, la idea de Kelly comenzó a encontrar apoyos». En el 2005 había persuadido a Hasso Plattner, uno de los fundadores del gigante de software SAP, para contribuir con 35 millones al d.school. El nuevo instituto de diseño Hasso Plattner de 42 mil quinientos pies cuadrados (unos 4 mil metros cuadrados), emplazado en mitad del campus de Stanford, abrirá este otoño[31].

El artículo sugiere que la fundación del d.school fue cuestión de un poco de persuasión y de conseguir algo de financiación. Sin embargo, mi conversación con David me reveló lo difícil que fue lanzarlo y mantener un modelo de aprendizaje distinto al contexto académico tradicional.

---

30    Linda Tischler, *Ideo's David Kelly on 'Design Thinking'*, Fast Company, febrero de 2009, consultado el 4 de agosto de 2011 en http://www.fastcompany.com/1139331/ideos-david-kelley-design-thinking

31    Ibid.

## Kelly sobre las dificultades del d.school

—Muchos de los problemas a los que nos enfrentamos están relacionados con la cultura académica —me contó David—. Muchas veces puede llegar a ser delicado. El interés preestablecido de los catedráticos es tratar de encontrar gente para que forme parte de su grupo de investigación, es decir gente que vaya al doctorado y trabaje para ellos. Cualquier otro alumno que sea «solo» de máster y no vaya a continuar con el doctorado no interesa, y los alumnos adquieren la imagen de sí mismos de que no son tan «molones» como los alumnos que van a hacer el doctorado. Es difícil encontrar catedráticos que valoren a esos tipos que salen ahí fuera y crean Google y otras empresas innovadoras.

»Algunos de los grandes problemas que tuve cuando empezamos tienen que ver con el hecho de que, por un lado, los profesores que han trabajado en la industria real, es decir, el tipo de trabajo que está más cerca de lo que los alumnos quieren hacer, no tienen el mismo estatus que otros profesores que están en camino de obtener la titularidad. Pero por otro lado, el profesorado tradicional no tenía ningún interés en nuestro enfoque; lo que corrobora la necesidad de amplitud sobre profundidad. A la universidad no le gustaba la idea de un instituto que no estaba dirigido por el claustro tradicional. Yo podía ser el catalizador porque tenía todos las credenciales del claustro tradicional, pero no soy en realidad parte del mismo, lo que me ha permitido valorar este enfoque más que otra persona que esté dentro del sistema. El regalo de Hasso Plattner fue lo que realmente nos permitió arrancar. El dinero sigue siendo uno de los más importantes catalizadores en la universidad.

—¿Qué es lo más difícil para continuar con el trabajo del d.school? —le pregunté.

—El problema es que solo puedo utilizar profesores titulares o adjuntos. No puedo utilizar jóvenes con prometedoras carreras académicas porque no son considerados con la misma seriedad. Involucrarse en el d.school es visto como una distracción de la investigación y, probablemente, afecta negativamente a tu solicitud de titularidad. La mayoría de nuestro claustro es adjunto, normalmente está a la última en innovación y, como solo tiene una clase que enseñar, tiene más tiempo. Hacen un trabajo fantástico. Pero necesito tener profesores titulares porque necesitas tener peso académico para conseguir que ocurran cosas en la universidad. Tengo a unos cuantos. Algunos compañeros que entendieron la importancia de este enfoque hace mucho tiempo, pero estoy muerto si no encuentro un sucesor para cuando me jubile.

»Cuando comencé no sabía lo importante que sería tener profesores titulares para poder influenciar y tener un estatus dentro de la institución. Aunque me preocupa que demasiados profesores que han logrado la titularidad ya no sirvan para ser *design thinkers*. Han establecido su reputación en el mundo a través de la investigación puramente analítica y se resisten a abandonar eso para venir a trabajar con nosotros.

»La buena noticia es que una vez que superas los obstáculos, el trabajo se mantiene solo porque es sumamente gratificante. La gente ve que cuando está en equipos multidisciplinares se encuentra con innovaciones más novedosas e interesantes y con mejores formas de resolver los problemas. Nunca quieren volver atrás a su castillo después de haber experimentado la diferencia.

**Las buenas noticias...**

La cultura académica de Stanford y las dificultades que existen para llevar a cabo un aprendizaje innovador no son excepcionales. Se acordarán de la resistencia que tuvo Scott Cowen, el presidente de Tulane, cuando quiso promover el servicio comunitario y los programas de emprendimiento social interdisciplinar y otros cursos en su campus. También hablé largo y tendido (a condición de que no apareciese su nombre) con un catedrático cuyo curso de emprendimiento social es uno de los más populares en su universidad perteneciente a la *Ivy League*. Sus clases tienen exceso de demanda, pero sus colegas del departamento le desprecian y él cree que jamás le darán la titularidad.

—No sienten ningún respeto por nada que no forme parte de la investigación académica tradicional —me contó—. Y, lo que es peor, tener que dar clase y reunirse con los alumnos es visto como una aburrida distracción de su investigación.

Aparte de la cultura del aprendizaje, que acabo de criticar, otro obstáculo para educar a innovadores en las universidades es la falta de respeto por el cuestionamiento interdisciplinar, los conocimientos prácticos y el aprendizaje aplicado. Una base disciplinar, de conocimiento profundo, es importante; y la investigación básica contribuye significativamente a la innovación. Es esencial para el futuro que sigamos promoviendo este tipo de cuestionamiento, pero esto no puede, ni debe, ser el único tipo de conocimiento valorado por nuestras universidades y por la sociedad.

Dean Kamen es uno de los inventores más exitosos y premiados de América, y un emprendedor de alta tecnología. También es un apasionado defensor de la educación STEM y el fundador de US FIRST Robotics, un programa de post grado escolar para ingenieros y científicos en ciernes.

—Por un lado, la educación debería ser su propia recompensa, y eso está bien. Pero la investigación basada en la curiosidad también es importante —me contó—. Pero si queremos invertir el dinero de contribuyentes y empresas en nuestra habilidad para resolver problemas, entonces es una meta distinta. La gente mezcla todo y cree que las universidades hacen ambas cosas, pero no es así. —Dean, como muchos otros famosos innovadores, abandonó la universidad.

En algunos casos, el movimiento de los «colegios charter» en los Estados Unidos ha ofrecido una alternativa seria a la educación pública y ha actuado como catalizador de una verdadera innovación en los colegios convencionales. Necesitamos apoyar el desarrollo de programas tipo «charter» en nuestras universidades como medio para incentivar la innovación en la educación postsecundaria. Necesitamos muchas más escuelas d.school y Media Lab en los campus de las universidades ya existentes; escuelas-laboratorio en las que los profesores y alumnos puedan decidir trabajar en problemas del mundo real y crear nuevos servicios y productos, y también nuevo conocimiento. Y no deberían ser solo escuelas de ingeniería. También necesitamos innovadores en los campos de las artes liberales y la ciencia social. Y los profesores en todos estos programas deberían tener los mismos salarios y el mismo estatus que los que llevan a cabo una investigación más tradicional.

El otro problema serio en las universidades y escuelas es la mala calidad docente de muchos cursos. «Publica o púdrete» es el lema universal en casi todo el mundo educativo tras la secundaria; lo que significa que, para ser titular, tienes que publicar artículos y libros basados en tu campo de investigación. La habilidad docente pocas veces se considera una cualificación importante para la mayoría de carreras promocionales y de titularidad en las universidades; y en pocos sitios existe la posibilidad de que los docentes reciban ayuda para mejorar la calidad de su docencia. No solo debemos fomentar la investigación y el desarrollo en la aplicabilidad y la práctica, sino que tenemos que valorar la excelencia de la docencia como parte esencial para la generación de innovadores.

Hemos visto cómo educadores excepcionales han tenido una influencia radical en las vidas de los jóvenes innovadores de este libro. Profesores y mentores como Ed Carryer, Amy Smith, Paul Bottino, John Howard, y los profesores de las clases a las que asistí en Olin, no solo se toman muy en serio sus habilidades docentes. También llevan a cabo otro tipo de docencia, tal y como hemos visto. La mayoría de nosotros enseñamos de la misma forma en que nos enseñaron. Cambiar esta forma de hacer implica un esfuerzo consciente y un gran cantidad de trabajo de prueba y error, tal y como nos dijo Jon Stolk. La próxima historia se refiere a dos nuevas escuelas de grado en educación que se han creado para romper con los modelos tradicionales de educación y para crear mejores enfoques para formar a los profesores. Sus historias reflejan algunos de los problemas que plantean las agencias externas de acreditación a las instituciones existentes cuando intentan crear programas educativos innovadores.

## High Tech High, escuela de grado en educación, y el Instituto de Educadores de Upper Valley

La escuela High Tech High (HTH) se creó en el año 2002 como un instituto individual charter por la coalición de líderes empresariales y educadores de San Diego. Hoy en día, High Tech High es una cadena de nueve institutos, para estudiantes desde los doce años, con tres mil quinientos alumnos. Aunque el cuerpo estudiantil está formado, mayoritariamente, por alumnos representantes de las minorías demográficas de su área, los graduados del instituto obtienen un 100 por cien de admisiones de las universidades; y de éstos, el 80 por ciento se dirige a programas universitarios de cuatro años[32].

El HTH comenzó su programa de máster en educación en el año 2007 y actualmente ofrece un grado en Profesor Líder, dirigido a profesores experimentados que quieren mejorar su docencia y un grado en Director de Colegio para gente que quiera o esté planeando dirigir un pequeño colegio innovador. La escuela de grado en educación también ofrece una variedad de certificados docentes y oportunidades profesionales para los profesores, así como práctica y apoyo para equipos de trabajo de un mismo colegio o distrito.

Las certificaciones del High Tech High y los programas de grado se desarrollaron por varias razones. El Dr. Robert Riordan, presidente de la escuela de grado en educación, explicaba:

–Puesto que éramos un «colegio charter», podíamos contratar a gente que estuviese en proceso de acreditación docente. Uno de nuestros primeros profesores era un ingeniero mecánico que había trabajado para Boeing. Aceptó una gran rebaja salarial para venir a trabajar con nosotros, y tenía que pagar de su bolsillo los cursos nocturnos para poder obtener los certificados. El problema residía en que estaba aprendiendo a enseñar de una forma que a él no le gustaban. (De hecho, los graduados de muchas de las más prestigiosas

---

32 Página web de High Tech High, consultada el 30 de julio de 2011 en http://www.hightechhigh.org/about/

facultades de educación pocas veces tienen las habilidades docentes que el HTH quiere dentro de sus clases.) Así que solicitamos al Estado la posibilidad de crear un programa de acreditación alternativo, que fue aprobado en el año 2004.

El Instituto de Educadores de Upper Valley-UVEI (anteriormente conocido como el Instituto de Profesores de Upper Valley), situado en Lebanon, New Hampshire, cuenta con más de cuarenta años de historia como programa alternativo de acreditación docente. Recientemente, bajo el liderazgo del Dr. Robert Fried, el UVEI ha desarrollado un programa central de certificación y está preparando un programa máster en educación.

Los programas máster que ambas escuelas ofrecen son muy innovadores y están imbuidos de una filosofía educativa similar que pone el énfasis en la importancia de los alumnos como creadores y colaboradores que deben demostrar lo que saben a través de portfolios, proyectos, y exhibiciones prácticas. Los alumnos de ambas escuelas también dedican la mayor parte de su tiempo a trabajar con un mentor en un colegio. Algo parecido a la idea de la residencia de los alumnos de medicina, en vez de pasarse la mayor parte del tiempo en el aula aprendiendo teoría e historia de la educación; como ocurre en las facultades de educación más tradicionales.

Esto no quiere decir que los alumnos de estos programas de grado no aprendan teoría e historia de la educación. La teoría se aprende en el HTH como parte de un proyecto extenso de «investigación activa»; a través de una pregunta sobre un problema educativo particular que cada alumno identifica dentro del aula e investiga en profundidad durante su segundo año en el programa. Los resultados de esta investigación tienen que ser resumidos en una tesina final de máster. Los alumnos del UVEI deben demostrar experiencia en diez competencias esenciales a través de presentaciones orales y de sus portfolios electrónicos. Una de ellas requiere que el alumno «identifique términos, conceptos y movimientos principales de la práctica de la docencia en los siglos XX y XXI y que los debata en relación a los actuales desafíos en el aprendizaje de los alumnos»[33]. Todos los programas del UVEI se basan en la adquisición de «competencias», lo que significa que los alumnos deben demostrar la experiencia adquirida en habilidades y el conocimiento identificado como esencial dentro de cada área de certificación[34]. Pensemos en esto como en el sistema de méritos de los *boys scouts*, donde los méritos se ganan demostrando maestría en las capacidades específicas.

Ambas escuelas también suelen grabar a sus alumnos de educación para ayudarles a evaluar y desarrollar sus habilidades como profesores. La discusión en grupo de estas grabaciones sobre el trabajo del alumno en el aula da transparencia a la actividad del profesor y es la mejor forma de lograr mejorar la docencia. Sin embargo este tipo de práctica raramente se utiliza en la mayoría de las escuelas de educación o en los programas de formación del profesorado. Además de las innovaciones específicas, ambas escuelas también

---

33  Página web de UVEI consultada el 30 de julio de 2011 en http:// uvei.org/images/stories/pdf_downloads/uvei%20m.a.t.%20program%20 description.pdf

34  Más información acerca de las competencias de cada área de certificación se puede obtener en http://uvei.org/

desarrollan habilidades de trabajo colaborativo para crear cursos interdisciplinarios, en los que los alumnos construyen nuevos conocimientos, permitiéndoles ser más activos en su aprendizaje y en la persecución de sus pasiones. En otras palabras, están preparando a profesores para que pueden desarrollar las habilidades y disposiciones esenciales de los innovadores que hemos analizado a lo largo de este libro.

Hay una alarma creciente en este país sobre la preparación inadecuada del profesorado y de los gestores de colegios, y estos dos nuevos programas de máster reflejan el esfuerzo realizado en repensar completamente la preparación de los futuros educadores. Ambos programas se ofertan por instituciones que tienen mucha experiencia en otros programas educativos ya implantados. Basados en la idea de «profesores aprendices» que se preparan para ser maestros durante un período de uno a dos años, estos programas se parecen a la sobresaliente preparación docente de Finlandia, que es la responsable de los impresionantes resultados que obtienen en los tests educativos internacionales. Sin embargo, en el momento de escribir el presente libro, ni el programa del High Tech High ni el del UVEI han obtenido la acreditación oficial por parte de sus respectivas agencias de acreditación regionales. La batalla librada por los líderes de ambas instituciones para lograr los sellos de aprobación les ha consumido una enorme cantidad de tiempo.

Rob Riordan, que ha luchado por obtener la acreditación de los colegios y universidades de la *Western Association* durante años, me dijo:

–Existen verdaderas tensiones entre la innovación, aplaudida por mucha gente, y convertirse en un miembro más de la comunidad universitaria. Por ejemplo, en el HTH no tenemos el sistema de titularidad. La WASC *(Western Association of School and Colleges)* quiere que busquemos algunos casos comparables como parte de nuestro proceso de solicitud de acreditación; ¡pero es que no hay ninguno!

»Por una parte, la asociación está emocionada con un modelo de programa que prepara a un profesor especializado en el alumnado de primaria de los colegios. Vinieron a la ciudad para una conferencia anual y trajeron un grupo de personas para que visitasen el High Tech High. Pero luego, en nuestra más reciente visita para la acreditación, el Comité de Revisión para la Eficiencia Educativa nos dijo que necesitábamos un consejero delegado a tiempo completo. Larry Rosenstock (fundador y consejero delegado de la organización High Tech High) ha sido director a tiempo parcial, y no había ningún problema con ello, hasta que de repente sí lo había. Así que Larry dijo: «Vale, haremos a Rob presidente a tiempo completo y yo seré decano». Montamos una reunión telefónica con nuestro Consejo y aprobamos los cambios antes de que se marcharan.

»Seguimos recibiendo mensajes contradictorios de la WASC sobre nuestro proceso de evaluación. Una persona nos dijo que íbamos bien, pero otro comité nos dijo que los objetivos de nuestros programas eran objetivos institucionales y que deberíamos reescribirlos. Y el presidente del comité visitante nos dijo que nuestro programa era visionario y sobrepasaba las recomendaciones sobre la reforma de la formación del profesorado del Consejo para la Acreditación de la Educación del Profesorado. Pero su comentario no se encontraba por ningún lado en el informe final.

»Todo el proceso parece predeterminado, con muy poca atención o incluso quizás algo de aversión hacia cualquier enfoque innovador –concluyó Rob.

Mandé a Rob Fried un *email* preguntándole por algunas cuestiones relativas a la acreditación del Instituto de Educadores Upper Valley, y me contestó:

«El instituto UVEI ha tenido varios desafíos a los que enfrentarse en el proceso de acreditación. Inicialmente fueron recibidos positivamente, tanto por el Estado como por los acreditadores regionales, como una pequeña vía 'alternativa' a la certificación. Pero ahora el clima ha cambiado, puesto que los federales han aumentado las presiones para la obtención de resultados y la 'rendición de cuentas'; sobre todo en relación a aquellas instituciones que reciben fondos para préstamos estudiantiles. Irónicamente, mientras que el nuevo enfoque asentado en los 'resultados' debería favorecer las iniciativas del UVEI que se basan en competencias, el énfasis puesto en las 'horas de reloj' (es decir lo que prevalece en las mayores empresas privadas) ha obligado al UVEI a defender su proceso de evaluación por competencias entre los escépticos burócratas».

La historia completa de la reciente solicitud de certificación del UVEI parece estar sacada de los escritos de Franz Kafka. La Comisión de Carreras e Instituciones Técnicas, una división de las Asociación de Colegios y Escuelas de Nueva Inglaterra (NEASC, *The New England Association of Schools and Colleges*), ha sido, durante mucho tiempo, la agencia de certificación para el UVEI pero, recientemente, ha decidido fusionar sus acreditaciones con la división de colegios de primaria y secundaria de la NEASC; lo que ha dejado al UVEI sin agencia de acreditación. Rob pidió a la Comisión de Instituciones para la Educación Superior de la NEASC ser incluidos dentro de su tutela, pero le han dicho que el UVEI debe empezar de cero su solicitud de acreditación; un proceso que como mínimo se completará en tres a cuatro años. Así que el UVEI deberá solicitar y ser acreditado por el Consejo de Acreditación para la Formación y Educación Continua.

—Esa es la agencia que certifica cualquier cosa, desde las escuelas de conducción de camiones hasta las escuelas de peluquería —me contó Rob, medio riéndose. De manera que, mientras los programas del UVEI acreditados tienen financiación, los nuevos máster en educación no, lo que implica que no pueden ofrecer préstamos con garantía pública a ninguno de sus estudiantes.

## La innovación docente en las escuelas de negocios

Nuestra historia final ilustra algunos de los desafíos existentes en la preparación de futuros líderes empresariales para ser innovadores. Joel Podolny, que trabaja en Apple, y Anne Marie Neal y Robert Kovach de Cisco Systems, describen cómo las escuelas de negocios más prestigiosas del país han desarrollado una curva de aprendizaje «estándar», en donde el verdadero pensamiento innovador es visto por los alumnos como un riesgo innecesario o quizás demasiado moderno para sus profesores.

Joel Podolny es vicepresidente de Recursos Humanos en Apple y decano de la universidad de Apple. Joel tiene un doctorado en psicología por Harvard y ha impartido docencia tanto en la escuela de negocios de Harvard como de Stanford. Antes de incorporarse a Apple en el año 2008, Joel fue decano de la escuela de negocios de Yale.

—Por lo que yo vi siendo decano y profesor de la escuela de negocios, estaba claro que muchas de cosas de las instituciones tradicionales, cortaban la creatividad y la innovación —me dijo Joel–. Comenzando por los procesos de solicitud de las escuelas de negocios, vistos desde el punto de vista de un alumno que se ha graduado en una escuela de élite en artes liberales. Se les dice que para maximizar sus posibilidades de ser aceptados deben construir un currículo basado en cartas de recomendación de las mejores firmas financieras o de consultoría, porque es el tipo de entorno de donde proceden los alumnos que son admitidos en estos programas exclusivos, y creo que es justo decir que, casi sin excepción, estas reconocidas empresas no buscan ni la innovación ni la creatividad en los graduados universitarios.

—Así que, ¿lo que estás diciendo es que para tener posibilidades de entrar en las «mejores» escuelas de negocios lo que hay que ser es «conservador»? –le pregunté.

—Sí, y he hablado con varios alumnos que están horrorizados de que esto sea verdad. Aunque he tenido la fortuna de conocer a muchos alumnos graduados de MBA que son bastante creativos, he conocido a demasiados que, echando la vista atrás sobre lo que hicieron para entrar en esas escuelas de negocios, sienten que sus habilidades para ser innovadores o creativos han sido pisoteadas. Sienten que les han enseñado a jugar un juego en el que las reglas no permiten la innovación.

Dejando el tema de quién entra en las mejores escuelas de negocios, Joel pasó a la pregunta de qué es lo que se enseña en esos cursos.

–Habiendo enseñado estrategia, puedes llegar a ser una empresa económicamente viable por dos vías: o bien porque eres bueno creando valor o porque eres muy bueno capturando el valor que otros crean –explicó Joel–. Capturar significa cómo exprimes la naranja para sacarle más zumo. No se refiere a cómo haces crecer una buena naranja. En las escuelas de negocios, enseñamos a los alumnos cómo exprimir las naranjas, es decir, cómo obtener mayores economías de escala, y no cómo hacer crecer nuevas y mejores naranjas; lo que requiere una forma de pensar totalmente distinta. Las escuelas de negocios puede que ofrezcan algunos pocos cursos sobre innovación, pero fomentan una manera de pensar obsesionada en cómo ganar dinero, en lugar de en cómo crear un verdadero producto innovador; y esa obsesión acabará con la búsqueda de la innovación de la institución.

Anne Marie Neal, jefa de Talento y vicepresidente del Centro de Liderazgo Colaborativo de Cisco Systems (del que conoceremos más en el capítulo 6), me dijo que cuando ella y sus colegas estaban diseñando el nuevo programa de educación para ejecutivos de Cisco, no pudieron encontrar ni una sola escuela de negocios que tuviese la sabiduría y la experiencia que ellos necesitaban.

—Peinamos el mundo de las escuelas de negocios, hablamos con cada una de ellas, miramos el «quién es quién» dentro de la lista de catedráticos de dichas escuelas. Ninguno estaba preparado para hacer el trabajo que teníamos delante de nosotros. Están demasiado centrados en gestionar, en controlar y en aprender del pasado; en lugar de enfrentarse a los nuevos desafíos del futuro.

## Neal sobre las escuelas de negocios de los Estados Unidos

Robert Kovach, director del Centro de Liderazgo Colaborativo de Cisco, describió el problema como una cuestión de dónde reside la verdadera sabiduría.

—Los catedráticos y las universidades son considerados como los verdaderos expertos en los Estados Unidos. Le pregunté a un catedrático, autor de uno de los libros de texto sobre gestión empresarial más populares, si había hablado con los directivos de las compañías más innovadoras, y me dijo: «¿Y ellos qué saben?» Y creo que esto define todo el problema: cada uno de ellos desde su altar cree saber qué es lo mejor para la empresa. Y van luego a enseñárselo a los ejecutivos, que lo aprenden y lo replican; y eso es todo lo que saben hacer.

Joel Podolny describió una de las formas en las que la escuela de gestión empresarial de Yale trató de «romper» con el pensamiento tradicional de las escuelas de negocios y desarrollar capacidades en los alumnos para enfrentarse a los problemas de forma más innovadora.

–Gestionar una organización innovadora requiere mucho más que un conjunto de habilidades empresariales genéricas –me dijo–. Tienes que entender el negocio en el que estás. Así que en Yale hemos creado más de cuarenta programas conjuntos con las escuelas de Medicina, Derecho, Gestión Teatral, Ciencias forestales, etc. Los alumnos graduados de esos programas conjuntos tienen algo en lo que poder aplicar sus habilidades empresariales (una «sabiduría», tal y como hemos ido diciendo a lo largo de este libro). Por ejemplo, en Forestales, necesitas moverte donde están los recursos locales para la fabricación con madera, así que la cuestión es cómo hacer esto. Tener una formación complementaria del entorno te permite enfocar la cuestión principal.

## El fenómeno finlandés

La *Team Academy*, una nueva escuela de negocios en Finlandia, ha escogido un enfoque radical en innovación docente y en la preparación de futuros líderes empresariales.

Fundada en el año 1993 por Johannes Partanen y en funcionamiento como parte de la universidad de Ciencias Aplicadas JAMK (Jyväskylän), la *Team Academy* es un programa totalmente acreditado de grado (BA) en administración de empresas. Sin embargo no tiene cursos, clases, ni profesores. El lugar de ello, los alumnos (unos cien por año), son admitidos en equipos, y todos los equipos trabajan como entidades colaborativas independientes, en proyectos reales de tres a cinco años, según el tiempo que pasen en la universidad. Los grupos tienen un entrenador, que es un innovador y un emprendedor real de la industria, mientras establecen su propia nueva empresa o para los proyectos que las empresas reales les han asignado.

Los resultados de este extraordinario programa hablan por sí mismos:

- Los ingresos totales de las empresas de la *Team Academy* han sobrepasado el millón y medio de euros.
- El 91 % de los alumnos de la *Team Academy* tiene trabajo a los seis meses de haberse graduado.
- El 37 % de los alumnos de la *Team Academy* monta su propia empresa a los seis meses de su graduación.
- El 47 % de los alumnos de la *Team Academy* sigue siendo emprendedores dos años después de su graduación.
- Se han completado 150 proyectos para varias empresas.[35]

Finlandia no espera que sus alumnos hayan entrado en la universidad para prepararles para ser innovadores y emprendedores. Me invitaron a analizar su Gabinete Nacional de Educación en el 2010, y Bob Compton y yo pasamos tiempo estudiando su sistema educativo y colaboramos en la

---

35 Página web de la *Team Academy*, consultada el 8 de septiembre de 2011 en http://www.tiimiakatemia.fi/en/

dirección de una película documental sobre lo que vimos[36]. En un instituto donde visitamos muchas de las clases, descubrimos un programa que se desarrollaba después del horario escolar en el que se enseñaban las habilidades del emprendimiento a través de la inmersión. Los alumnos en equipo (bajo la tutela de un adulto) dedicaban treinta horas consecutivas a trabajar en la creación de una nueva empresa. Obviamente se estaban divirtiendo, pero también estaba claro que estaban totalmente comprometidos con el desafío de crear una empresa. Cuando le pregunté a uno de los jóvenes organizadores del evento qué esperaba que aprendiesen los alumnos en un tiempo tan apretado, me dijo: «Aprendes a colaborar, a formar parte de un equipo, y te das cuenta de que no puedes innovar solo».

## Enseñando emprendimiento en Finlandia

Hace cuarenta años, Finlandia, comparativamente, era un país pobre, con una economía agraria y un sistema educativo improductivo. Sus líderes sabían que su supervivencia económica requería una transformación radical de todo su siste-

---

36 El tráiler e información bajo pedido disponibles en http://www.2mminutes.com

ma educativo y el desarrollo de competencias en sus jóvenes que les permitiesen convertirse en innovadores y emprendedores. Hoy en día, los alumnos de Finlandia empiezan el colegio un año después, hacen menos deberes, tienen menos horas lectivas al día que el resto de alumnos de la mayoría de los países desarrollados; y además el país no lleva a cabo *ningún* tipo de test oficial para comprobar su eficiencia. Aun así, Finlandia ha estado consistentemente, o casi siempre, en lo más alto de las evaluaciones internacionales otorgadas por la Organización de Desarrollo y Cooperación Económica; desde que el programa de evaluaciones de la OCDE se puso en marcha en el año 2000. (En contraste, en el último informe de la OCDE, Estados Unidos aparece en el puesto número quince en lectura, el veinticuatro en ciencias, y el treinta y dos en matemáticas; entre sesenta países y cinco sistemas educativos participantes[37]). Finlandia también sale en las listas como uno de los cinco países más innovadores del mundo, por delante de Estados Unidos.

La historia completa de cómo los finlandeses han transformado su sistema educativo trasciende el alcance de este libro. Sin embargo, creo que vale la pena compartir algunas pinceladas: (1) Han transformado la profesión del docente con una completa revisión de sus programas de preparación del profesorado; (2) Han recortado el currículo a unos pocos conceptos que son entendidos en profundidad, en contraste

---

37    Los resultados del informe PISA de la OCDE del año 2009 se pueden sintetizar en http://nces.ed.gov/pubs2011/2011004.pdf

Más información acerca de los programas de evaluación PISA de la OCDE se pueden encontrar en el capitulo 3 de mi libro *The Global Achievement Gap*.

radical con el currículo hinchado, basado en la memoria y en exámenes que impera en la mayoría de nuestros institutos y escuelas universitarias; (3) Dan mucho valor a la carrera y a la educación técnica (formación profesional) en los programas de secundaria (cursos de instituto) y en los programas de postgrado escolar (el 45 por ciento de los alumnos de instituto eligen una carrera técnica o formación profesional en vez de una carrera académica); (4) Dan mucho énfasis al estudio independiente y a tomar decisiones sobre lo que quieren estudiar. Y, (5) han desarrollado innovaciones docentes y de aprendizaje en todos los niveles.

**Tráiler de la película el fenómeno finlandés**

**Reflexiones**

Todos estos son cambios que podemos, y debemos, implementar en nuestros institutos y universidades. Creo que las «Siete habilidades de supervivencia» sobre las que escribí en *La brecha del rendimiento global* y que resumí en el capítulo 1, son esenciales para el éxito de cualquier joven de hoy en día. Pero, a lo largo del trabajo de este libro, he aprendido que las reformas de Finlandia y las nuevas habilidades que describo, aunque absolutamente necesarias, no son suficientes para el desarrollo de la capacidad de innovar en la gente joven. La cultura de los colegios y las aulas también debe ser transformada.

Recordarán que, al principio en el capítulo 1, comparé la cultura de aprendizaje de Olin con las culturas convencionales que uno se encuentra en la mayoría de las aulas. Como hemos visto, la cultura del aprendizaje de todos los colegios y programas analizados en este capítulo, tienen características similares. Todos ellos están organizados en torno a los siguientes valores:

- La colaboración.
- El aprendizaje multidisciplinar.
- La toma de riesgos, la prueba y el error.
- La creatividad.
- La motivación intrínseca: el juego, la pasión y la búsqueda de un propósito.

En la vida real, el contraste que he señalado entre la educación convencional y la cultura de estos programas es menos estricto, por supuesto. Quizás no sea tanto una cuestión de «esto/o lo otro» sino que es de «ambos». Ambos logros, individuales y colectivos, deberían ser valorados dentro del aula; como lo deberían ser la especialización y el aprendizaje multidisciplinar. La información, a menudo, debe ser «consumida» antes de poder crear; y la toma de riesgos o la aversión al riesgo, pueden ser ambas acciones prudentes, dependiendo de las circunstancias. Finalmente, muchos de nosotros actuamos por una combinación de motivación intrínseca y extrínseca. El punto esencial es que la educación para la innovación debe ser conscientemente construida y necesita cultivar las capacidades de colaboración, razonamiento multidisciplinar, prueba y error, y creación de nuevas ideas, productos y servicios. Y también se debe incorporar en el aprendizaje la motivación intrínseca del juego, la pasión y la búsqueda de un propósito.

De todos los ejemplos de este capítulo, vemos que es posible innovar el aprendizaje y la docencia en la educación superior. Tengo una admiración enorme por los educadores cuyo trabajo hemos analizado en este capítulo, porque creo que todos están llevando a cabo una investigación importante y desarrollando innovaciones docentes y de aprendizaje para la educación superior del siglo XXI. Pero también hemos podido entender los formidables desafíos de su trabajo. Sea cual sea el sistema de titularidad o de acreditación, la motivación de algunos alumnos, o el problema de desafiar el pensamiento elitista o convencional, y las fuerzas institucionales que se oponen al cambio, siguen siendo el gran obstáculo para la innovación.

Sin embargo no hay sentimiento de urgencia en la necesidad de cambiar la educación superior de postgrado, sobre todo en las universidades más prestigiosas. Mientras que las deficiencias de la educación pública son de sobra conocidas (aunque pobremente entendidas), el sistema de educación superior es todavía visto como una de las fortalezas norteamericanas. Cuando la gente habla de una economía más dirigida por la innovación, generalmente lo que se defiende es más educación para todos los alumnos. Pero lo que he aprendido es que, dar a los alumnos más educación del mismo tipo, no va a crear alumnos con capacidad de innovar. Para que los alumnos se conviertan en innovadores en el siglo XXI, necesitan una educación *diferente*, no simplemente *más* educación.

# CAPÍTULO 6.
# EL FUTURO DE LA INNOVACIÓN

Para lograr desarrollar en los jóvenes la capacidad de convertirse en innovadores, es esencial que transformemos la actividad que se realiza dentro del aula, a todos los niveles. Además, las experiencias que reciben los jóvenes incluso antes de entrar en primaria, y la que posteriormente reciben en sus lugares de trabajo, condicionan el desarrollo de su capacidad de innovar. Lo que hacen los padres, es decir cómo educan a sus hijos, así como lo que ellos valoran, tiene mucho peso en el crecimiento de los jóvenes innovadores. Ya hemos visto cómo los padres de los jóvenes que hemos analizado en este libro educaron a sus hijos. En la próxima sección veremos, con mayor profundidad, las experiencias de algunos padres a la hora de criar a sus hijos y la educación que se imparte en algunos jardines de infancia; todo ello esencial para los futuros innovadores. Posteriormente analizaremos algunos de los retos que tienen los empleadores a la hora de atraer, retener y desarrollar a jóvenes innovadores. Profesores, padres, mentores y empleadores, todos ellos juegan un papel esencial en el diseño del futuro de la innovación en América y en el mundo.

## Criando jóvenes innovadores

Un amplio número de libros dan consejos sobre cómo ser un buen padre, y yo no pretendo que el mío sea uno de ellos. Mi interés es mucho más modesto y está más delimitado. Pretendo dar respuesta a unas cuantas cuestiones: ¿Cómo fomentan los padres la motivación intrínseca, es decir el espíritu del juego, la pasión y la búsqueda de un propósito que son las fuentes de la creatividad? Y también, ¿cómo aprenden los jóvenes innovadores que está bien asumir riesgos e incluso fracasar? Las «madres tigre» que describe Amy Chua en su libro, *Madre tigre, hijos leones*, no creen en el juego y no permiten a sus hijos el fracaso. Los «padres helicóptero», por el contrario, tienden a complacer a sus hijos y a aislarles del fracaso a toda costa. Ninguno de los dos tipos de paternidad parece que vaya a producir individuos innovadores o emprendedores. Así que, ¿cuáles son las maneras de criar que contribuyen al desarrollo de ambas cualidades en la gente joven?

He entrevistado a montones de padres para este estudio y he organizado un grupo de análisis. Mi criterio para seleccionar a quienes entrevistaba era muy simple: una parte constaba de padres de jóvenes innovadores, de esos individuos que he descrito y también de padres de jóvenes innovadores que he tenido que dejar fuera del libro por razones de espacio; los otros padres a los que entrevisté eran individuos que tenían puestos de trabajo que requerían una alta capacidad de innovación o de emprendimiento, o ambos. En conjunto, el grupo estaba formado por varias generaciones con un rango desde los treinta hasta los sesenta años, y también de gran disparidad geográfica.

También pasé la mañana en una de las escuelas de jardín de infancia más innovadoras del país, en el campus de la universidad de Stanford. La *Bing Nursery School* es una «escuela laboratorio» infantil que abrió en el año 1966 gracias a una donación de la Fundación Nacional de Ciencias y de un regalo del Dr. Peter S. Bing, un recién graduado de la época, y de su madre, la señora Anna Bing Arnold. La escuela ofrece un lugar donde los alumnos de grado de Stanford aprenden de primera mano cómo es el desarrollo de los niños, y donde los profesores y los alumnos de postgrado pueden realizar sus investigaciones sobre el desarrollo de los niños[1]. Lo que más me impresionó de Bing es que todo el claustro de profesores acababa de venir de pasar un día con el claustro del d.school de David Kelly, y habían estado pensando mucho en cómo comenzar a preparar a los niños para convertirles en innovadores. La filosofía educativa y la experiencia de aprendizaje en Bing son bastante parecidos a los de muchos de los colegios Montessori, los cuales, tal y como aprendimos en el capítulo 1, han contribuido a producir un sorprendente y elevado número de innovadores.

## El juego

Todos los niños juegan. Y, sin duda, todos los padres animan a sus hijos a que jueguen. Sin embargo, he aprendido que el

---

1    Extraído de la web de la escuela en 13 de agosto de 2011, http://www.stanford.edu/dept/bingschool/

*cómo* se les anima a jugar y a *qué* juegan ha sido esencial para toda la gente con la que me he entrevistado, y que, definitivamente, las formas de incentivar el juego por parte de padres y educadores son muy distintas.

## Oportunidades y tiempo para experimentar

Anne Marie, tiene un doctorado en psicología infantil, es una profesional altamente capacitada y una apasionada defensora del desarrollo de la capacidad de innovación en la gente joven, desde una temprana edad. Me contó que, gran parte de la formación para ejecutivos que ella lleva a cabo en Cisco (de la cual aprenderemos algo más, más adelante), consiste en ayudarles a desaprender muchos de los malos hábitos que aprendieron en el colegio.

## Neal sobre la experiencia de criar a su joven innovador

Anne Marie me explicó que para su hijo Tucker, que tiene seis años, ella solo tiene dos reglas: seguridad y carácter. Tucker puede experimentar y explorar el interior de su corazón siempre que sea cuidadoso y cariñoso; es decir que sea una buena persona. Todo lo demás, literalmente, está ahí en juego.

—Así que, cuando era pequeño, entendía que si tiraba el árbol de Navidad, alguien podría acabar herido —explicaba Anne Marie—. Pero cuando quería quitar los adornos del árbol, alinearlos, y volverlos a poner de la forma que él quería, yo le dejaba. Estaba experimentando con su versión de cómo debería ser un árbol de Navidad. Lo mismo ocurre con el postre. Solo lo toma una vez al día, pero si quiere tomarlo en el desayuno, está bien. Debemos abandonar los prejuicios de cómo deben ser las cosas si lo que queremos es desarrollar en los niños la capacidad de innovar de adultos.

Malcolm Campbell, un catedrático de biología que es el director del programa James G. Martin Genoma en la universidad de Davidson, y padre de dos adolescentes, dijo algo parecido:

—He aprendido la importancia de ser complacientes con los intereses de nuestros hijos. Si quieren vestirse con rayas y lunares a la vez, está bien. Si quieren pintar con la comida, también está bien, siempre que limpien y recojan al final.

Semyon Dukach, un emprendedor en serie, un *business angel* y el presidente de *Global Cycle Solutions*, la empresa de Jodie Wu, habló de negociar las barreras existentes entre las reglas básicas y dejar que tus hijos (cinco de entre tres y diecisiete años) se «rebelen».

—Como padre, lo más importante es respetar a tus hijos y escucharles, pero sin ser demasiado libertino. Tienen que tener límites, barreras y una estructura. Pero demasiado de esto, es decir enseñarles solo a ser obedientes, puede matar el impulso de la creatividad. El reto es encontrar el equilibrio entre el respeto a la autoridad, y una rebelión activa y constructiva; es decir, enseñar a tus hijos a ser fuertes, pero enseñarles las barreras que tienen que sobrepasar. No puedes separar la innovación de la desobediencia. Pero tampoco puedes ser un innovador y robar bancos.

## Los niños siguen necesitando límites

Muchos de los padres a los que entrevisté mencionaron la importancia de no sobre-programar el tiempo de sus hijos, asegurándose de que tenían tiempo libre para el juego y para descubrir cosas. Si bien todos estos padres disfrutan del tiempo y de actividades con sus hijos, también son conscientes de la importancia de no ser «padres helicóptero».

Susan Lynch, uno de los padres de mi grupo de análisis, es socia de la empresa Santaky Advisors, una filial de Bain Capital. Es una directora de inversiones de mucho éxito y madre de tres niños, entre los once y los quince años. «Contratamos jóvenes adultos que vienen de las mejores universidades —me dijo—. Con algunos de ellos no logramos el éxito y creo que, normalmente, se debe a cómo han estado de estructuradas sus vidas; es decir, han andado siempre en busca de sobresalientes y de aquello que les permitiría pasar al siguiente nivel. No han tenido tiempo suficiente para perseguir sus propios intereses o para ser creativos».

Christine Saunders, una profesora investigadora asociada de farmacología en la universidad de Vanderbilt, está de acuerdo con Susan, cuando dice: «Veo alumnos de postgrado aquí en Vanderbilt, que vienen de buenas universidades, como Brown y otras, y que han trabajado mucho para poder ser aceptados. Pero realmente no saben lo que quieren. Me sorprende el número de jóvenes que no tiene ni idea de cuáles son sus intereses porque se les ha empujado siempre hacia el logro individual en vez de hacia la exploración de distintas cosas. Quiero que mis hijas tengan más tiempo para respirar, pensar y utilizar su imaginación. Pero, verdaderamente creo que pertenezco a una minoría que rema contra el viento, comparado con cómo los otros padres organizan las vidas de sus hijos».

Se acordarán de que Lea Phelps, la madre de Kirk Phelps, decidió no rellenar el tiempo post-escolar de su hijo con clases extraescolares, prefiriendo que tuviese más tiempo libre y no vigilado para jugar en el exterior. «Un niño tiene que aburrirse antes de averiguar cómo salir del aburrimiento», me dijo.

Brad Harkavy, consejero delegado de varias empresas *start-up* de alta tecnología, y Zen Chu, fundador de la empresa *Accelerated Medical Ventures*, que ayuda a *start-ups* médicas, son padres de preadolescentes. En entrevistas separadas, ambos señalaron la importancia de no criar bajo la omnipresencia. «Hoy en día, demasiados padres están híper involucrados en las vidas de sus hijos —dijo Brad—. Ese tipo de actuación omnipresente no produce innovadores, es decir, gente que pueda pensar por sí misma». Zen puntualizó:

«Los niños son curiosos por naturaleza. Experimentarán y explorarán por sí mismos si les das el entorno adecuado, no si eres un 'padre helicóptero'».

## Menos es más

Todos estos padres fueron unánimes: el que haya menos juguetes, y juguetes que incentiven la imaginación y la invención, se ve como algo esencial. Recordarán que tanto Kurt Phelps como Jodie Wu, hablaron de la importancia que las piezas de LEGO tuvieron para ellos. Este tipo de juguete, con el cual los niños pueden construir cualquier cosa que se imaginen y de manera distinta cada vez, incentiva la creatividad y la imaginación. Pero a veces los mejores juguetes son todavía mucho más simples.

Susan Lynch recuerda que uno de los juguetes preferidos de sus hijos cuando eran pequeños, era un *foulard*: «Vestían al perro con el *foulard* o lo utilizaban como si fuese una capa de un superhéroe. Luego se convirtió en un disfraz para la obra de teatro que hicieron basada en la historia de Gilgamesh, que habíamos estado leyendo juntos».

Leslie Lee es la madre de Mac Cowell, un brillante joven innovador que ha desarrollado unos *autokits* de biología que permiten a los individuos llevar a cabo sofisticados experimentos científicos sin necesidad de un laboratorio o de un equipo muy costoso[2]. La madre de Mac describió algunos

---

2    Tuve varias entrevistas largas con Mac, su madre y dos de sus profesores, pero no puede incluir en el libro su biografía por limitaciones de espacio. Puede encontrar más información del invento de Mac en http://diybio.org/

de los «juguetes» que le dio a Mac y que más le gustaron: «Estaban las piezas de LEGO, por supuesto. Pero uno de sus juguetes favoritos era algo que le di en su quinto cumpleaños: una caja de cartón grande con dos palos, uno de 180 cm y otro de 120 cm y dos trozos de cuerda. Eso era todo. Pero jugó durante años con esas mismas cosas. En otro de sus cumpleaños llevé a Mac a una ferretería, le di veinticinco dólares, y le dejé que se comprase lo que quisiese de regalo. Era como un niño dentro de una tienda de chucherías. Si no recuerdo mal, compró varias trozos de cadenas y algunas poleas; también encontró varias tuberías y unas válvulas».

Para muchos padres, la presión de los compañeros puede hacer que la decisión sobre qué comprar o no comprar sea bastante difícil. Christine Saunders dijo: «Estoy preocupada por el problema del consumismo en los niños de hoy y creo que los padres que me rodean tienen distintos puntos de vista al respecto. Muchas de las niñas de la edad de mis hijas tienen colecciones enteras de *American Dolls*. (Desde su aparición en el año 1986, se han puesto en el mercado más de cincuenta tipos distintos de estas muñecas con todo tipo de accesorios posibles). Pero nuestras hijas solo tienen una. También las he animado a que jueguen con juguetes de mi infancia, a que jueguen con lo que tienen y a que utilicen su imaginación».

**Tiempo que pasan delante de la pantalla**

La filosofía de «menos es más», también queda reflejada en la forma de educar de estos padres en relación a la tecnología y al tiempo que sus hijos pasan delante de la pantalla. Como grupo se han resistido a comprar a sus hijos juguetes tecnológicos y les han limitado el tiempo delante de la pantalla, tanto de la televisión como del ordenador. La mayoría de los niños de estas familias no tuvieron un ordenador en su cuarto hasta que no fueron mayores.

Brad Harkavy que es el consejero delegado del grupo *Neocure* —empresa que ayuda a los innovadores en tecnología médica a introducir los productos en los mercados— y su mujer, Ann Marie Mador, tienen tres hijos con edades entre siete y trece años. Me pasé una mañana en su cocina hablando con ellos sobre innovación y sobre la educación de sus hijos. Me fijé que tenían un ordenador en medio de la cocina totalmente accesible. Le pregunté sobre cuál era su opinión sobre los niños y la tecnología.

—Nuestros hijos están constantemente preguntándonos, y, en lugar de responderles, les decimos: «¿Por qué no lo buscas tú?». Así que están siempre yendo al ordenador a buscar respuestas a algo —me dijo Ann Marie—. Les incita a ser curiosos.

Brad y Ann Marie, sin embargo, son muy selectivos con lo que dejan hacer a sus hijos en el ordenador, porque les preocupan los problemas de privacidad de Facebook, aunque en el tiempo en el que me entrevisté con ellos ninguno de sus hijos todavía tenía una cuenta ahí. Pero, recientemente, a su hijo mayor le han dado un móvil, con consecuencias interesantes. Según Ann Marie: «Algunas veces dice más en un mensaje de texto, como por ejemplo, 'te quiero Mamá', que lo que diría en persona».

Brad me contó cómo se preocuparon por limitar el tiempo permitido delante de la pantalla:

—El ordenador está ahí mismo en un lugar familiar común, así que podemos limitar el tiempo que pueden pasar delante de él. Y siendo una familia judía, honramos el *Shabbat*. Así que, tras el anochecer de los viernes, no hay teléfono, ni *email*, pero vemos una película juntos o también podemos oír por la radio un partido de beisbol. Limitamos el tiempo delante de la televisión.

Se acordarán de que a la familia Phelps, aunque limitaba el tiempo delante de la pantalla, le gustaba ver películas y algunas series de televisión juntos. La idea de compartir la televisión en familia, sea cual fuera el programa, transforma la experiencia de algo solitario a un evento social.

La filosofía de la escuela infantil *Bing Nursery School* sobre los juguetes y la tecnología para los niños, de edades entre los dos y los cinco años, simpatiza con la idea de que menos es más y fomenta el carácter social de todas las formas posibles del juego. Los edificios de la escuela están rodeados de un gran espacio vallado al aire libre para jugar. Está equipado con una variedad de elementos simples para trepar y espacios para jugar, incluyendo estructuras de madera que pueden convertirse en cualquier cosa que el niño imagine, desde un coche de bomberos a un fuerte. Pero nunca hay nada tan complejo o estructurado como lo que se puede encontrar en la mayoría de los parques públicos de cualquier barrio. Las clases luminosas y aireadas se abren a las zonas de juegos, y los niños se mueven libremente entre las aulas y los espacios al aire libre, donde habitualmente hacen actividades en pequeños grupos de dos o tres, a veces con el profesor y otras no. Las clases en sí mismas son de colores vivos y distintas texturas, muchas de las cuales son el fruto del trabajo artístico de los niños.

Beth Wise, directora adjunta de la escuela, explicaba lo que ella creía que eran los «juguetes» más importantes que necesitaban los niños para poder desarrollar su imaginación y su creatividad: «Arena, agua, barro, pintura y bloques de construcción. Una vez que aprenden a utilizar estos materiales, pueden crear cualquier cosa».

La escuela tiene unos pocos ordenadores y cámaras digitales para que los niños los utilicen, y que son muy populares para la elaboración de álbumes de fotos. Pero los niños tienen que utilizar estas tecnologías en grupo, de forma que aprenden ambas cosas, el uso de estas tecnologías y también a compartir y resolver problemas sociales.

–Una de las cosas que sacamos de nuestros días en el *d.school* –me dijo Beverly Hartman, la jefa de profesorado de Bing– es la idea de realizar rápidos prototipos en el terreno social. Queremos que los niños aprendan a observar un determinado conflicto y que piensen en sus posibles soluciones y las prueben hasta encontrar la mejor forma de solventarlo.

**Una visita a la escuela infantil Bing Nursery School**

## Intencionalidad

¡Mientras que el juego en Bing puede parecer espontáneo y aleatorio, lo que los profesores están haciendo es bastante intencional.

—Estamos aquí para ayudar a los niños a hacer realidad sus ideas —me dijo Beth—. Queremos incentivar y guiarlos en la exploración. Los materiales y las actividades artísticas que se diseñan se utilizan para enseñarles cómo enfrentarse a la resolución de un problema. También les enseñamos a resolver los problemas sociales que surgen entre ellos. Los niños tienen un instinto natural para sobresalir, es decir, para convertir su trabajo en algo mucho más independiente y creativo cuando saben que los adultos están allí para ayudarles. El reto para los profesores es saber cuándo hay que intervenir.

Beverly explicó aún más:

—Es un modelo de competencia en el que construimos sobre lo que ellos pueden hacer, es decir sobre lo que es auto-dirigido y auto-seleccionado. El profesor resalta la tarea de los alumnos para permitirles llegar más allá y expresar lo que están haciendo. Los profesores deben estar atentos a lo que interesa a sus alumnos. La capacidad de observación es esencial.

Le pregunté qué es lo primordial que quería que los alumnos de Bing aprendiesen a través del juego.

—A observar, a resolver problemas, a tener perspectiva, a tener empatía, a utilizar múltiples estrategias para resolver los problemas, a amar la capacidad de aprender cosas y a tener la capacidad de pensar desde el diseño —fue la respuesta inmediata de Beth. Aprender a leer o a sumar no estaban en la lista de resultados esenciales.

–¿Y qué hay de los padres? ¿Qué esperas enseñarles a ellos? –me preguntaba.

–A construir sobre las fortalezas de sus hijos, a nutrir y respetar lo que nosotros vemos que comienza a desarrollarse –explicó Beverley–. A ayudarles a ser observadores de sus propios hijos y a saber quiénes son ellos, y no solo lo que pueden lograr. También, a ser defensores de sus hijos y a tener juicio y utilizarlo para saber lo que es apropiado para ellos y lo que quieren como familia. –En una palabra, quieren padres que sean tan intencionales como los profesores a la hora de observar y expandir el juego de sus hijos.

## La lectura como un tipo de juego

Mientras que aprender a leer y a sumar no es lo esencial del aprendizaje de los niños de Bing, la escuela, sin embargo, tiene un buen nivel académico, con muchos tipos de libros distintos, disponibles para ser consultados por los niños. Los profesores también leen a los niños de forma frecuente, y éstos montan actos teatrales basados en las historias que han leído. Los libros se convierten, desde ese momento, en una expresión más del juego de los niños.

Encuentro que este enfoque intelectual y la importancia de la lectura, es otro punto común de mis conversaciones con muchos de los padres. Casi todos los padres leían a sus hijos con frecuencia. Libros que fomentaban la imaginación, así como libros que ayudaban a los niños a entender el mundo, eran considerados importantes. Por ejemplo, Ernelle Sills, la madre de Jamien, me dijo:

—Empecé a leerle cosas desde muy pequeñito, quizás unas cuatro o cinco veces a la semana. Todos los libros del Dr. Seus, de Amelia Bedelia... siempre leíamos juntos. Esa es mi pasión. —Muchos padres mencionaron el valor de las series de libros de Richard Scarry sobre Busytown, que ilustraban cómo funcionan los aparatos técnicos y, cómo los adultos, que son casi siempre animales antropomórficos, llevaban a cabo distintos tipos de trabajos.

También es esencial continuar con el fomento de la lectura individual en los niños a medida que se van haciendo mayores. Lea Phelps me dijo que la hora obligatoria de lectura libre, sobre algo que no tuviese nada que ver con el trabajo del colegio, es algo que, también sus hijos, ya mayores, quieren hacer con sus propios hijos. Y Cord Phelps explicó por qué él y su mujer persistieron en esa regla:

—Queríamos crear una alternativa a la presión escolar impuesta por los profesores que siempre estaban diciendo memoriza esto o resuelve estos problemas. Es totalmente distinto cuando puedes elegir algo tú y avanzas a tu propio ritmo. —Mi opinión es que la disciplina de la lectura desarrolla los músculos de la concentración, así como el hábito del aprendizaje auto-motivador.

## ¡La pasión!

¡Todos los padres con quienes me entrevisté destacaron con firmeza que una de sus principales misiones era fomentar en sus hijos que encontrasen y persiguiesen sus propias pasiones. La importancia de encontrar tu pasión surgió en casi todas las entrevistas que mantuve con los padres. Recuerden que Cord Phelps, el padre de Kirk, habló de poner un bufet delante de los hijos lo más diverso posible, de forma que pudiesen saber lo que verdaderamente les interesaba. En otras entrevistas relacionadas con este tema, averigüé cómo los padres luchan con lo que deben o no hacer para fomentar en sus hijos la persecución de sus pasiones. Los retos relacionados con el deporte o los instrumentos musicales, hasta dónde empujarles y qué decisiones permitir que los hijos tomasen por sí solos, fueron temas recurrentes.

Katie Rae, antigua directora de producto de los laboratorios de Microsoft y fundadora de *Project 11*, una empresa que invierte en los primeros estadios de las *start-ups*, es la mujer de Zen Chu y la madre de dos hijos de siete y doce años. Cuando debatíamos sobre la importancia de la motivación intrínseca en los innovadores y los emprendedores, decía:

—Luchamos con hasta dónde empujamos a nuestros hijos para que se vuelvan expertos en algo con dejarles averiguar lo que realmente les gusta. Creo que debe haber un equilibrio entre ambos y que hemos estado equivocados en muchas ocasiones. Nuestros hijos son muy buenos con el piano, pero, por lo menos, dos o tres veces quisieron abandonar, y les dijimos que no. Creemos que se han beneficiado de no abandonar el piano, pero quizás debiéramos haber animado a nuestro hijo a dejar el fútbol hace años y que buscase otro deporte. No le gusta el fútbol, pero le encanta el senderismo, nunca está más motivado que cuando está de excursión, así que ahora le estamos mandando a campamentos cuya principal actividad es el senderismo y la montaña. Hemos intentado escuchar lo que dicen que realmente les gusta.

Susan Lynch también habló de las difíciles decisiones relacionadas con la participación de sus hijos en los deportes:

—Megan es una grandísima atleta de fútbol, pero no le gusta jugar todos los fines de semana. Otros padres y los entrenadores nos dicen que si de verdad es buena, deberíamos llevarla a todos los partidos, a los campamentos de fútbol, y demás. Estoy de acuerdo en que nada es divertido hasta que no eres bueno, y he tenido que recordarle a Brian (su hijo pequeño) que no puede esperar entrar en el campo y ser el mejor, pero muchos padres creen que sus hijos son sus trofeos. Y no lo ven simplemente como el amor de sus hijos hacia un deporte. Es la mentalidad «madre tigre». Me revuelve el estómago. Demasiados niños están programados para el éxito por lo que no tienen ninguna oportunidad de explorar las cosas.

—Hemos intentado siempre apoyarles en sus elecciones —continuó Susan—. Megan tocaba el piano y el clarinete, aunque realmente no le interesaban ninguno de los dos. Posteriormente, un día de fiesta llevamos a los niños a un concierto de orquesta y allí se enamoró de la tuba, ¡imagínate, de todos los instrumentos posibles! Ahora la niña está apasionada con tocar la tuba.

François Barrault, antiguo consejero delegado de *BT Global Services*, describió su manera particular de ayudar a sus hijos a elegir un instrumento musical:

—Cuando mis hijos tenían nueve y once años, les llevé a una tienda y les dejé que probasen distintos instrumentos. Intenté observar su lenguaje corporal mientras tocaban cada uno de ellos para ver si encajaban con cada niño. Creo que cada uno debe encontrar sus herramientas correctas, las que le permitan expresarse de forma creativa.

Erik J. Andresen es el presidente de Polytech Filtration Systems, empresa fundada por él mismo en el año 1987. La mujer de Erik, Leslie Andresen, es la directora jefe tecnológica de una división de la empresa General Dynamics Corporation y una de las líderes mundiales en ciber-seguridad. Los Andresen, como los Phelps, intentaron exponer a sus hijos a múltiples actividades, incluidos los *Boys Scouts*, distintos deportes, y varios instrumentos musicales. Erik explicó que sus dos hijos estudiaron piano durante cuatro años, y aunque su hijo mayor llegó a ser bastante bueno, ambos decidieron dejarlo.

—Algunos de mis amigos me critican por dejar a mis hijos «picotear» distintos instrumentos y deportes —me contó Leslie.

—Abandonar algo no significa falta de disciplina —observó Erik—. Los padres pueden crear expectativas: «Si quieres seguir con un instrumento, esperamos que le dediques cierto tiempo al día».

Joel Podolny de Apple fue firme respecto a no halagar en falso a sus propios hijos:

—Es importante apoyarles en lo que quieren hacer, pero también hay que ser honesto en cuanto a cómo lo están haciendo realmente. No creo que se deba empujar a los hijos a que toquen el chelo por ejemplo; pero tampoco se debe decir que suena fenomenal, cuando no es así. La excelencia importa. No todo el mundo puede o debe ganar un trofeo. En algún momento debes poder experimentar la satisfacción de hacer algo realmente bien.

Paul Bottino, el mentor en Harvard de David Sengeh, me contó una divertida historia de cómo ayudó a su hija a «auto evaluarse» con respecto a una actuación musical:

–Encontró una flauta en el ático –me explicó–. Así que fuimos a la calle y empezó a tocar a ver si recibía alguna moneda. Estuvo allí todo el día y al final regresó a casa con solo dos monedas de diez centavos. Le pregunté por qué creía que había ganado tan poco dinero, y averiguó por sí misma que es la calidad de la música por lo que la gente está dispuesta a pagar.

El ganador del premio *Pulitzer* de las letras y periodista, Thomas Friedman, me dijo:

–Lo que sea que se les ocurra a mis hijos, yo estoy con ellos. Una de mis hijas tiene una idea para una página web de moda, y yo le voy a ayudar a implementarla.

–¿Y si las probabilidades de éxito son solo de un dos por ciento? –le pregunté.

–No me importa porque sé que aprenderá de la experiencia. Soy consciente de los avatares de la vida.

Sin embargo, a veces es difícil apoyar las pasiones de tus hijos cuando a ti te parecen, en ese momento, decisiones erróneas. Tom me contó una historia acerca de su hija como ejemplo de esto:

—Cuando se graduó en Yale, le dieron una beca para un postgrado en Cambridge y también la aceptaron en el programa *Enseñando por América*. Me pidió consejo y tuve que morderme la lengua, porque no quería que mi opinión influyese en su decisión. —Friedman valora enormemente su experiencia personal en Oxford, donde estudió con una beca *Marshall*—. Así que eligió el programa *Enseñando por América*, que cursó durante dos años, lo que resultó ser un experiencia bastante difícil para ella. En un momento dado se preguntó si había tomado la decisión equivocada, pero yo la apoyé porque había logrado cursarlo bajo condiciones difíciles, había obtenido su título de máster, y ahora es profesora de cuarto grado en un colegio público de DC. La experiencia le hizo más fuerte.

—Los coeficientes CQ (curiosidad) más PQ (pasión), son mayores que el IQ —observó Tom.

**Friedman sobre la paternidad**

**La búsqueda de un propósito**

Acabamos de conocer a lo que aspiran nuestros jóvenes innovadores. Todos persiguen un propósito y todos tienen una pasión. Todos ellos quieren dejar huella en el mundo. Para nuestros tres innovadores sociales, Laura, Syreeta y Zander, su propósito en la vida es convertirse en agentes del cambio o *changemakers*. Nuestros cinco innovadores STEM también persiguen un gran propósito en la vida. Kirk, al que le encanta aprender y dirigir complejos proyectos tecnológicos, está apasionado con crear una forma económica de aprovechar la energía solar. La pasión de Jamien es diseñar zapatillas, pero también quiere desarrollar un nuevo proceso de producción ecológico y dar empleo a americanos. Shanna, respecto a su nuevo trabajo en Autodesk, dijo:

—No solo estoy provocando un impacto en el mundo digital, sino en el mundo real, analizando cómo diseñar edificios y fábricas que sean sostenibles, eficientes, con menos generación de desperdicios y con grandes ahorros en costes. —La misión de David es desarrollar nuevas tecnologías que ayuden a aliviar la pobreza y el sufrimiento en África, la misma misión que Jodie.

Creo que las ganas que tiene la gente joven de perseguir grandes propósitos se deben a que han estado expuestos a mucha información sobre los retos de nuestro futuro, especialmente respecto al cambio climático y a la pobreza global. Pero la información es una cosa y los valores son otra. Más información no genera, necesariamente, el deseo de hacer algo. De hecho, demasiada información puede provocar una cierta parálisis.

Los valores deben aprehenderse al igual que deben enseñarse. De una forma u otra, todos los padres de los ocho jóvenes innovadores que hemos conocido me expresaron y demostraron la importancia de dar algo a cambio. Me preguntaba qué es lo que los padres de mi grupo de análisis, todos con niños pequeños, querrían para sus hijos, es decir, qué es lo que consideran más importante.

Susan Lynch contestó:

—Espero que encuentren algo que les haga felices, que disfruten con su trabajo, y que contribuyan a marcar la diferencia.

Leslie Andresen estaba de acuerdo cuando decía:

—Quiero que se preocupen por lo que hacen, sea lo que sea. La gente innovadora se preocupa por lo que hace, se preocupa lo suficiente como para tomar riesgos, le dedica más tiempo a todo, y atiende a la gente con la que trabaja. También quiero que sientan que lo que hacen marca la diferencia. He intentado trasladar esto al trabajo de voluntariado, no puede quedarse en algo nimio.

Leslie Lee, la madre de Mac Cowell, reflexionaba sobre lo que su hijo extrajo del colegio rural Michigan:

—Para mí, lo más importante de acudir a un instituto de una pequeña ciudad fue el conjunto de valores: no tratas a la gente de forma distinta según lo que hace o cómo viste, o porque tenga barro en sus pantalones. A veces ocurre que los individuos con trabajos humildes son los más inteligentes de todos.

También hablé con otros líderes empresariales que son padres. Ellos también señalaron la importancia de centrarse en algo más grande que uno mismo.

Ellen Kumata es directora general y socia de Cambria Consulting, una empresa consultora de la lista de las 100 empresas de Fortune.

—Los líderes empresariales hablan mucho de la pasión. Pero la pasión en sí no es suficiente. A medida que te haces mayor, te preguntas: «¿Para qué dedico todo este tiempo?». Tiene que haber algo más grande que solo el que te guste hacer algo.

El recientemente retirado consejero delegado de Best Buy, Brad Anderson, tiene dos hijos, de veintiocho y de treinta años. Me dijo:

—No hay nadie que no necesite resolver problemas de forma creativa. La resolución creativa de problemas surge en cualquier cosa en la que estés trabajando. Lo que más quiero para mis hijos es que se preocupen y se involucren con algo que les importe, algo que haga que sus vidas sean auténticas. A medida que se van acercando a eso veo que están más contentos. Pero no puedo transferirles mi vida. Tienen que buscarlo por sus propios medios. Puedo ayudarles y motivarles, pero tengo que hacerlo poco a poco, y debo dejarles espacio suficiente para que sean los individuos que tienen que ser.

Dov Seidman es fundador y consejero delegado de la empresa LRN, que ayuda a otras empresas a desarrollar culturas empresariales éticas. También es el autor del libro *Cómo: ¿Por qué «cómo» hacemos cualquier cosa significa todo?*[3] Me contó lo que significa el nombre de su hijo y por qué es importante.

—Creemos que hemos dado a nuestro hijo un buen nombre, Lev Tov, que significa «corazón de león» y «buen corazón». Pero tener un buen nombre no es suficiente. Necesita pasarse el resto de su vida —y mi trabajo es ayudarle—, intentando convertirse en esa persona. Tiene que ver con los

---

3  EQ se refiere al trabajo de campo de Daniel Goleman que denominó «inteligencia emocional». Véanse los diferentes libros relativos a este tema.

valores, con el carácter, con la fortaleza para resistir y con tener los pies en la tierra cuando ocurre lo inesperado; y además que eso ocurre no cada veinte años sino cada veinte días. Y tiene que ver con la habilidad de relacionarse con el mundo. Y, sobre todas las cosas, quiero infundir esperanza en mi hijo. El valor más importancia es la esperanza, porque cuando no la tienes dentro, te encierras en ti mismo, te desprendes de los demás y desconectas de los otros. Cuando tienes esperanza ves el mundo como una fuente de significado, ves infinitas posibilidades para un mundo mejor, lo que te permite colaborar con los demás para lograr alcanzarlas.

## Con lo que los padres tuvieron que luchar

Leyendo esto, alguien podría tener la impresión de que, aparte de tener que decidir cuándo permitir a tu hijo abandonar un instrumento o un deporte, la paternidad, para los padres con los que me entrevisté, ha sido relativamente fácil. Sin embargo, he visto claramente que, mientras que a todos les encantaba ser padres y pasar tiempo con sus hijos, también lucharon y sufrieron. Tener que tratar con los colegios de sus hijos, crear espacios para que sus hijos pudiesen fracasar y ser padres «distintos», fueron temas recurrentes en nuestras conversaciones.

## Problemas con los colegios

Tal y como hemos visto, la lectura en estas familias era algo muy valorado como un fin en sí mismo, como una forma de descubrir y jugar, y no como un medio para conseguir buenos resultados en el colegio. Se acordarán de que la regla en la casa de los Phelps era que los niños tenían que leer una hora al día, pero libros que no tuviesen nada que ver con el colegio. Algunos padres han tenido que resistirse a los esfuerzos de los profesores que obligaban a sus hijos a leer. También han tenido, muchas veces, que explicar y pelear por las «diferencias» de sus hijos frente a las autoridades escolares. Encuentro que la historia de Leslie Lee y las dificultades de su hijo Mac para leer es especialmente conmovedora:

–Cuando los chicos eran pequeños, la costumbre de cada noche en nuestra casa era que cada uno elegía un cuento, luego se iba a la cama, y allí yo se lo leía. A todos les encantaban los libros, sus historias. Pero cuando Mac entró en primero de primaria no asimilaba la idea de símbolos escritos en un papel. (Mac acudía a uno de los más prestigiosos colegios de infantil de los suburbios de Chicago). El colegio quería hacer al niño los tests de DA (déficit de atención) porque no leía como la mayoría de los niños de allí, pero yo me di cuenta de que siempre andaba preguntando cosas, así que llegué a la conclusión de que no tenía DA, simplemente no quería leer los libros que el colegio le daba. Le dije a Mac: «De acuerdo, empezarás a leer más adelante».

»Fui a hablar con la profesora de primero de primaria para explicarle que al niño le encantaban los libros y que yo sabía que sería un gran lector algún día, pero que forzarle en este momento le llevaría a odiarlos. La profesora se echó a llorar. Luego dijo: 'No sabes cuánto me alegro de que me hayas dicho esto. La mayoría de los padres me regañan porque no he enseñado a sus hijos a leer todavía'.

»Al año siguiente, Mac estaba en segundo de primaria en la rural Michigan. Y de nuevo tuve que explicar a la profesora: 'Leerá algún día, no te preocupes'. Volamos a Hawái en las vacaciones de primavera y, en el avión, Mac sacó la copia de la revista *Popular Science* del bolsillo del asiento delantero. La portada tenía una foto de un submarino saliendo del agua, volando, y luego aterrizando como un coche. Mac buscó el artículo en la revista, lo encontró y dijo: 'Mamá ¡puedo leer esto!' A partir de entonces, no pudimos quitarle el libro que permanentemente tendría entre las manos. Al acabar segundo de primaria había leído muchos más libros que ningún otro niño de su clase.

Algunos padres han tenido problemas con sus hijos respecto a las expectativas de obediencia a la autoridad en los colegios. Cuando empecé a trabajar en este libro y compartí alguno de mis pensamientos con Anne Marie Neal, me mandó el siguiente *email* respecto a la experiencia de su hijo Tucker en un prestigioso «colegio charter» de las afueras de Denver, en donde le acababan de admitir en primero de primaria:

«Mi hijo tenía cinco años y el jardín de infancia y el preescolar lo había hecho en el Montessori. Le acababan de admitir en primero de primaria en un «colegio charter» cerca de casa, que es gratuito y de mucha exigencia académica. Me hice cargo de los exámenes de entrada de Tucker (por razones profesionales). La profesora me dio el cuadernillo de examen y le puse a trabajar las matemáticas y los ejercicios de escritura. Ella vigilaba mientras yo le leía las instrucciones.

»Acabó el examen en 20 minutos. Al entregarle el examen, (recuerda que en el Montessori no se hacen exámenes así que la idea de hacer un examen era novedosa para él) la profesora le dijo: No puedes haber acabado ya, tienes cuarenta minutos más de tiempo. Vuelve y comprueba tus respuestas. Él contestó: 'Ya lo hice y creo que están bien'. Echó un vistazo al examen y dijo: 'Humm, están bien'. Le contó que en el Montessori podía pasar a la clase de segundo para hacer multiplicaciones y divisiones. Entonces ella dijo: 'Baja la voz', y él dejó de contarle la historia.

»La profesora, entonces, dijo: 'Veamos si puedes leer igual de bien que haces las matemáticas', y le mandó leer una historia. Lo hizo normal, con algunos fallos. Ella dijo: 'Ahora veamos si puedes responder a algunas preguntas'. Le hizo una serie de preguntas sobre el aire: '¿Sabes lo que es?' '¿Cómo sabes que está alrededor tuyo?' '¿Cómo sabes que cambia?' Empezó a hablar de la Tierra en relación a otros planetas, del oxígeno y el gas, de las criaturas vivientes, del viento, y luego contó una historia de cómo un día la tapa de su yogur se la llevó el viento. Y le contó el dilema moral que tuvo en el Montessori sobre levantarse, porque había ensuciado la mesa, en vez de quedarse sentado en la mesa de picnic, que era la regla. La profesora dijo: '¿Rompiste una regla?', Tucker respondió: 'Sí, pero le dije al profesor que no quería ensuciar con mi basura'. La profesora le mandó bajar, de nuevo, la voz. Él estaba emocionado contando la historia, como lo estarían la mayoría de niños de cinco años, pero en ningún caso estaba gritando.

Esta es la mentalidad de los colegios públicos, incluso de los más valorados como son los *charter schools*. Responder a preguntas, seguir las reglas y bajar la voz. Al día siguiente él volvió a su clase del Montessori y cuando sus profesores le preguntaron que qué tal le había salido el examen, el contestó: 'El examen me salió muy bien, pero no me sentí muy bien después de hacerlo'. Se me rompe el corazón».

Anne Marie terminó el *email* con la siguiente observación:

«Une esto (la experiencia de Tucker) con el concepto de tu libro. La innovación es sobre todo crear una cultura para fomentar las ideas, ideas buenas y no tan buenas. Y aprender a cómo gestionar el riesgo derivado de la experimentación de esas ideas. ¿Cómo debemos enseñar a los niños a colaborar, a ser disruptivos, a adaptarse a un mundo cambiante, mientras desarrollamos su sentido de la maestría y de la autoestima? ¿Debemos darles experiencias enriquecedoras y ayudarles a desarrollar su confianza para explorar, cuestionar, testar, experimentar y traspasar las barreras de lo importante? El examen en la vida laboral no versará sobre lo mucho que sabes, sino sobre lo bien que colaboras con los demás para lograr contribuir significativamente al crecimiento de tu empresa».

Anne Marie y su marido eligieron mandar a su hijo Tucker a un colegio privado para su primer curso de primaria, en lugar de enviarle al «colegio charter».

Los padres que han luchado y sufrido con los colegios de sus hijos suelen señalar el conflicto existente entre aprender para pasar un examen o para obtener una nota frente a aprender como una forma de expresión de los intereses intrínsecos de sus hijos; algo que se agudiza especialmente a medida que los hijos se van haciendo mayores. Leslie Andresen dijo:

–Existe una tensión entre mis propias metas para mis hijos como estudiantes frente a las metas que los colegios públicos tienen para ellos. Me da igual los resultados que saquen en los tests MCAS. No pienso animar a mis hijos a que dediquen más tiempo a estudiar para esos tests porque prefiero que dediquen ese tiempo a cualquier cosa que realmente les interese. Pero es difícil para mí.

»También es un reto para mí no trasladar a mis hijos mi preocupación sobre el aprendizaje y el éxito. Como alumna, me solía preocupar si sacaba un ocho en un examen. No quiero poner esa presión en mis hijos. Tienen que querer hacerlo bien por las ganas de aprender, no por la nota.

Rich Lynch, el marido de Susan Lynch y otro partícipe de mi grupo de análisis, es presidente y consejero delegado de la empresa Celticare Health Plan, una *start-up* cuyo objetivo es proporcionar cobertura médica asequible a familias con bajos ingresos. Él dice:

—Como padres intentamos encontrar el equilibrio entre la preocupación por las notas que consiguen nuestros hijos y dejarles ser quienes ellos son, que se sientan a gusto en su piel y que se lleven bien con los demás. La inteligencia emocional (EQ) es más importante que el coeficiente intelectual.

Susan Lynch habló de lo importante que es reconocer que sus hijos aprendan de manera distinta a cómo ella lo hizo, y que cada uno de ellos tenga su propio estilo de aprendizaje.

—El colegio fue muy fácil para mí y conseguí muy buenos resultados —me explicó Susan—. Pero reconozco que las cosas que eran fáciles para mí no lo son igualmente para mis hijos. Tenemos personalidades muy diferentes y es importante entender que, lo que funciona para uno o funcionó para mí, no necesariamente funciona para los demás. No se trata de nosotros, nosotros ya hemos pasado por el colegio, y no se trata del colegio. Se trata de ellos. La mayoría de gente de mi trabajo y de mi entorno social está increíblemente presionada por los resultados. Quiero que mis hijos disfruten de su infancia. Estoy intentando resistirme a toda la locura de mi alrededor.

Robin Chase es cofundadora y antigua Consejera Delegada de Zipcar, la empresa más grande del mundo de coches compartidos, y de GoLoco, la primera empresa en combinar la idea de compartir trayecto con las redes sociales. Ella y su marido, Roy Russel —que es jefe de tecnología en GoLoco y que tuvo el mismo puesto en Zipcar—, tienen dos hijos en la universidad. También fueron de los «rebeldes» que se negaron a practicar el tipo común de paternidad basado en gestionar las vidas de sus niños, dirigiéndolos a ser aceptados por la universidad «adecuada».

—No les presionamos respecto a la universidad, no les forzamos a rellenar sus currículos —me dijo Robin—. Sentíamos que era mucho más importante enseñar a nuestros hijos a aprender y enseñarles dónde tenían que acudir para aprender. Además, el grado no era lo importante, sino la universidad en donde harían su especialización o el postgrado.

Tom Kelley, director general de IDEO, describe un problema con respecto a las aspiraciones que sus hijos tienen en la etapa de instituto: «Quiero que acepten las directrices del colegio y que luego vayan a descubrir las cosas interesantes e importantes fuera del colegio» puesto que según Tom allí es en donde sucede lo más importante.

Leslie Lee adoptó una postura radical sobre cómo apoyar mejor a su hijo en la etapa del instituto.

—Mac pasaba mucho tiempo al ordenador durante la secundaria. Era bastante *friki*. A la semana de entrar en el instituto, descubrió que las chicas eran de carne y hueso y anunció: «He decidido ser más social». El fútbol, el equipo de esquí... La etapa de instituto fue para él el momento de forjar relaciones, de pasárselo bien, de acudir a fiestas, y se lo pasó de maravilla.

»Iba a un instituto de una ciudad pequeña. Tuvo algunos pocos buenos profesores, muchos muy malos, y muchos mediocres. Pero era un vago. En muchas ocasiones no hacía ningún esfuerzo en las clases. Pero lo que yo quería saber era qué es lo que le apasionaba o le provocaba curiosidad. Si todavía tenía entusiasmo y curiosidad, aunque no fuese por las clases que estaba siguiendo, entonces no me preocuparía.

»Su mayor problema era que se aburría en clase. Le dije: 'Si te aburres en clase, no seas antipático o maleducado, esconde el libro que quieras leer detrás del texto y hazte el interesado. Tu aprendizaje es tu responsabilidad'.

Cuando me entrevisté con Jeff Hunter estaba cambiándose de trabajo, de vicepresidente de Recursos Humanos en Dolby Labs —donde era el responsable de captar talento—, a su nueva posición en un empresa de la costa este. Anteriormente, Jeff trabajó en Electronic Arts y fue cofundador y consejero delegado de su propia compañía, Euphorion, que vendió en el año 2003. Jeff también tiene un blog que ha sido premiado, *Talentism.com*. En todas estas aventuras se ha centrado en cómo definir, reclutar y desarrollar mejor el talento necesario para las empresas altamente innovadoras. Y como padre de tres adolescentes en edades entre los trece y los diecisiete años, está muy al tanto del conflicto que existe hoy en día entre lo que los niños tienen que hacer en la escuela para lograr el éxito frente a las habilidades que van a necesitar como futuros innovadores. Una de las entradas en su blog *Talentism.com* de 2007 titulada «Mi hijo no hace sus deberes» expresa claramente este conflicto:

«Estoy viviendo un infierno con mi hijo. Tiene doce años y, haga lo que yo haga, o lo que mi mujer haga o lo que su hermana haga, él no hace sus deberes. Le regañamos, le quitamos todos sus artilugios y le dejamos sin ir a fiestas de cumpleaños y a otros eventos sociales que le encantan. Excepto el castigo físico (que es algo a lo que no llegaré nunca) lo hemos intentado todo. Y de nada sirve... A él nada le importa. No podemos obligarlo a hacer algo que él cree que es equivocado. Y mi infierno personal es.... ¡que está en lo cierto!

»Mi hijo puede escuchar la radio y coger su saxofón, sacar la melodía y ponerse a tocar lo que fuera que estaba escuchando. O, si no tiene el saxo a mano, coge cualquier otro instrumento musical que tenga cerca y hace lo mismo.

»Pero no hace sus deberes.

»Le traje un libro sobre aprender a dibujar y se levanta por las noches y lo lee, y va por la casa garabateando cosas. Los retratos que hace son increíbles. Los cómics que dibuja son muy divertidos, perspicaces y te enganchan.

»Pero no hace sus deberes.

»Mi hijo pocas veces o casi nunca está triste y eso atrae a la gente hacia él. Es muy bueno contando chistes y tiene memoria fotográfica para cualquier pieza de arte pop que haya visto. Nos reímos de las frases de los *Simpsons* todo el tiempo, pisándonoslas el uno al otro. Luego me cuenta las películas que ha visto hace tres años, escena a escena, frase a frase.

»Pero no hace sus deberes.

»Mi hijo tiene curiosidad intelectual. Le encanta aprender cosas nuevas y siempre anda preguntándome: ¿Por qué funciona esto así? o ¿qué hay de esto otro?

»Pero no hace sus deberes.

»A mi hijo le encantan los videojuegos. Yo trabajo en una empresa de videojuegos (Jeff trabajaba entonces en Electronic Arts) así que sé cuánto se supone que duran, de media, las misiones de los juegos de última generación. Y mi hijo tarda la mitad del tiempo. Monta competiciones con sus amigos y, después de ganarles, les enseña todos los trucos que ha averiguado para poder ganar el juego.

»Pero, maldita sea, ¡no hace sus deberes!

»El otro día le insistí para que terminase un trabajo que tenía que hacer. Me senté a su lado y me enseñé a mí mismo las matemáticas que nunca aprendí en todos mis años de instituto y universidad (recuerden que tiene doce años). Estuvimos despiertos hasta la media noche, atemorizándolo todo el tiempo, sin controlar mi ira. Finalmente, conseguimos acabar el problema que tenía que ver con representar una parábola de una ecuación cuadrática y reducir el conjunto de resultados a un gráfico del sistema de inecuaciones. El proyecto trataba de encontrar la sección transversal de un río basado en la ecuación cuadrática dada.

»Al día siguiente mi hijo se despertó temprano y bajó e hizo que el proyecto le fuese interesante. Puso en dibujos animados distintos personajes que analizaban la profundidad del río y dibujó un tiburón (al que llamó con el nombre de su profesor) a punto de comerse a un pequeño pato feliz (al que llamó 'mi calificación'). Dibujó un pescador preparando sus aparejos con un surtido de peces y animales. Éstos no eran garabatos sino que realmente ayudaban a clarificar alguna de la información con la que había estado luchando. Pintando esos personajes estaba ayudándose a entender la lección.

»La familia entera estaba completamente fascinada con lo que había hecho. No solo era creativo desde el punto de vista artístico, y maravilloso, sino que todo eso le ayudaba a clarificar la naturaleza del proyecto. Orgullosos de él, estábamos deseando ver la respuesta de su profesora.

»Mi hijo volvió del colegio cabizbajo, arrastrando los pies. Le pregunté qué pasaba. 'A mi profesora no le ha gustado el proyecto porque he puesto un tamaño de papel equivocado'.

»No me queda mucho pelo pero esto hace que quiera tirarme de los pelos uno a uno. Mi hijo no hace sus deberes porque los deberes son estúpidos. He hablado con educadores y directores de colegio, con académicos y padres, y con, probablemente, otras cien personas y nadie ha sido capaz de darme una respuesta decente a la siguiente pregunta: '¿Por qué estás tan convencido de que mi hijo va a ser un académico o un banquero de inversión?' Porque, por lo que yo veo, esas son las dos únicas cosas para las que los colegios preparan a los niños.

»Como padre estoy atrapado entre dos mundos. Estoy 100 % seguro de que el colegio está dañando considerablemente sus perspectivas futuras, pero también sé que el juego está amañado a favor de los chicos que sacan buenas notas...

»Quiero centrarme en aquello que hará que mis hijos tengan éxito o en lo que les permitirá obtener el mayor valor para sus clientes, para la sociedad o para ellos mismos. Pero tengo que ajustarme a aquello que les permitirá trabajar, aunque eso les dañe. A ellos, a la sociedad, a las empresas que les contratarán y a todo el mundo a su alrededor. Esta es la verdadera definición de un sistema roto, la verdadera conclusión de que, en aras del camino seguro, lo que estamos haciendo es ir hacia el precipicio[4].

## Asumiendo riesgos

Permitir que los hijos asuman riesgos fue otro de los temas recurrentes en mis conversaciones con los padres. Además, muchos de los «padres helicóptero» o de las «madres tigresas» tenían filosofías totalmente encontradas. Una gran cantidad de padres con los que me entrevisté dijeron que era importante permitir a sus hijos cometer errores y no protegerles del fracaso.

Recordarán que Leslie Lee le dio a su hijo Mac una caja, algo de cuerda y unos palos para su cumpleaños. Se lamentaba de que, hoy en día, muchos padres no comprarían ese tipo de cosas a sus hijos:

—Los padres de hoy en día sienten aversión al riesgo. Los hijos no pueden tener palos o cuerdas. Pero yo nunca me

---

4    Rachael Emma Silverman, *How to Be Like Apple*, Wall Street Journal, Edición online, 29 de agosto de 2011, consultada el 29 de agosto de 2011 en http://online.wsj.com/article/SB1000142405311190400930457653284266 7854706.html?mod=djkeyword&mg=com-wsj.

he encontrado a sus amigos atados, y nadie ha salido dañado. Pero sí que ha habido muchas ¡trampas inesperadas!

Robin Chase y Roy Russell hablaron sobre la idea de introducir el riesgo a niveles bajos:

—Les dimos a nuestros hijos privilegios progresivos respecto a la bici y a salir por la calle —me contó Robin—. Cuando nuestros hijos tenían ocho años, podían cruzar la calle e ir al parque de la manzana de al lado ellos solos. Cuando tenían unos nueve años, podían ir hasta la biblioteca que está a dos manzanas de distancia. Cuando tenían once, les dejaba ir solos hasta la tienda de alimentación. Y cuando tenían trece, podían coger el metro para ir al centro.

»Pero cuando les contamos esto a los padres que viven en los barrios de las afueras, se quedaron en estado de *shock*. Estaba leyendo un artículo sobre los hijos que van andando al colegio, en el que entrevistaban a un padre que no dejaba a su hija de nueve años andar *cuatro casas* abajo en la misma calle para llegar al colegio. El artículo también hablaba de otros padres que regañaban a las madres que dejaban ir a sus hijos andando al colegio. Entiendo el miedo a los secuestros, pero también entiendo de probabilidad y de estadística. ¿Cuántos niños han sido secuestrados por extraños en este país este año?

Zen Chu dijo algo parecido:

—Nuestros niños tienen autonomía para hacer cosas: montar en bici o coger el metro para ir a sitios; es un elemento que hace crecer su autosuficiencia. Pero también señala un elemento conflictivo: ¿Cuánta libertad y cuándo? Sin embargo, creo que es el conflicto correcto.

–Los niños necesitan practicar la perseverancia y la resiliencia, tomar distancia –dijo Rich Lynch–. Necesitamos darles oportunidades para elegir y equivocarse. No quiero que, la primera vez que sientan la dureza de un fuerte contratiempo, tengan veintiséis años.

–Tienes que ayudar a tus hijos a que vean «el fracaso» como una parte de todo el proceso –sugirió Roy Russell–. Así que no conseguiste el trabajo. ¿Qué vas a hacer al respecto? ¿Qué otras oportunidades puedes buscar?

Con respecto a asumir riesgos, los padres me dijeron que tienes que entender quiénes son tus hijos. Algunos son más capaces que otros de asumir responsabilidades y de ser independientes a edades más tempranas.

–Puede que sea diferente para niños distintos –explicó Roy Russell–. Algunos niños no tienen ni idea de lo que pasa alrededor suyo.

Robin Chase me contó la historia de su autosuficiente e independiente hija quien, cuando tenía diez años, les dijo a sus padres que quería irse a vivir con una familia en México para aprender español.

–La tomamos muy en serio –dijo–. No pudimos encontrar a nadie por aquel entonces pero, una semana después de cumplir los quince años, voló sola a la ciudad de Guatemala y cogió el autobús hasta una academia de español, en donde todos los alumnos tenían veintitantos y otros treinta y tantos años. También cogía regularmente un pequeño autobús para ir a un pequeño pueblo maya a una hora de distancia para dar clases de inglés a los niños.

»Creo que si quieres desarrollar en tus hijos la capacidad del emprendimiento, tienes que darles oportunidades para que puedan tomar ellos la iniciativa y eso, indiscutiblemente, implica algún riesgo —añadió Robin. Me entrevisté con Cameron Russell, la hija de Robin y Roy, para ver «cómo acababa la historia». Cameron, que tiene ahora veinticuatro años, es una modelo de mucho éxito, con un título en economía y matemáticas por la universidad de Columbia, y es también escritora y videógrafa. Además es activista política y en 2009 organizó un grupo de modelos para la realización de un vídeo benéfico en favor de la organización medioambiental *350.org*, fundada por Bill McKibben. El vídeo ha tenido casi un millón de visitas en YouTube[5].

—Los padres prefieren pensar que no hay riesgos en la vida —dijo Leslie. Pero el desarrollo de la vida siempre está en riesgo. Si traes a alguien al mundo, puede que lo pierdas. No puedes alejarlos de eso»

**Llevar a cabo una paternidad «distinta»**

En entrevistas con padres que son innovadores o padres de jóvenes innovadores, quedé impresionado por la frecuencia con la que mencionaban su lucha por llevar a cabo una paternidad distinta de los de su alrededor.

Lea Phelps fue la primera en mencionar el desafío que suponía ser padres de manera diferente. Se refería a lo que

---

5   *The Army Learning Concept for 2015*, TRADOC Pam 525-8-2, consultado el 28 de agosto de 2011 en http://www.tradoc.army.mil/tpubs/pams/tp525-8-2.pdf

ella y Cord valoraban de la educación, a las normas que ponían y a cuánto tiempo pasaban con sus hijos. Christine Saunders, se acordarán, se empeñó en que sus hijas tuviesen menos muñecas que el resto de las niñas y que sus hijas tuviesen más tiempo para utilizar su imaginación, pero sentía que estaba «nadando contra corriente». Susan Lynch mencionó las críticas recibidas por otras madres del equipo de fútbol que pensaban que, por no llevar a su hija a todos los partidos, no estaba permitiendo a Megan llegar a ser todo lo buena que podía ser. Susan está preocupada por cuántos padres ven a sus hijos como «un trofeo o una posesión» y cómo los «programan para el éxito». Leslie Andresen dijo que recibió críticas algunas veces de otros padres por dejar a sus hijos «picotear» diferentes cosas. Leslie Lee señaló la gran cantidad de «aversión al riesgo» que hay entre los padres de hoy en día. Robin Chase y Roy Russell hablaron de cómo algunos padres se sentían horrorizados por la gran independencia que ellos daban a sus hijos. Y la visión de la mayoría de esos padres sobre la educación era totalmente contraria a la de otros padres más preocupados por las credenciales que por el aprendizaje. Al contrario que muchos de los progenitores de los suburbios residenciales, estos padres «distintos» también rechazaron ser omnipresentes y proteger permanentemente a sus hijos.

Ser padre de un joven innovador y de un emprendedor, hoy en día, requiere confianza y coraje. No sé de dónde salen las cualidades de estos padres, pero sí sé que los profesores de los niños pequeños, como los que conocimos en Bing, pueden y marcan la diferencia ayudando a los padres a entender la mejor forma de apoyar el aprendizaje y desarrollo de sus hijos. Y espero que la lectura de estas entrevistas llegue al corazón de muchos padres y se den cuenta de que no están solos con su forma de entender qué es lo más adecuado para sus hijos.

Finalmente, ser padre de la manera que acabo de describir, requiere confianza. En primer lugar, confianza en ti como padre, en tus intuiciones, en tus juicios y valores. Después, confianza en tu hijo, en sus intereses y talentos particulares, en el ansia por aprender y crear, y en el poder innato de darse cuenta del potencial que tiene por sí mismo. También requiere una reconsideración acerca de tu autoridad como padre. Ya no estamos en un mundo en el que «el padre sabe más». Entonces, ¿qué limites poner? ¿Cuándo decir no o cuándo dejar a un hijo decidir? ¿Cuándo proteger o cuándo dejar hacer? ¿Cuándo forzarles a hacer los deberes o cuándo aprender fuera del colegio? Y, como adultos, ¿cuándo confiar en el «juicio» de un niño frente a otros «mejores juicios»? Todas éstas son decisiones con las que los exitosos padres de jóvenes innovadores tienen que luchar cada día.

El futuro de la innovación depende de que desarrollemos una comprensión más profunda sobre el nuevo papel que tienen que tener los padres. Pero los padres y los profesores no pueden crear una economía innovadora por sí solos. Los innovadores también necesitan un tipo distinto de tutela y de dirección en sus puestos de trabajo para lograr avanzar.

## Dirigiendo y desarrollando jóvenes innovadores en sus puestos de trabajo

Se acordarán de que uno de los temas recurrentes en nuestras entrevistas con los innovadores STEM, era su escepticismo acerca de trabajar en una gran empresa. Jodie Wu habló de las ineficiencias que vio en una gran empresa multinacional cuando estuvo de prácticas en su segundo año, y también le preocupaba cómo le afectaría estar trabajando en proyectos de ingeniería dentro de una gran empresa. A pesar de sus dudas iniciales sobre trabajar en una empresa, Shanna Tellerman, aceptó un trabajo en Autodesk, pero dejó bien claro que solo permanecería allí mientras el trabajo fuese innovador y le diese oportunidades para aprender y crecer. Jamien Sills ha rechazado numerosos puestos de dirección en distintas empresas y ha seguido fiel a su ideal de dirigir su propia compañía. Kirk Phelps dejó Apple para trabajar en una pequeña *start-up*. David Sengeh continúa en la universidad, pero tiene un gran espíritu empresarial y no parece que vaya a acabar trabajando en una gran empresa. Y respecto a nuestros tres innovadores sociales, es más probable que trabajen en organizaciones sin ánimo de lucro de su sector que en una empresa.

Esta falta de entusiasmo por la gran empresa es común en la «generación del milenio», y es un problema al alza para las grandes empresas. Atraer y retener individuos altamente creativos e innovadores es vital para estas empresas cuyo motor es la creación de nuevos productos y servicios y estas empresas, cada vez más, acabarán siendo el *total* de empresas. Tal y como me dijo Jeff Hunter, antiguo vicepresidente de soluciones de Recursos Humanos en Dobly Labs, «en los años venideros, no habrá ni un solo puesto de trabajo en Estados Unidos que no requiera innovación». Thomas Friedman y Michael Mandelbaum reflejan esta misma opinión en su último libro, *That Used To Be Us*.

Se ha escrito mucho sobre qué es lo que las empresas tienen que hacer para ser más innovadoras, y yo he citado algunos de los libros más recientes y populares en el capítulo 1. Mi propósito no es escribir otro volumen sobre la innovación en la empresa. Lo que a mí particularmente me interesa, es el desafío al que se enfrentan los líderes empresariales a la hora de atraer jóvenes innovadores y desarrollar sus capacidades creativas. En otras palabras, ¿qué practicas directivas debemos cambiar para que los jóvenes innovadores lideren las empresas? Los líderes de éxito y de las empresas más innovadoras con los que me he entrevistado sobre este tema me dieron respuestas firmes y apasionadas a esta pregunta.

## Los líderes empresariales hablan claro

Tom Kelley no es solo un alto ejecutivo de unas de las empresas más innovadoras del mundo, IDEO, sino que ha sido, durante mucho tiempo, consultor para empresas que quieren ser más innovadoras y, por lo tanto, tiene un punto de vista privilegiado sobre los tipos de cambios que se necesitan llevar a cabo.

Tom dijo:

–Como directivo de alto nivel, veo en demasiadas empresas que hay una actitud *top-down*, de arriba a abajo. Es decir, la que cree que todas las ideas interesantes se generan en la cúpula de las organizaciones y que el resto de individuos son meros ejecutores. Los Consejeros Delegados creen que son mejores que los demás en todo y que, si ellos tuviesen los suficientes brazos y piernas, todo saldría mejor.

»El flujo libre de información, de un lado a otro, es esencial para la innovación, pero una gestión del estilo *top-down* tiende a restringir severamente la aparición de nuevas ideas e impide el desarrollo de una sabiduría colectiva en la empresa.

Según un reciente artículo del *Wall Street Journal*: «Para los expertos, en muchas empresas altamente innovadoras, las grandes ideas surgen de todos los niveles de la organización, y no solo de arriba a abajo. En muchas empresas el problema está en que los empleados tienen poco *input*. Los estudios han encontrado que la media de ideas de los empleados norteamericanos, sean grandes o pequeñas, se implementa solo una vez cada seis años...».[6]

Jeff Hunter me dijo:

–Los sistemas de gestión en muchas empresas están rotos y son una reliquia del pasado. Crear únicamente más eficiencia no nos sirve. Y no puedes dirigir a innovadores de la forma que solías dirigir a los empleados en el proceso de producción, es decir con órdenes y control. Los innovadores

---

6    Ibid, 8-9.

no quieren ser dirigidos. Quieren trabajar con un grupo de personas al que respeten y resolver los problemas por lo que se sienten intrínsecamente interesados.

Ellen Kumata, que realiza muchas labores de *coaching* como parte de su trabajo en Cambria Consulting, es una gran observadora de los tipos de liderazgo que permiten y no permiten generar innovación. Fue consultora de Apple en los ochenta y vio cómo Steve Jobs organizaba la empresa de forma totalmente distinta al resto de la mayoría de empresas.

–Muchas veces hay una contradicción entre el entorno empresarial y lo que los innovadores necesitan para poder actuar –dijo Ellen–. A las empresas les preocupa el retorno a la inversión, pero el proceso de innovación no es lineal y probablemente no produzca ningún retorno en el corto plazo. Jobs sabía esto, así que él, y otros líderes empresariales inteligentes, diseñaron espacios protegidos dentro de sus empresas para dedicarlos a la innovación.

Cuando entrevistamos a gente en *Apple* –añadió Ellen–, lo que más nos impresiona es que la resolución de problemas y la parte práctica de algún tema interesante es lo que realmente importa a todo el mundo. Muchos directivos de empresas tradicionales se alejan cada vez más de sus áreas de sabiduría; eso no pasa en Apple.

»El mundo está cambiando tan rápido que, si no piensas en mirar hacia delante, cuando llegues a averiguar lo que está pasando alguien te habrá derrotado en el mercado. Necesitamos gente que pueda pensar de manera distinta, que vea el futuro de forma diferente; pero las empresas no han nacido para adoptar esa forma de pensamiento. Las empresas tratan de contratar el talento que necesitan, pero mucha gente creativa tiene reparos en trabajar en una gran empresa, de forma que las grandes empresas, generalmente, no se llevan a los individuos de mayor talento.

Al igual que Jeff Hunter, Ellen apuntó que el modelo «industrial» de gestión y dirección, simplemente no funcionará en un mundo que requiere de constante innovación.

–La idea de que puedes dirigir y organizar la empresa de la manera occidental está basada en la lógica racional y lineal. Pero esa lógica ya no existe. Hoy en día el proceso de mejora e innovación es discontinuo y ocurre a trompicones.

Una de las principales responsabilidades de Anne Marie Neal en Cisco System es el desarrollo de talento. Ella también habló de cómo la vieja manera tradicional y lineal de enfrentarse a los desafíos empresariales ya no era efectiva.

–Los problemas del trabajo de las generaciones anteriores eran fáciles de resolver. Se trataba de replicar, escalar las eficiencias, hacer las cosas predecibles y seguras. (En palabras de Joel Podolny, de «cómo sacar más jugo de la naranja»). A través de la linealidad (la estabilidad de un proceso en el tiempo) una empresa alcanzaba el éxito. En el entorno actual las empresas compiten, fundamentalmente, a través de diferentes modelos de negocio. Si estás sentado en Bangalore, puedes comprar un móvil por un dólar. Entonces, ¿qué le ocurre a la empresa T-Mobile que está intentando vender sus móviles por doscientos cincuenta dólares o a BMW, cuyos coches cuestan verdaderas fortunas, mientras que los que fabrica Tata los vende por dos mil quinientos...? Las soluciones a estos nuevos desafíos empresariales son, la mayor parte de ellas, no lineales, y no se van a resolver con las herramientas empresariales tradicionales que usábamos en el pasado. Así que la pregunta es, ¿cómo enseñar, reclutar y remunerar el pensamiento flexible, creativo y no lineal que se necesita?»

Según Anne Marie, la innovación requiere «una hoja de ruta para cambiar un sistema centrado en las eficiencias que te da la gran escala y dirigirlo hacia la mayor flexibilidad y creatividad de la forma de trabajar de la gente de hoy. Ya no se trata de individuos metiendo piezas en un sistema. Se trata de cómo dirigir para lograr resultados colaborativos y creativos».

A lo largo de este libro hemos aprendido cómo la gente joven está creando innovación que requiere un alto grado de pericia, así como creatividad e iniciativa. Todos pasaron, como mínimo, por algún curso de grado en la universidad. Pero estoy convencido de que cada persona joven puede y debe convertirse en un innovador, y no solo aquellos que trabajan para empresas de alta tecnología como Cisco. El hecho de ir a la universidad no necesariamente te habilita para ser mejor innovador. Observen lo que me dijo Larry Katz, economista de Harvard, y coautor del reciente libro *La carrera entre la Educación y la Tecnología:*

—Existen dos fuentes de trabajo con valor añadido (o trabajos innovadores): (1) El análisis y la creación de nuevos productos y servicios de alta gama; y (2) cualquier cosa que requiera empatía, es decir trabajos manuales de poco salario realizados por el individuo: desde cortes de pelo a conducir un taxi o el cuidado de niños. Los trabajos tradicionales y rutinarios de la clase media se han convertido en mercancías que pueden ser sustituidas por las máquinas o por trabajadores de ultramar; pero existen muchas cosas con valor añadido y muy valoradas que se pueden hacer en el sector de servicios personalizados. Puedes dirigir un hogar para personas mayores donde los trabajadores mal remunerados básicamente tengan a los ancianos postrados en sus camas, o puedes tener empleados muy bien formados (y pagados) que entiendan la enfermedad del Alzheimer y cómo dar a los mayores una vida mejor. Existe innovación en este tipo de trabajos, tanta como en el diseño del próximo *iPad*.

Un debate más profundo sobre las innovaciones que se pueden dar en los trabajos de la categoría de «servicios personalizados» se escapa a los límites de este libro. Sin embargo, encuentro que la historia de Best Buy, el distribuidor de aparatos electrónicos, es un claro ejemplo de cómo una manera distinta de dirigir puede dar la energía necesaria a los trabajadores para que se conviertan en innovadores.

La primera vez que oí hablar de Best Buy fue Tom Kelley, quien me contó la historia de cómo, en el año 2000, la empresa quería expandirse para dejar de ser una cadena distribuidora de aparatos electrónicos y tener presencia en todos los centros comerciales a través de una red de tiendas más pequeñas. Así que la empresa compró Musicland porque era el mayor vendedor de CDs y de DVDs. Pero por aquel entonces, los individuos entre los dieciocho y los treinta años, dejaron de comprar CDs. Cuando por fin Best Buy se consiguió deshacer de Musicland, había perdido mil millones de dólares. —Lo más triste de la historia —me contó Tom—, era que la mayoría de los empleados de Best Buy estaban entre los dieciocho y los treinta años. Si se les hubiese preguntado sobre sus hábitos musicales, Best Buy podría haber evitado ese enorme error. El nuevo consejero delegado, Brad Anderson, ha dicho a la gente: «Verán a mi empresa cometer errores, pero no volverán a vernos cometer el mismo error otra vez».

Brad Anderson ha sido consejero delegado de Best Buy entre el año 2002 y el 2009, llegando a ese puesto desde el puesto de comercial de tienda. Cuando le entrevisté le pedí que me explicase con más detalle cómo había intentado utilizar el talento de sus jóvenes empleados para generar innovación dentro del negocio.

**Anderson sobre las innovaciones en Best Buy**

—Durante la mayor parte de mis años pasados en la distribución comercial, una vez que una empresa tenía múltiples tiendas, la meta era simplificar al máximo la operativa para reducir el número de variables. (Joel Podolny llamaría a esto la estrategia de «sacar el mayor jugo posible a una naranja»). Ahora tenemos esta oportunidad única y extraordinaria de transformar el puesto de trabajo y mejorar increíblemente la productividad.

»Con las nuevas herramientas de comunicación se puede implicar mucho más a la gente que trabaja para ti. Los empleados del nivel más básico en Best Buy tienen el mismo tipo de información que el consejero delegado, pero también tienen acceso a una información que el consejero delegado no tiene porque carece del contacto directo con los clientes. Y con la gran competencia que hay, tienes que encontrar nuevas ventajas competitivas. Así que ahora puedes, y debes, involucrar a tus empleados de forma mucho más creativa, en lugar de decirles solo cómo quieres que traten a los clientes. Henry Ford solía decir que quería las manos de sus empleados, no sus mentes. La distribución comercial seguía siendo así hasta finales de los años noventa. Ahora nos tenemos que diferenciar y adaptar a las necesidades de nuestros clientes utilizando lo que hemos aprendido de nuestros dependientes, mientras seguimos logrando economías de escala. («Haz crecer más naranjas y sácales más jugo»).

Le pedí a Brad que me diese un ejemplo de cómo había utilizado la información que tienen sus empleados para mejorar el trato al cliente, y me contó que algunos de sus empleados jóvenes habían notado que muy pocas mujeres entraban en las tiendas. Resulta que, a muchas mujeres, la charla tecnológica sobre el número de megapíxeles que tiene una cámara digital, por ejemplo, les aburre cuando lo único que quieren saber es cómo mandar por email una foto que han tomado. Así que Best Buy trabaja con sus empleados para entender mejor los distintos intereses y necesidades de este tipo y otros de clientes.

—La mayoría de la gente tiene algo único con lo que poder contribuir a su puesto de trabajo, pero aprovecharlo requiere tener el entorno y el liderazgo adecuados. Tienes que diseñar tu negocio en torno a los individuos que trabajan para ti, en lugar de diseñarlo en torno al sistema operativo utilizado.

Brad me describió algunas de las herramientas de «búsqueda de fortalezas» que Best Buy utiliza para ayudar a los individuos a encontrar sus dones o talentos individuales. También incrementó espectacularmente el rango de tipos de trabajos de las tiendas.

—Hay gente a la que le encanta resolver problemas técnicos, gente a la que le encanta estar en la tienda haciendo demostraciones al público y gente que prefiere ir a las casas de los clientes a realizar las instalaciones de los aparatos. En cada uno de los casos resuelven problemas, pero la naturaleza del problema y el entorno de trabajo varían significativamente entre estos trabajos. Cuanto mayor sea el rango de habilidades de tus trabajadores, más podrás ofrecer a tus clientes. Y, al mismo tiempo, das oportunidades a tus empleados para hacer lo que les gusta. Te conviertes no solo en un distribuidor comercial, sino en una compañía de servicios.

—¿Qué es lo que te pareció más difícil a la hora de llevar a cabo esta transición?

—La jerarquía —respondió Bran con empatía—. Promocionas a alguien a un puesto directivo, pero muchas veces la visión de lo que significa ser directivo choca con la idea de escuchar a tus empleados, de contribuir a que se desarrollen y de utilizar su sabiduría y experiencia. Es difícil encontrar a gente auténtica inspirada por el liderazgo y por hacer crecer a las personas que lideran; en contraposición, es fácil encontrar a los que se mueven por recompensas económicas o por la creencia de que han logrado el éxito porque eran más listos que todos los demás.

## Innovadores para el Ejército

Las jerarquías de la cadena de mando y el liderazgo basado en el mando y control, son muy comunes en las empresas y son objeto de crítica por muchos de mis entrevistados, tal y como usted acaba de leer. Éstos han sido, durante mucho tiempo, la esencia de la vida militar; de hecho es de ahí de donde procede el término «mando y control». Sin embargo, incluso el ejército debe innovar y repensar su estructura organizativa tradicional. En varias conversaciones con el general Martin Dempsey y el lugarteniente general Mark Hertling, y después de haber pasado un tiempo en West Point y en la escuela de marines *US Marine Officer Candidates School*, en Quantico, Virginia, he aprendido cómo el ejército de los Estados Unidos está transformando sus programas de entrenamiento. El objetivo es desarrollar las capacidades de innovar de sus soldados en el campo de batalla, sin necesidad de apoyarse en el mando y control para que les digan lo que deben hacer.

Cuando conocí por primera vez al general Dempsey, dirigía la división *US Army Training and Doctrine Command (TRADOC)*, responsable de toda la formación del ejército. Y el lugarteniente general Mark Hertling era el director al mando de toda la formación inicial. Ambos individuos han seguido largas y condecoradas carreras en el ejército. Al general Dempsey le han nombrado, recientemente, presidente de la Junta de Estado Mayor de los Estados Unidos y el lugarteniente general Mark Hertling ha ascendido a comandante general del ejército de los Estados Unidos para Europa.

–Cuando dirigía la división *TRADOC* solía dar una charla de bienvenida a todos los nuevos miembros del batallón de brigadas (normalmente son soldados recientemente promocionados al rango de coronel y que van a dirigir un batallón de entre tres mil y cinco mil soldados) –me contó el general Dempsey–. Y les hacía tres promesas: una, no os vamos a dar una organización perfectamente adaptada a vuestras necesidades; dos, no os proporcionaremos el equipo exacto que desearíais tener para llevar a cabo nuestra misión; y tres, la guía que recibiréis llegará, probablemente, tarde de acuerdo con vuestras necesidades. Se llevaban las manos a la cabeza y exclamaban: «!Pero qué es esto!». Y yo les decía: «La respuesta eres tú, el líder, el que tiene que solucionar esto. Tenéis que encontrar formas que sean adaptables e innovadoras para poder llevar a cabo vuestra misión. La nación cuenta con vosotros».

»El enemigo no es predecible –continuó el general Dempsey–. Un teniente de segunda en una montaña de Afganistán, muchas veces, puede hacer más por el avance de la misión de manera estratégica que un general con las máximas condecoraciones desde Kabul. Sabemos lo que hace falta, pero todavía no hemos descubierto cómo conseguirlo. Los cadetes de West Point –y yo era uno de ellos–, quieren saber la respuestas a las cosas, lo que estás buscando. Dime lo que buscas, por dios, y yo lo haré. Sabemos cómo producir líderes en táctica, pero ¿sabemos cómo producirlos en estrategia?

El general Dempsey inició un proceso para entender mejor qué conocimientos, habilidades y atributos necesita un líder estratégico en el ejército de hoy en día. Pidió a su equipo que analizase los resultados de los distintos programas de entrenamiento que el ejército estaba llevando a cabo para averiguar qué cosas había que cambiar. Eligió el año 2015 como fecha objetivo para completar su proceso. El documento resultante –*El concepto de aprendizaje del ejército para el 2015*–, es un alegato a favor de un cambio radical de todos los programas de formación y de entrenamiento del ejército. El párrafo inicial enmarca el contexto de estos cambios fundamentales:

«La ventaja competitiva del Ejército norteamericano descansa en su capacidad de aprender rápido y adaptarse a las situaciones con mayor velocidad que sus adversarios. El actual avance de la tecnología incrementa el desafío que tiene el ejército de mantenerse por encima de cualquier potencial adversario. En un entorno de aprendizaje global y altamente competitivo, en donde la tecnología da a los jugadores información permanente y al instante, el ejército no puede arriesgar su fracaso por complacencia, falta de imaginación o resistencia al cambio[9]».

El informe incluye recomendaciones específicas para un cambio inmediato:

«Los objetivos de ALC 2015 requieren cambios sustanciales en las infraestructuras y en la política; sin embargo, la urgencia de construir un modelo de aprendizaje de un ejército competitivo no puede esperar hasta el 2015. Debe comenzar ahora. Muchas de las acciones necesarias para lograr las metas de ACL 2015 están al alcance y los primeros pasos deben tomarse inmediatamente para adaptar un modelo de aprendizaje más competitivo. Todos los responsables de los cursos pueden comenzar siguiendo los tres pasos siguientes:

1. Convertir la mayoría de las actividades docentes en actividades de resolución de problemas en grupo dirigidas por los facilitadores (versus instructores) que consigan de los estudiantes la capacidad de pensar y entender la relevancia y el contexto de lo que están aprendiendo.

2. Adaptar el aprendizaje general hacia el aprendizaje individual instrumentalizado por el desarrollo de distintos niveles de competencias según los resultados obtenidos o en la evaluación previa del individuo.

3. Reducir significativamente o eliminar las clases magistrales de presentaciones con diapositivas, dirigidas por el instructor, y comenzar a utilizar un enfoque de aprendizaje que incorpore simuladores virtuales, tecnología de los videojuegos y cualquier otra actividad de instrucción realizada con apoyo tecnológico».

El *TRADOC* está actualmente redefiniendo todos los programas de formación del ejército: desde el entrenamiento más básico hasta la formación avanzada de los oficiales. Hertling, que ha sido el encargado de la renovación del entrenamiento básico, me dio un ejemplo de los tipos de cambios que está llevando a cabo para desarrollar las habilidades de innovación entre sus soldados. —He pedido a los entrenadores que obliguen a la gente a tomar decisiones (en vez de solo obedecer órdenes). Recientemente he estado observando el entrenamiento en primeros auxilios, en combinación con un recorrido de desarrollo físico y de obstáculos. Los entrenadores tenían que poner diversos maniquíes a lo largo del recorrido con distintas heridas. Los soldados no solo tenían que curar las heridas sino que tenían que cargar con los maniquíes hasta el final del recorrido. En cada una de las posiciones a lo largo del recorrido, cuatro soldados llevando una camilla tenían que pasar por encima de una pared o pasar por debajo de un cable o a través de una puerta o de una ventana. Estamos intentando enseñar a los soldados las bases de la innovación, es decir un juego de pensamiento en el que nunca te dan las soluciones o las respuestas correctas.

En estas conversaciones y leyendo el informe de *El concepto de aprendizaje*, me quedé impresionado por el marcado contraste entre el sentido de urgencia que los líderes del ejército tienen respecto a transformar los entrenamientos para conseguir soldados y oficiales que puedan innovar, frente al sentido de autocomplacencia que existe en muchas de nuestras universidades y empresas. Para el ejército, la transformación del entrenamiento es, literalmente, una cuestión de vida o muerte. Imagine qué diferentes serían las cosas si nuestros líderes nacionales hablasen y actuasen como si transformar la educación fuese una cuestión de vida o muerte para el futuro económico de nuestro país, como, en efecto, creo que así es.

E imagine que nuestro Secretario de Educación tuviese claras –como es evidente en el informe del ejército–, las necesidades de cambio inmediato en nuestro sistema educativo. Imagine qué diferentes serían nuestros colegios y universidades si simplemente hiciesen los mismos tres cambios que el ejército está llevando a cabo: «Convertir la mayoría de actividades docentes en actividades de resolución de problemas en grupo dirigidas por los facilitadores; adaptar el aprendizaje hacia la experiencia y competencias individuales del estudiante; reducir significativamente o eliminar las clases magistrales de presentaciones del instructor». Todos los educadores excepcionales que han conocido en este libro habrían adoptado estos tres cambios en sus clases.

Esto no quiere decir que los cambios hayan sido fáciles de implementar en el ejército.

–La ansiedad a nivel institucional en torno al cambio en el modelo de aprendizaje es grandiosa, mucho peor de lo que me imaginaba cuando comencé este viaje –me dijo el general Dempsey–. Hay mucho confort con respecto a lo establecido, para ellos el aprendizaje no está roto, no trates de arreglarlo. Me preocupa haber perdido el instinto de ser inquisidor, creativo e innovador.

## Foro de acciones para el aprendizaje de Cisco para futuros líderes

La mayoría de los profesores enseñan de la forma en que ellos fueron enseñados, la mayoría de los directores se comportan como hicieron otros directores antes que ellos, y la mayoría de sargentos que entrenan simulacros de incendios lo hacen como ellos fueron entrenados. Si siempre te han «mandado y controlado», primero en el colegio, luego en el puesto de trabajo o en el ejército, ¿cómo vas a aprender a enseñar, dirigir o liderar de forma distinta? Ya vimos cómo el High Tech High y el Upper Valley Educators Institute están creando nuevas formas de preparar a los educadores para que rompan con las ideas tradicionales de lo que es una buena docencia y para que modelen un tipo de enseñanza y aprendizaje distintos. Para resolver este problema «heredado» de gestión y para romper con las jerarquías convencionales tan denostadas por Brad Anderson, Anne Marie Neal y Robert Kovach, director del *Cisco Center for Collaborative Leadership*, han trabajado junto a otros colegas para crear un modelo de desarrollo de dirección ejecutiva radicalmente nuevo llamado «Foro de acciones para el aprendizaje».

## Cisco innova en la formación de sus ejecutivos

Se forman grupos de ocho o nueve jóvenes ejecutivos de Cisco que trabajan juntos durante dieciséis semanas para crear nuevas líneas de negocio o nuevos productos basados en los conceptos que la dirección general les proporciona. Los grupos se reúnen varias veces y luego se reúnen virtualmente desde los distintos lugares del mundo donde los miembros del mismo viven y trabajan. El objetivo es que cada grupo escriba un plan para un negocio potencial de Cisco, que presentará ante la dirección ejecutiva a la finalización del programa. Casi la mitad de los planes de negocio que se reciben tendrán financiación de la empresa para hacer una *start-up*.

Hace poco, los grupos se reunieron en Bangalore para ser orientados —aunque mejor deberíamos decir «desorientados»— porque el objetivo de Robert y de Anne Marie era romper la forma de pensar de estos jóvenes ejecutivos de éxito mediante la exposición al caos y a la realidad alternativa de un país en desarrollo.

—Cuando ves a las madres de niños pequeños andando descalzas por las calles llevando a los bebés en brazos sin pañales, pero todas ellas con un teléfono móvil, se rompe tu forma de ver el mundo. Te das cuenta de que los consumidores de distintos mercados tienen distintas necesidades y prioridades —explicaba Anne Marie—. Así que enseñamos a los ejecutivos la dinámica de los mercados emergentes en Bangalore y Beijing llevándoles a viajes a través de las distintas comunidades en las que trabajan en comedores sociales, en colegios o en hospitales. Nuestro desafío es crear entornos que provoquen nuevas formas de pensamiento.

—En el típico programa de desarrollo de ejecutivos se «enseña», en un noventa por ciento, a través de manuales de textos y casos —continuó Robert—. En el nuestro se enseña en un diez por ciento, y un noventa por ciento es aprendido en el contexto de crear nuevos negocios y resolver problemas reales.

—Otro elemento importante del *Foro de acciones para el aprendizaje* es enseñar a los ejecutivos a ser reflexivos —añadió Anne Marie—. Si vas a convertirte en un ejecutivo, una gran parte supone aprender cada vez más, pero otra gran parte consiste en reflexionar sobre quién eres como ser humano, lo que es importante para ti y por qué estás en este planeta. Luego puedes trasladar ese conocimiento profundo a tu capacidad de liderazgo.

Robert profundizó en este aspecto:

—El «tira y afloja» de los negocios es un juego difícil. Tienes que ser muy duro para tener éxito, pero cuanto más te conozcas a ti mismo, tus prejuicios y los de la cultura en la que te has criado, mejores serán las decisiones que tomarás. Los ejecutivos más reflexivos están mejor preparados para impactar en la vida de la gente a la que lideran y por lo tanto toman decisiones más pensadas y menos reactivas.

Al final del programa de dieciséis semanas, cada equipo presenta en detalle su plan de negocio a un grupo de ejecutivos *senior* para ser evaluado. Como parte de su evaluación final, cada uno de los miembros del equipo recibe una extensa evaluación 360° de los miembros de su equipo, junto a los comentarios de un psicólogo que les ha ido observando detenidamente.

El entrenamiento, entonces, tiene varios objetivos. La meta claramente es desarrollar líderes que entiendan mejor la realidad de hacer negocios en países muy distintos al suyo, no mediante la lectura de libros, sino a través de la experiencia de campo. Otra es poner a punto en los participantes las habilidades de creación de nuevas empresas. Y un tercer objetivo, igual de importante, es crear un nuevo tipo de líder, uno que sea más consciente de sí mismo, más reflexivo y colaborativo, rasgos esenciales no solo para los innovadores sino para los líderes de la innovación.

## Conclusión: redefiniendo la autoridad

Los rebeldes como Huck Finn son algunos de los grandes héroes de la literatura norteamericana. Muchas de nuestras novelas y películas más populares alaban a los rebeldes que desafían la autoridad, un tema que seguramente tiene su raíz en la rebeldía colonial que dio origen a nuestro país. Esta característica única de nuestra Historia puede que sea la razón por la que hemos tendido a tolerar a los innovadores díscolos mejor que otros países, en los cuales, tradicionalmente, se ha respetado mucho más la autoridad. Pero los «Huck Finns» del mundo son definidos como la excepción, como bufones de la corte, que quizás son admirados, pero que no deben ser emulados. La mayoría de los niños de Norteamérica se siguen educando para obedecer a la autoridad. Como padre, profesor, ejecutivo u oficial del ejército, asumes que «estás al mando» y que conoces todas las respuestas. Tu trabajo es mandar a la gente por debajo de ti para que hagan lo que tú crees que es mejor, y su trabajo es escucharte y obedecer. La autoridad te viene de tu posición, título o rango y, generalmente, no suele ser cuestionada, por lo menos no delante de ti. El funcionamiento normal de la sociedad depende de cierta sumisión a la autoridad.

El problema es que la naturaleza altamente disruptiva de la innovación crea nuevos desafíos para la autoridad tradicional, y el liderazgo de éxito de una empresa innovadora requiere otro tipo de autoridad. El clásico de Clayton Christensen, *El dilema del innovador* documenta cómo, algunos Consejeros Delegados muy reputados de algunas de las grandes empresas de la industria norteamericana suelen rechazar invertir en nuevas innovaciones muy prometedoras porque piensan que sus productos ya son lo suficientemente buenos. Muchas de esas empresas, hoy en día, ya no existen. La innovación requiere desafiar tanto lo que es necesario, lo que es posible, como la autoridad que hay detrás de ello. Tal y como me dijo Seymen Dukach, un innovador de éxito, emprendedor, inversor *business angel* y padre: «No puedes separar la innovación de la desobediencia». Si eres un innovador, la sumisión no está en tu naturaleza.

Hemos visto lo importante que era para los profesores de los innovadores el hecho de renunciar a algo de su autoridad y su control para permitir la transición de «el sabio en el escenario» a «el guía a tu lado», tal y como escuchamos decir a varios individuos en Olin. Y, según aprendimos anteriormente, los padres de los innovadores renuncian a su autoridad tradicional con el mismo objetivo de dar a sus hijos el espacio para explorar, hacer sus propios descubrimientos y cometer errores, e incluso para fracasar. También hemos visto cómo las empresas innovadoras comparten la información con sus empleados de base y buscan las aportaciones de éstos. Incluso el ejército de hoy en día reconoce, tal y como dijo el general Dempsey, que el teniente segundo puede que tome decisiones estratégicas en las montañas mejor que el general que está muy lejos del lugar, aunque este haya tenido otro tipo de entrenamiento y tenga más poder para decidir. Finalmente, hemos visto cómo Cisco logra romper con la manera en que sus ejecutivos más prometedores ven el mundo y crea un tipo de líder más abierto, colaborativo y reflexivo.

La autoridad todavía importa para una innovación de éxito, pero no la autoridad que te viene dada por el cargo o por el título. Es la autoridad que te otorga el ser experto, pero también el tener la habilidad de escuchar y de hacer, empáticamente, las preguntas adecuadas, modelar los buenos valores, ayudar a los individuos a que conozcan sus talentos y crear una visión conjunta de responsabilidad colectiva para el desarrollo de esos talentos. Es la autoridad que da el poder a los grupos para encontrar las mejores soluciones a los problemas. Ya seas padre, profesor, comandante en jefe, o empleador, para lograr que los individuos sean innovadores, debemos repensar las fuentes de nuestra autoridad. La palabra *coach*, en lugar del mero facilitador (término usado en el Ejército), describe muy bien este nuevo tipo de autoridad. Los innovadores necesitan un *coaching* excelente desde una edad muy temprana.

Las preguntas son: ¿Podemos, los que ya tenemos una posición de autoridad, desarrollar este otro tipo de autoridad ganada o permitida? ¿Pueden las instituciones de aprendizaje y trabajo reconocer y promocionar un nuevo tipo de autoridad? ¿Podemos movernos desde un sistema de «arriba-a-abajo», un sistema de cumplimiento basado en la rendición de cuentas que existe en colegios y empresas, hacia un sistema que sea más «cara-a-cara», recíproco y relativo? Y, finalmente, ¿estamos preparados no solo para tolerar, sino para dar la bienvenida y celebrar el tipo de cuestionamiento, ruptura e incluso desobediencia que trae consigo la innovación?

Buscar las mejores respuestas a estas preguntas es esencial para «criar» innovadores que, en última instancia, determinarán el futuro de América.

## Desde la publicación de este libro

# EPÍLOGO.
# CARTA A UN JOVEN INNOVADOR

Querido joven innovador (y joven de espíritu),

Me dirijo a ti, no solo como investigador de aquello que permite a los jóvenes innovadores florecer, sino como una persona, que de forma modesta, ha intentado ser un innovador en su propia vida laboral.

En primer lugar, es importante que entiendas que debes mantenerte fiel a tu visión y que debes perseverar en la búsqueda de tu propia pasión, sea cual sea. Es de vital importancia que hagas esto por varias razones.

La primera razón es porque, probablemente, no serías feliz si no lo hicieses. Si la abandonas o te pasas a lo convencional, puede que agrades a algunos miembros de tu familia, y a otros que se sentían incómodos porque eres diferente; pero ello tendrá un coste. Puede que te pierdas el respeto a ti mismo. Puede que acabes deprimiéndote. Sientes que algo te llama, la necesidad de crear algo, o «poner un granito de arena», como dijo Steve Jobs. Sé lo difícil que es creer que puedes hacer las cosas para las que has sido llamado, pero merece la pena intentarlo. Tu creatividad, arraigada en tu curiosidad e imaginación, es lo que le da sentido y dirección a tu vida.

Martha Graham, una de las mejores bailarinas y coreógrafas del siglo XX dijo una vez:

«Existe una vitalidad, una fuerza viva, una energía, una urgencia que se traduce en ti a través de la acción, y porque solo existe un tú en todos los tiempos, esta forma de expresión se hace única. Y si la bloqueas, nunca más existirá a través de nadie y se perderá. El mundo se quedará sin ella. No te preocupes por saber cómo es de buena o de valorada o de comparable con otras formas de expresión. Es tu deber mantener la tuya clara y directa, mantener los canales abiertos[1]».

La segunda de las razones es, simplemente, porque tu país te necesita. Sé que tu única motivación no reside en la idea de hacer crecer la economía americana. El dinero es menos importante para ti de lo que lo que puede que lo fuese para tus padres, y eso vale. Quieres hacer cosas que marquen la diferencia en el mundo. Quieres contribuir a construir un planeta más sostenible. Quieres reducir la brecha entre ricos y pobres, tanto en este país como en el resto del mundo. Quieres contribuir a que la gente tenga una vida más sana y más satisfactoria. Y yo te estoy agradecido porque necesitamos, desesperadamente, todos estos cambios. Pero por favor entiende que las innovaciones que desarrolles en la persecución de estas metas también crearán puestos de trabajo y

---

1    Agnes de Mille, *Martha: The Life and Work of Martha Graham-A Biography* (New York: Random House, 1991), página 264.

añadirán riqueza a nuestro país. Y por eso te pido que adoptes esta meta también.

Los innovadores y las cosas que éstos crean son la savia de nuestra economía; y ahora más que nunca. Ya no producimos muchas cosas en este país. La mayoría de la fabricación se puede hacer mucho más barata en otras partes. Muchos puestos rutinarios, tanto especializados como no especializados, se están deslocalizando o automatizando. Y no podemos mantener nuestro nivel de vida solo en base a ofrecer más bienes y servicios a consumidores que están ahogados por las deudas y que no pueden seguir comprando. Como probablemente sabes, casi un sexto de nuestra población activa está desempleada o subempleada; y lo ha estado durante un periodo de tiempo tan históricamente largo como no habíamos conocido desde la Gran Depresión. Así que el país te necesita para crear nuevas ideas, productos o servicios anhelados por todo el mundo y que crearán puestos de trabajo y riqueza, y que permitirán vidas más felices y sanas, en este país y en el resto. Sin ti, es probable que veamos a nuestro país en continuo declive económico y acrecentando la disparidad de la riqueza.

Muchos de vuestros padres han sido consumidores. Consumidores inconscientes de la riqueza del planeta y de vuestro futuro. Así que ahora es tu turno y tu elección: debes, en primer lugar, y sobre todo, ser un creador. Ahora hablemos de algunas de las cosas que hacen que tu vida como innovador sea difícil y qué puedes hacer al respecto.

Sé que a veces, o quizás a menudo, te sientes solo. Piensas de manera distinta, ves el mundo de forma distinta.

Crees y dices y haces cosas de manera poco convencional y, a menudo, no entendida por la gente de tu alrededor. De tal forma que un sentimiento de aislamiento y soledad es inevitable. Pero tienes que tener fe en que, a medida que crezca tu confianza y tu disciplina en la búsqueda de tu pasión, encontrarás a otros que compartirán esa pasión o perspectiva, y que te respetarán precisamente porque tienes el coraje de no rendirte a las convenciones. Cuando te encuentres con esas almas cándidas, debes mantenerte en contacto con ellas y apoyaros mutuamente. Mejor incluso, forma un equipo con ellas. No cedas a la tentación de pensar que puedes hacer todas las cosas que quieres hacer por ti mismo. No podrás hacerlas.

El colegio, ¡oh hijo!, otra piedra en el camino. Una persona muy sabia me dijo una vez: «Cuando eliges tu colegio, estás eligiendo tu queja». A no ser que seas lo suficientemente afortunado como para poder ir a algún sitio tipo el High Tech High, Olin o el Media Lab, encontrarás mucha parte de tu escolaridad aburrida o irrelevante. Con ello quiero decir: «No dejes que tus estudios interfieran con tu educación», pero no es así de simple, ¿verdad? Algunas veces aprendemos cosas importantes y útiles en el colegio, y muchas veces necesitamos las acreditaciones y la credibilidad que un título nos otorga para poder hacer las cosas que queremos hacer. Algunas veces, aprender algo nuevo es realmente emocionante.

Así que mi consejo es que busques profesores que sientan una verdadera pasión por sus materias, sean éstas cuales sean. Muchas veces es inspirador estar rodeado de gente que siente pasión por algo, y seguramente aprenderás mucho más de ellos que de alguien que solo tenga un conocimiento profundo sobre algo. Dedícales tiempo, y saca buenas notas en las materias que te enganchen, e intenta no preocuparte demasiado por el resto. Extrae lo que puedas de esos cursos y haz cualquier actividad que te manden hacer en clase como algo propio. Adapta o adopta lo que te han pedido hacer lo más que puedas hacia tus propias necesidades e intereses, incluso si esto significa que tienes que buscar algún tipo de permiso especial. Finalmente, ya sea fuera o dentro del colegio, estudia las cosas que te interesan en profundidad y desarrolla toda una sabiduría en torno a ellas. Es enormemente gratificante llegar a dominar algo intelectualmente difícil a través del esfuerzo del trabajo realizado durante mucho tiempo. Este tipo de esfuerzo desarrolla tu capacidad de disciplina, los músculos de la concentración y la perseverancia que necesitarás para lograr el éxito. Le gente te escuchará con más atención si es evidente que dominas un tema.

Y otra cosa dura: Vas a fracasar, y más de una vez. Si no fracasas es porque, probablemente, estás jugando demasiado seguro. El fracaso duele horrores, especialmente si se fracasa en público. Pero aprenderás algunas de las lecciones más importantes de tu vida del fracaso; mucho más que de tus éxitos. Cuando reflexiones sobre las causas de tu(s) fracaso(s), llegarás a conocerte mejor, en tus fortalezas y debilidades, y reajustarás tus aspiraciones. También tendrás más claro lo que quieres hacer y lo que debes hacer para que funcione. Piensa en el fracaso como una iteración; es un proceso de aprendizaje.

Una de las cosas más difíciles e importantes que necesitas hacer es creer en ti mismo y en tu visión. Es especialmente difícil mantener esa auto confianza cuando estás ante un fracaso. Pero si no tienes una certeza innata de que lo que estás intentando lograr es lo correcto, no podrás persistir. Alguna gente confundirá tu confianza con arrogancia, y muchas veces te dirán que te estás equivocando. No hagas caso de esos comentarios.

Pero trabaja siendo modesto. Si tienes éxito, la gente te adulará, te dirán que eres el mejor. Tampoco hagas caso de esas adulaciones.

Sin embargo, escucha a mucha gente distinta que tenga ideas diferentes. Puesto que eso es lo que un buen aprendiz debe hacer, como escribió una vez Karl Marx: «Para hacer bailar a las circunstancias congeladas, tienes que cantarles su propia melodía». Escucha las melodías alrededor tuyo. Conviértete en un antropólogo para entender mejor las influencias económicas, sociales y culturales que ayudan o limitan los cambios que tú quieres hacer. Lee libros de Historia y buenas novelas para entender la cultura y los personajes. Haz muchas preguntas y observa detenidamente. Escucha los consejos y mételos en tu mochila. Sé apasionado pero no dogmático. Sé a la vez creyente y escéptico de tus propias ideas. Mantente curioso. Intentar llegar a comprender y a apreciar a mucha gente distinta, sus entornos, sus ideas, sus creencias; es fascinante y, a menudo, divertido.

Hablando de diversión, asegúrate de que consigues algo de ella. Tómate tiempo libre. Pasea y haz otras cosas en la naturaleza. Practica algún tipo de ejercicio regularmente.

Escucha música. Estudia a los pintores y a los fotógrafos. Haz voluntariado. Todo ello te ayudará a estar más centrado y en equilibrio, y te dará energía física y creativa, y más capacidad de aguante.

Disfruta de lo divertido pero sé consciente de que también deberás cultivar cierto tipo de disciplina. Una de las disciplinas es el trabajo duro. Malcolm Gladwell en su libro *Fuera de serie*, escribe sobre la importancia de dedicarle diez mil horas a algo para llegar a ser bueno en ello. No deambules por ahí esperando a que algo o alguien te inspire. Creo que fue Thomas Edison el que dijo que el proceso creativo es un uno por ciento inspiración y un 99 por ciento transpiración. Probablemente deberás llevar un horario regular y una rutina en tu trabajo.

Otra de las disciplinas será mantenerse centrado. Porque eres de naturaleza curiosa y creativa, estarás tentado a explorar muchas cosas y tirar hacia muchas direcciones distintas a la vez. Esto es importante hacerlo pero solo durante un tiempo, generalmente en los primeros cursos universitarios. Pero llegado un punto deberás centrarte y mantenerte centrado. Aunque no quieres acabar con ojeras o siendo un maníaco, no lograrás nada importante si no mantienes la concentración. Céntrate y acaba las cosas y luego muévete hacia otro proyecto que capte tu interés.

La última disciplina que deberás cultivar es la auto-reflexión. Puedes hacerlo a través de la meditación o escribiendo de forma regular un diario, o caminando o haciendo yoga. Existen muchas formas de escuchar lo que los cuáqueros llaman «esa vocecita dentro de ti». Lo hagas como lo hagas, necesitarás una práctica regular y no esperar hasta que tu estado de ánimo te lo pida. Como hemos escuchado de Anne Marie y de Robert de Cisco Systems, cuanto mejor te conozcas, más sabias serán tus decisiones. Eso también ayudará a tu capacidad de discernir: saber cuándo escuchar y cuándo no hacerlo, saber a quién escuchar y a quién no, saber para qué compañía trabajar y para cuál no.

Ser un innovador y un emprendedor es una bendición y una maldición. La bendición reside en que tienes la capacidad de ver y hacer cosas que otros de tu alrededor no pueden ver o hacer. La maldición es que, para darte cuenta de tu potencial y de la potencia de tu creación, tienes que trabajar muy duro en muchas cosas distintas. Pero puedes y debes perseverar. La satisfacción personal y el futuro de tu país y de tu planeta están en la misma balanza.

# PALABRAS FINALES DE ROBERT A. COMPTON

Pasar tanto tiempo con los jóvenes talentos innovadores descritos en este libro, así como con sus padres, profesores, mentores y empleadores, ha sido una experiencia extraordinaria. Lo que pienso sobre la paternidad, la educación y la tutela ha cambiado de muchas maneras distintas.

Sentir las pasiones que estos innovadores exudan ha sido inspirador y energético. Es muy fácil emocionarse a su lado. Ha sido desalentador, sin embargo, saber que todo lo que a ellos les anima ha sido posible a pesar de, y no gracias a, los enfoques e instituciones tradicionales. Aunque costoso para nuestra sociedad, la escolaridad ha sido muy poco inspiradora.

## Un «sueño americano» distinto

El «sueño americano» ha sido siempre que cada generación siguiente viviera mejor que la anterior. Todo lo que hacía falta era un poco más de educación, trabajar un poco más duro e innovar un poquito más.

En una economía basada en empresas domésticas inventando, produciendo y contratando localmente, ese sueño era alcanzable. Pero esta generación vive en un mundo radicalmente distinto al de sus padres. Es una economía global, interconectada y altamente competitiva. El capital, la producción y los puestos de trabajo, se trasladan rápidamente donde sean más productivos y eficientes.

Para Tom Friedman, alcanzar el «sueño americano» para esta generación significa hacer todo «el doble de difícil, el doble de rápido, el doble de veces y el doble en cantidad».

Pero no creo que los jóvenes innovadores se crean lo de ser la generación «del doble de». Ellos están definiendo su propio «sueño americano» distinto, uno que valora la pasión y el propósito, en el que la prioridad es marcar la diferencia, más que ganar dinero. Como un joven innovador dijo: «Quiero una vida con sentido y me basta con lo justo para mantenerme a mí mismo y a mi familia».

¿Puede este sueño americano distinto sostener una economía donde la mayoría de la gente encuentre una vida plena y satisfactoria? Mi propia experiencia como emprendedor e inversor en capital riesgo me lleva a pensar que debe haber un lugar en medio de «el doble de» y «lo justo para».

## ¿Puede la pasión pagar las facturas?

«El mundo está lleno de nuevas ideas» explicaba un mentor, «la cuestión reside en si una innovación se puede transformar en algo de valor».

Intuyo una sombra en esta gente joven: la falta de un entendimiento claro sobre cómo sus innovaciones pueden generar valor de forma que puedan mantener sus empresas, sus comunidades y a sí mismos.

Mientras que han alcanzado el éxito empresarial, no acaban de comprender cómo pueden crear nueva riqueza. De hecho, el sistema de la empresa libre no se enseña en los colegios, y el concepto y su dinámica es difícil de aprender por uno mismo.

Creo que ése será el principal obstáculo para esta generación de innovadores: hacer que su pasión pague las facturas.

## Encontrarán una manera de solucionarlo

Un catedrático de Olin decía: «No estoy aquí para enseñar una materia. Estoy aquí para enseñar el proceso de aprendizaje. Quiero que mis alumnos, realmente, aprendan una sola cosa de mí y esa es cómo enseñarse a sí mismos.»

Aprender a aprender ha sido uno de los temas recurrentes en cada una de las personas con las que me entrevisté. La explosión de las nuevas tecnologías y la velocidad de vértigo a la que se comercializan, implica que lo que te enseña la universidad simplemente ya no es suficiente.

Lo que más me impresiona de la mayoría de esta gente joven es que no tiene miedo a probar cosas nuevas, a explorar el mundo, y a enfrentarse a problemas inesperados. No temen al fracaso porque lo ven como un paso más dentro del proceso de aprendizaje. Se han hecho expertos en enseñarse a sí mismos, a través de Internet, y lo han utilizado para encontrar y conectar con gente con los conocimientos necesarios para sus proyectos.

Lo que hace que esta generación de innovadores sea única, y lo que me proporciona esperanza en el futuro es que, pase lo que pase en sus vidas, encontrarán una manera de solucionarlo.

# AGRADECIMIENTOS

He pedido y he recibido una gran cantidad de ayuda durante todo este proyecto, debido a su complejidad. Mi agradecimiento va en primer lugar a las más de 150 personas que generosamente me dieron su tiempo durante las entrevistas y las conversaciones que conforman el alma de este libro: Jóvenes innovadores y sus familias, mentores, profesores, así como líderes empresariales y militares; todos ellos me acogieron con enorme interés y me proporcionaron valiosa información. Sin su cooperación total este libro jamás habría visto la luz. También estoy enormemente agradecido a Bob Compton como colaborador de este proyecto y productor de los vídeos que acompañan al libro. Valoro de corazón la ayuda recibida de dos líderes empresariales ya jubilados, Stan Sharenson y Dennis Hunter, que criticaron los borradores de los capítulos y me sugirieron fuentes de información. Matthew Bundick también revisó gran parte del libro y me dio ideas muy útiles. Rose Else-Mitchell también revisó partes del libro y me dio una buena perspectiva del líder empresarial. Otras valiosas sugerencias y pistas para las entrevistas llegaron de Anne Marie Neal, Dwight Gertz, Clay Christensen, Paul Holland, Linda Yates and Charles Fadel. Paul Bottino me ofreció una valiosa afiliación al Centro de Tecnología y Emprendimiento de Harvard y mantuve con él muchas conversaciones informales mientras preparaba el proyecto.

También quiero agradecer las contribuciones de los jóvenes investigadores asociados que me proporcionaron información esencial y la visión de la «generación del milenio» sobre mis ideas: Niha Jain, Allie Kimmel, Chike Aguh, Laura White, Kristen Hill y Michael Klein. Mi agente, Esmond Harmsworth, me ayudó enormemente en el desarrollo de la idea de este libro, llevándolo al editor correcto y haciendo comentarios a los distintos borradores durante todo el camino. En la editorial Scribner, Samantha Martin y Paul Whitlatch se repartieron la labor de edición, aportando ambos excelentes críticas y consejos y Steve Boldt hizo un trabajo estupendo en la corrección de estilo del libro.

Finalmente, pero más importante, estoy enormemente agradecido a mi mujer, PJ Blankehorn, quien ha sido una verdadera colaboradora de todas las partes de este libro, discutiendo y criticando ideas, leyendo despacio y con paciencia muchos de los borradores de los capítulos. Dudo que este libro se hubiese podido escribir sin su fuerte e inquebrantable apoyo.

# NOTAS

**Tony Wagner** es experto en educación y dirige el Laboratorio de Innovación de la universidad de Harvard. Además es fundador y antiguo co-director del Grupo de Líderes para el Cambio de la facultad de educación de Harvard. Es consultor habitual de numerosas escuelas públicas y privadas y de fundaciones por todo el país, y ha sido consejero senior de la fundación Bill&Melinda Gates. Antiguo profesor de instituto, director de secundaria, y catedrático de educación, Wagner es autor de cinco libros entre los cuales destaca *La brecha del rendimiento global.*

**Robert A. Compton** (productor de los videos que incluye este libro), ha producido ocho películas documentales sobre educación global e innovación, incluyendo *Two Million Minutes, Win in China* y *The Finland Phenomenon.* Antes de ser productor de películas Compton desarrolló una exitosa carrera, durante veinticinco años, como inversor de capital riesgo y emprendedor de alta tecnología.

KOLIMA
BOOKS